IMPOSTO DE IMPORTAÇÃO

CIP-BRASIL. CATALOGAÇÃO NA PUBLICAÇÃO
SINDICATO NACIONAL DOS EDITORES DE LIVROS, RJ

S459i

Sehn, Solon
Imposto de importação / Solon Sehn. - 1. ed. - São Paulo : Noeses, 2016.

288 p. : il. ; 23 cm.
Inclui bibliografia
ISBN 978-85-203-066-9

1. Direito tributário - Brasil. 2. Exportação - Brasil. 3. Importação - Brasil. I. Título.

16-35702   CDU: 34:351.713 (81)

Solon Sehn

Mestre e Doutor em Direito Tributário pela PUC/SP. Professor Conferencista do IBET. Professor convidado da Pós-Graduação em Direito Tributário da GV Direito Rio e SP, entre outras instituições de ensino. Foi Conselheiro da 3ª Seção do Conselho Administrativo de Recursos Fiscais do Ministério da Fazenda (2011- 2015). Advogado.

IMPOSTO DE IMPORTAÇÃO

2016

Fundador e Editor-chefe: Paulo de Barros Carvalho
Gerente de Produção Editorial: Rosangela Santos
Arte e Diagramação: Renato Castro
Revisão: Georgia Evelyn Franco
Designer de Capa: Aliá3 - Marcos Duarte

TODOS OS DIREITOS RESERVADOS. Proibida a reprodução total ou parcial, por qualquer meio ou processo, especialmente por sistemas gráficos, microfílmicos, fotográficos, reprográficos, fonográficos, videográficos. Vedada a memorização e/ou a recuperação total ou parcial, bem como a inclusão de qualquer parte desta obra em qualquer sistema de processamento de dados. Essas proibições aplicam-se também às características gráficas da obra e à sua editoração. A violação dos direitos autorais é punível como crime (art. 184 e parágrafos, do Código Penal), com pena de prisão e multa, conjuntamente com busca e apreensão e indenizações diversas (arts. 101 a 110 da Lei 9.610, de 19.02.1998, Lei dos Direitos Autorais).

2016

Editora Noeses Ltda.
Tel/fax: 55 11 3666 6055
www.editoranoeses.com.br

Ao Nicolas e à Lara, com amor.

AGRADECIMENTOS

O interesse pelo tema do livro foi despertado ao longo dos mais de quatro anos em que integrei a Terceira Seção de Julgamento do Conselho Administrativo de Recursos Fiscais – CARF. Nesse período, tive a oportunidade de aprender e de debater com grandes conhecedores do direito tributário-aduaneiro. Sou grato a todos com quem tive contato, em especial aos integrantes da minha Turma: Bruno Maurício Macedo Curi, Cláudio Augusto Gonçalves Pereira Mércia, Francisco José Barroso Rios, Helena Trajano D'Amorin, José Fernandes do Nascimento, Regis Xavier Holanda e Waldir Navarro Bezzerra.

Também agradeço ao Dr. Glauco José Côrte, Presidente da FIESC (Federação das Indústrias de Santa Catarina), à Dra. Adriana Abraham Sánchez, Coordenadora da Unidade de Assuntos Legislativos e Tributários, e ao Dr. Sérgio Rodrigues Alves, Presidente da Câmara de Assuntos Tributários da Federação, pela confiança e pelo convite para participar dessa experiência enriquecedora na vaga destinada ao Estado na representação da Confederação Nacional da Indústria – CNI.

Agradeço aos meus colegas de escritório e à Catiani Rossi, que coordenou a equipe nos meus períodos de ausência, bem como aos professores do doutorado da PUC/SP, em especial, aos Professores Doutores Tercio Sampaio Ferraz Junior e

Paulo de Barros Carvalho, meu orientador durante os três primeiros anos, e à Professora Doutora Julcira Maria de Mello Vianna, pela orientação final e pelo incentivo na manutenção do tema escolhido.

Por fim, agradeço aos Professores Doutores Roque Antonio Carrazza, Pedro Guilherme Accorsi Lunardelli, Fernando Bonfá de Jesus e Luiza Nagib, integrantes da banca do doutorado na PUC/SP, pelos comentários críticos e pela recomendação de publicação.

SUMÁRIO

AGRADECIMENTOS VII
PREFÁCIO.. XV

INTRODUÇÃO 01

PARTE I
HIPÓTESE DE INCIDÊNCIA

1. CONSIDERAÇÕES INICIAIS..................................... 07

2. DISCIPLINA LEGAL VIGENTE................................. 15

3. CRITÉRIO MATERIAL.. 21
3.1 Conteúdo jurídico do verbo "importar"....................... 25
    3.1.1 Exame das concepções teóricas existentes 26
        3.1.1.1 Teoria da transposição física..................... 27
        3.1.1.2 Teoria do ingresso finalístico 34
            3.1.1.2.1 Teoria da declaração para consumo 37

  3.1.1.2.2 Teoria da nacionalização 41

3.1.2 Conceito de importação no direito brasileiro 43

  3.1.2.1 Definição do "fato gerador" na legislação tributária 44

  3.1.2.2 Parâmetros constitucionais do conceito . 47

  3.1.2.3 Intenção integradora e a relevância do aspecto volitivo 53

  3.1.2.4 Natureza objetiva da intenção do agente 59

  3.1.2.5 Relevância do título jurídico e da transferência da propriedade 62

3.1.3 Implicações do conceito de importação nos regimes aduaneiros especiais do trânsito de passagem e da admissão temporária 66

  3.1.3.1 Natureza jurídica 66

  3.1.3.2 Consequências decorrentes do inadimplemento 76

3.1.4 Importação "temporária": análise da constitucionalidade da cobrança proporcional ao tempo de permanência 83

3.1.5 Importação presumida: mercadorias extraviadas constantes de manifesto ou outras declarações equivalentes 85

3.2 Delimitação do complemento verbal 89

  3.2.1 Não incidência sobre serviços e seus suportes físicos 89

  3.2.2 Bens intangíveis, *download* de *softwares* e *cloud computing* 94

  3.2.3 Tributação de produtos e mercadorias 99

3.2.4 Dispensa de referência ao complemento "estrangeiro": importação de bens nacionais exportados 102

4. CRITÉRIO ESPACIAL 109

4.1 Diferenciação entre território nacional e território aduaneiro 109

4.2 Ingresso clandestino de produtos 115

4.3 Local de registro da declaração de importação no ambiente virtual do Siscomex 116

5. CRITÉRIO TEMPORAL 119

5.1 Produtos despachados para consumo 119

5.2 Bagagem, remessa postal e encomenda aérea internacional 122

5.3 Mercadorias extraviadas 123

5.4 Abandono de mercadorias pelo decurso do prazo 124

5.5 Ingresso clandestino 126

PARTE II
CONSEQUÊNCIA TRIBUTÁRIA

1. CRITÉRIO PESSOAL 131

1.1 Sujeito ativo 131

1.2 Sujeito passivo 131

1.2.1 Destinatário constitucional do tributo 132

1.2.2 Contribuinte: o importador e os regimes de importação 133
1.2.3 Responsáveis tributários 136

2. CRITÉRIO QUANTITATIVO 141
2.1 Base de cálculo 141
    2.1.1 Acordo de Valoração Aduaneira (AVA) e art. 20 do CTN 143
    2.1.2 Atos interpretativos dos Comitês Técnicos de Valoração da OMC e da OMA 147
    2.1.3 Valor aduaneiro do produto importado 149
        2.1.3.1 Relevância da adequada valoração aduaneira 150
        2.1.3.2 Critério-base da valoração: método do valor da transação 153
            2.1.3.2.1 Requisitos de aplicabilidade 155
                a. Veracidade e exatidão: subvaloração e subfaturamento 155
                b. Operação de compra e venda internacional 165
                c. Ausência de cláusulas de limitação do preço, da posse ou do domínio .. 168
                d. Existência de dados objetivos e quantificáveis 170
                e. Aceitabilidade do preço nas operações em partes vinculadas 171
                    e.1 Circunstâncias da venda: aplicação da legislação de "transfer pricing" 176
                    e.2 Determinação do valor-critério 185

2.1.3.2.2 Preço efetivamente pago ou a pagar pelo produto importado e os pagamentos indiretos: a compensação e outras modalidades extintivas............................ 188

2.1.3.2.3 Ajuste do preço do produto......... 192

    a. Ajustes do art. 8.1............................... 192

    b. Adições e exclusões do art. 8.2 ... 197

2.1.3.3 Métodos secundários de valoração.......... 206

    2.1.3.3.1 Métodos do valor da transação de mercadorias idênticas........... 207

        a. Natureza idêntica das mercadorias. 208

        b. Nível comercial e quantitativo ... 211

        c. Fator tempo... 213

    2.1.3.3.2 Método do valor da transação de mercadorias similares........... 214

    2.1.3.3.3 Método do valor dedutivo.......... 218

    2.1.3.3.4 Método do valor computado..... 220

    2.1.3.3.5 Método do último recurso......... 222

2.1.3.4 Custos excluídos do valor aduaneiro....... 223

2.1.4 Regras especiais (produtos apreendidos, abandonados e sujeitos a alíquotas específicas, regimes tributários especial e simplificado).............. 225

2.2 Alíquota 227

CONSIDERAÇÕES FINAIS... 231

REFERÊNCIAS.. 241

PREFÁCIO

Na visão do Constructivismo Lógico-Semântico, há concepções que já se estabilizaram, fazendo parte daquele subdomínio que pavimenta as bases desse modelo metodológico. Uma delas é que o conteúdo dos critérios da regra-matriz de incidência podem encontrar-se em qualquer norma jurídica, tanto em sentido lato, como em acepção estrita, constituindo a constelação necessária, em torno da qual se agrupam as determinações possíveis da experiência. Numa perspectiva meramente sintática, a regra-matriz é a forma, aquilo que há de constante, de homogêneo, de permanente, de imutável: o instrumento lógico que nos permite olhar para o plano existencial e, saturando suas variáveis com a linguagem do direito posto, atribuir-lhe significação, que é seu conteúdo. Eis um modo de observar detidamente o chamado "fenômeno da incidência", para analisá-lo como bem nos aprouver.

No livro que o leitor tem em mãos, Solon Sehn, mestre e doutor pela PUC-SP, advogado experiente, apesar de jovem, conferencista em várias e prestigiosas instituições, oferece-nos um exercício do pensar jurídico de elevadíssimo nível, aplicando os avanços teóricos do Constructivismo, em especial da categoria "regra-matriz de incidência", para estudar o imposto de importação, tributo que compete, privativa e exclusivamente, à pessoa política União. Ao perceber que as ideias não se sentem muito à vontade quando aprisionadas no âmbito das palavras, não se detém na dimensão sintática, preocupando-se também com especulações de ordem semântica e pragmática, traço que imprime caráter semiótico ao seu trabalho.

A despeito de locomover-se com naturalidade no campo das teorias e no cuidado de mantê-las afinadas com a formulação metodológica que adota, o Autor apresenta uma demonstração eloquente do teor de praticidade que caracteriza o texto: nele, ciência e experiência se coimplicam, fazendo sentir o entrelaçamento que há de presidir o inafastável convívio desses saberes.

Dividindo sua mensagem em duas partes, Solon trata da hipótese, na primeira, percorrendo, minuciosamente, seus critérios material, espacial e temporal; e da tese, ou consequência, na segunda, analisando o critério pessoal (sujeito ativo e passivo), bem como o quantitativo (base de cálculo e alíquota). Dessa maneira, esgota o núcleo da incidência, enaltecendo o discurso com os dados de fato da experiência.

Trata-se de uma obra madura, bem fundamentada teoricamente e aplicada com a operacionalidade de quem conhece o assunto pela via de intenso exercício profissional.

É uma satisfação apresentar obra deste nível.

São Paulo, 29 de agosto de 2016.

PAULO DE BARROS CARVALHO
Professor Emérito e Titular da PUC/SP e da USP.

INTRODUÇÃO

O imposto de importação pode ser estudado sob diversas óticas, desde a perspectiva histórica, até os aspectos relacionados ao lançamento do crédito tributário. A própria base de cálculo, as alíquotas e a classificação fiscal – devido a suas especificidades – comportariam um exame individualizado. Há, ademais, outros tributos que também oneram a importação, tais como o ICMS, o IPI, o PIS/Pasep e a Cofins. Esses, dentro de um corte metodológico mais amplo, poderiam, perfeitamente, ser incluídos no objeto da pesquisa.

O presente estudo, porém, parte de um seccionamento analítico mais restrito, tendo por objeto a norma jurídica que disciplina a incidência do imposto. Após revisão bibliográfica e a análise crítica das construções teóricas existentes, o texto procura apresentar uma nova proposta para a compreensão dos pressupostos de incidência do imposto de importação no direito brasileiro.

O livro encontra-se dividido em duas partes. A primeira volta-se ao exame da hipótese de incidência. São analisadas as diferentes teorias em torno do conceito de importação: a teoria da transposição física, do ingresso finalístico, da declaração para consumo e da nacionalização. Sustenta-se que, no direito brasileiro, o aspecto volitivo não pode ser abstraído do conceito jurídico de importação e que o legislador infraconstitucional não pode considerar como tal a simples transposição de fronteiras ou o ingresso temporário de produtos no território nacional. Propõe-se, assim, a revisão da natureza jurídica dos regimes aduaneiros especiais do trânsito de passagem e da admissão temporária, bem como da interpretação das consequências jurídicas decorrentes do inadimplemento.

Também são examinadas: a constitucionalidade da cobrança proporcional do imposto na importação "temporária" e da importação presumida de mercadorias extraviadas; a incidência sobre bens nacionais reimportados, serviços e outros bens intangíveis, inclusive *download* de *softwares* e *cloud computing*.

Na delimitação do critério espacial, avalia-se a aplicação ao direito brasileiro da diferenciação entre território nacional e território aduaneiro, considerando a incidência do imposto no ingresso clandestino de bens e a vigência da legislação tributária nas áreas de controle integrado do MERCOSUL, situadas no território de outros países-membros. Por outro lado, no critério temporal, são estudados o despacho para consumo, o regime de tributação especial de bagagens, a remessa postal e a encomenda aérea internacional.

A segunda parte tem por objeto a consequência tributária, por meio da construção dos critérios pessoal e quantitativo. Nessa etapa, após o exame da sujeição passiva e dos regimes de importação, o estudo volta-se a um dos aspectos mais relevantes do imposto: a base de cálculo. São analisados os métodos de valoração aduaneira, a compatibilidade entre o Código Tributário Nacional e o Acordo de Valoração Aduaneira (AVA) e a validade dos atos interpretativos dos Comitês Técnicos de Valoração da OMC (Organização Mundial do Comércio) e da OMA (Organização Mundial de Aduanas) em face da legislação brasileira. No estudo do critério-base de valoração aduaneira, propõe-se a delimitação de cinco pressupostos de aplicabilidade do método do valor da transação, diferenciando-se a subvaloração e o subfaturamento.

Na avaliação das circunstâncias da venda, o estudo examina a aplicabilidade do Comentário 23.1, do Comitê Técnico da OMA, propondo que, embora o Brasil não integre a OCDE (Organização para a Cooperação e Desenvolvimento Econômico), a aceitabilidade do preço praticado entre partes relacionadas também possa ser determinada a partir da legislação brasileira de preços de transferência, sem, contudo, implicação recíproca ou caráter vinculante.

Por outro lado, no estudo dos métodos secundários de valoração aduaneira, são identificados os requisitos de cada critério, propondo-se, como parâmetro para a diferenciação entre mercadorias idênticas e similares, a aplicação dos requisitos da identidade funcional e da permutabilidade comercial.

PARTE I
HIPÓTESE DE INCIDÊNCIA

1. CONSIDERAÇÕES INICIAIS

Todo tributo – como obrigação *ex lege* – tem os seus pressupostos de incidência disciplinados por uma norma jurídica. Isso, por um lado, cria um tangenciamento indissociável entre esses dois institutos. Ao mesmo tempo, impõe a necessidade teórica de se precisar o conceito de norma adotado no estudo de uma determinada exação. Sem essa cautela metodológica, corre-se o risco de incorrer em ambiguidades discursivas incompatíveis com a linguagem científica.

Com efeito, a Teoria do Direito, segundo destaca Gregorio Robles, é marcada por uma notável – e nada desejável – ausência de acordo no tocante aos seus institutos centrais. Não é diferente com o conceito de "norma jurídica". Para a visão tradicional – denominada concepção expressiva –, norma é sinônimo de texto de lei ou de enunciado de direito positivo. Já as teorias influenciadas pela Semiótica adotam um conceito semântico ou hilético, que a identifica com o sentido ou conteúdo de significação atribuído aos enunciados prescritivos pelo intérprete.[1]

---

1. MORCHÓN, Gregorio Robles. *As regras do direito e as regras dos jogos*: ensaio sobre a teoria analítica do direito. Trad. Pollyana Mayer. São Paulo: Noeses, 2011, p. 88. Sobre o tema, cf.: CARVALHO, Paulo de Barros. *Direito tributário, linguagem e método*. 2. ed. São Paulo: Noeses, 2008, p. 127 e ss.; ALEXY, Robert. *Teoría de los derechos fundamentales*. Madrid: Centro de Estudios Constitucionales, 1997, p. 58; CANOTILHO, José Joaquim Gomes. *Direito constitucional*. 6. ed. Coimbra:

Portanto, antes da estruturação da norma jurídica que disciplina a incidência do imposto de importação no direito brasileiro, cumpre ressaltar que, no presente estudo, opera-se com uma concepção hilética de norma, na linha da *teoria da regra-matriz de incidência tributária* de Paulo de Barros Carvalho.[2]

De acordo com essa proposta teórica, as normas jurídicas são significações construídas a partir dos textos de direito positivo e estruturadas na forma lógica de um juízo hipotético-condicional.[3] Não constituem sinônimo de textos de lei nem de enunciado prescritivo, sendo resultado de um processo de construção de sentido realizado pelo intérprete.[4]

Almedina, 1996, p. 205; MÜLLER, Friedrich. *Métodos de trabalho do direito constitucional*. 2. ed. São Paulo: Max Limonad, 2000, p. 53 e ss.; *Direito, linguagem e violência*: elementos de uma teoria constitucional, I. Porto Alegre: Fabris, 1995, p. 41 e ss.; KELSEN, Hans. *Teoria pura do direito*. 6. ed. São Paulo: Martins Fontes, 1998, p. 80 e ss.; *Teoria geral do direito e do estado*. 3. ed. São Paulo: Martins Fontes, 1998, p. 63 e ss.; BOBBIO, Norberto. *Teoría general del derecho*. Trad. Eduardo Rozo Acuña. Madrid: Debate, 1999, p. 53 e ss.

2. CARVALHO, Paulo de Barros. *Teoria da norma tributária*. 4. ed. São Paulo: Max Limonad, 2002; CARVALHO, *Direito tributário, linguagem...*, op. cit., p. 135.

3. A experiência, como destaca Paulo de Barros Carvalho, indica a presença de três espécies de normas jurídicas tributárias, classificadas segundo o grupo institucional a que pertencem em: (i) *normas tributárias em sentido amplo*, compreendendo (a) as normas que demarcam princípios e (b) as normas que fixam providências administrativas; e as (ii) *normas tributárias em sentido estrito*, que definem a norma-padrão ou regra-matriz de incidência dos tributos. Todas apresentam a mesma estrutura lógica (CARVALHO, *Curso de direito tributário*. 13. ed. São Paulo: Saraiva, 2000, p. 235).

4. Este se desenvolve em quatro planos, isolados para fins analíticos e que correspondem aos subsistemas constitutivos do texto em sentido amplo: o plano das formulações literais ou plano dos enunciados (S1); o de suas significações ou plano das proposições (S2); o das normas jurídicas (S3); e o dos vínculos de coordenação e de subordinação estabelecidos entre as normas jurídicas, também denominado plano da sistematização (S4). O texto em sentido estrito integra o plano de expressão do direito positivo, que constitui a base material do conhecimento (S1). É o suporte físico dos enunciados prescritivos, formado por um conjunto de morfemas, ordenados de acordo com as regras gramaticais de determinado idioma e que materializam a mensagem legislada no contexto comunicacional. A partir de sua leitura, ainda segundo lição de Paulo de Barros Carvalho, o intérprete ingressa no campo semântico, atribuindo sentido aos símbolos e construindo proposições, que são o conteúdo de significação dos enunciados prescritivos (S2). Em seguida, tais

Em seu núcleo lógico-estrutural, a norma jurídica, como *unidade mínima e irredutível de significação do deôntico*, apresenta uma proposição-antecedente ligada – por uma relação formal de implicação ou de causalidade jurídica – à realização condicional de uma proposição-consequente. O antecedente – também denominado hipótese, descritor ou suporte fático – descreve um evento de possível ocorrência no campo da experiência social. Exerce uma função qualificadora normativa do fático, sem constituir – como assinala Lourival Vilanova – uma proposição cognoscente do real.[5] O consequente ou mandamento, por sua vez, prescreve uma relação jurídica ligando dois ou mais sujeitos em torno de uma conduta regulada como proibida (V), permitida (P) ou obrigatória (O).[6]

No direito tributário, a proposição-antecedente constitui a hipótese de incidência do tributo ou hipótese tributária. Na legislação tributária nacional, por influência de estudo de Gaston Jezè, é denominada "fato gerador".[7] Essa designação,

---

proposições são ordenadas de acordo com a estrutura sintática das normas jurídicas (S3), de modo a expressar uma unidade completa de significação deôntica. Por fim, no plano S4, são submetidas a um processo de ordenação sistêmica, no qual são estabelecidos os vínculos de subordinação e coordenação com as demais normas jurídicas. *Ibid.*, p. 181 e ss. Sobre as estruturas sígnicas do sistema jurídica e o percurso gerador de sentido, cf. ainda: CARVALHO, *Curso...*, *op. cit.*, p. 126 e ss.; CARVALHO, Paulo de Barros. *Direito tributário*: fundamentos jurídicos da incidência. 2. ed. São Paulo: Saraiva, 1999, p. 59 e ss.

5. VILANOVA, *As estruturas lógicas e o sistema do direito positivo*. São Paulo: Max Limonad, 1997, p. 88-89.

6. A proposta teórica adotada neste estudo insere-se ainda no âmbito da teoria estrutural dual da norma jurídica. Entende-se, assim, que a norma jurídica completa apresenta uma bimembridade constitutiva, compreendendo duas normas jurídicas distintas e simultaneamente válidas: a norma primária, que prescreve os direitos e os deveres, ou seja, as relações deônticas; e a norma secundária, que prescreve as providências sancionatórias. Ambas apresentam uma relação-de-ordem não simétrica, porquanto a norma sancionatória pressupõe a definidora da conduta exigida. A aplicação da norma primária, por sua vez, afasta a aplicação da secundária no mesmo caso concreto, sendo a recíproca igualmente verdadeira. Sobre o tema, cf.: VILANOVA, Lourival. *As estruturas, op. cit.*, p. 112.

7. Publicado originariamente na *Revue du Droit Public et de la Science Politique*, tomo 54, ano 44, Paris, 1937, p. 618-634, traduzido por Paulo da Mata Machado, sob o título "O fato gerador do imposto (contribuição à teoria do crédito de imposto)",

porém, tem sido abandonada pela doutrina. Isso porque constitui uma expressão ambígua, que se refere, ao mesmo tempo, a duas realidades totalmente distintas: a descrição hipotético-normativa do fato e a realização concreta deste.[8]

A hipótese de incidência pode ser dividida para fins analíticos em três critérios, também denominados "aspectos" ou "elementos" por parte da doutrina: o critério material, o espacial e o territorial.[9]

---

publicado na *Revista de Direito Administrativo* n.º 2, p. 50 e ss. e na *Revista Forense* n.º 104, p. 36 e ss.

8. Essa impropriedade é amplamente reconhecida pela doutrina nacional. Rubens Gomes de Sousa foi o primeiro a criticá-la, porque daria a ideia de que o fato seria necessário e suficiente para gerar a obrigação, quando, a rigor, é apenas necessário (SOUSA, Rubens Gomes de. *Estudos de direito tributário*. São Paulo: Saraiva, 1950, p. 167, nota 12-B). Amílcar de Araújo Falcão ressaltou que "[...] não é o fato gerador quem cria, quem, digamos assim, gera a obrigação tributária. A fonte de tal obrigação, a energia ou força que a cria ou gera é a própria lei" (FALCÃO, Amílcar de Araújo. *Fato gerador da obrigação tributária*. 6. ed. Rio de Janeiro: Forense, 1999, p. 04). Apesar disso, acompanhados por Aliomar Baleeiro, os autores mantiveram a sua utilização, porquanto já teria penetrado na terminologia jurídica nacional (BALEEIRO, Aliomar. *Limitações constitucionais ao poder de tributar*. 7. ed. Rio de Janeiro: Forense, 1999, p. 116, nota 39). A ambiguidade do termo "fato gerador" foi criticada com maior contundência por Alfredo Augusto Becker. O autor, que a considerava incapaz de gerar "coisa alguma além de confusão intelectual", propôs a sua substituição por "hipótese de incidência" – para designar a descrição abstrata do evento de possível ocorrência – e por "hipótese de incidência realizada", para o fato jurídico concreto (BECKER, Alfredo Augusto. *Teoria geral do direito tributário*. 3. ed. São Paulo: Lejus, 1998, p. 318). A proposta foi acolhida por Geraldo Ataliba. Este manteve a denominação "hipótese de incidência", adotando, contudo, "fato imponível" para o fato concreto. Isso porque, com razão, uma "hipótese realizada" não poderia mais ser considerada hipótese (ATALIBA, Geraldo. *Hipótese de incidência tributária*. 5. ed. São Paulo: Malheiros, 1997, p. 49 e ss.).

9. A palavra "elementos", utilizada por boa parte da doutrina estrangeira e, entre nós, por Fábio Fanucchi, não foi aceita sem questionamentos (FANUCCHI, Fábio. *Curso de direito tributário brasileiro*. 4. ed. São Paulo: Resenha Tributária, 1983, v. I, p. 232 e ss.). Geraldo Ataliba criticava-a por sugerir "[...] a ideia de que se está diante de algo que entra na composição doutra coisa e serve para formá-la". Por isso, entendendo que seriam "[...] simples qualidades, atributos ou relações de uma coisa una e indivisível", o autor prefere "falar em aspectos da hipótese de incidência, porque, na verdade, esta unidade conceitual pode ser encarada, examinada e estudada sob diferentes prismas, sem destituir-se de seu caráter unitário e sem que a compreensão, exame e estudo de uma possam permitir negligenciar ou ignorar os demais, partícipes da unidade e nela integrados" (ATALIBA, *Hipótese..., op. cit.*, p. 70). Opta-se, no presente estudo, pela proposta de Paulo de Barros Carvalho, que utiliza

O critério material denota o comportamento humano descrito no antecedente, com abstração de qualquer referência espaço-temporal. Apresenta, em seu núcleo compositivo, um verbo – pessoal e de predicação incompleta – e um complemento, invariavelmente. Excluem-se os verbos impessoais, os sem sujeito e os de sentido completo, que inviabilizariam a regulação da conduta.[10]

O critério espacial, por sua vez, contém referência ao local em que o comportamento humano descrito no antecedente deverá ocorrer para que se instaurem os efeitos jurídicos previstos no consequente. Já o critério temporal indica o preciso instante em que se considera ocorrido o evento imponível, o que lhe confere especial relevância no processo de positivação do direito, porquanto é a partir de então que se torna possível a constituição válida do fato jurídico e da relação jurídica tributária.[11]

Cabe ressaltar que essa estruturação da norma jurídica difere da encontrada nos estudos de direito comparado sobre o imposto de importação, notadamente entre os autores de língua espanhola. Estes, na linha de Albert Hensel[12] e de Dino Jarach,[13] incluem a base de cálculo, o devedor e o titular do

---

a palavra "critérios", por entender que as notas resultantes do seccionamento analítico da norma geral e abstrata seriam critérios de identificação do fato de possível ocorrência descrito na hipótese e das relações jurídicas que se instauram a partir destes (CARVALHO, *Curso...*, op. cit., p. 251).

10. CARVALHO, *Teoria...*, op. cit., p. 125.

11. CARVALHO, *Direito...*, op. cit., p. 258-259.

12. Para Hensel, "todo hecho imponible regula relaciones jurídicas entre personas: el titular del crédito (acreedor tributario) y el obligado a la prestación (deudor tributario)" (HENSEL, Albert. *Derecho tributario*. Madrid-Barcelona: Marcial Pons, 2005, p. 155, Traduzido da 3ª edição da obra original, publicada no ano 1933, por Andrés Báez Moreno, María Luisa Gonzáles-Cuéllar Serrano y Enrique Ortiz Calle).

13. Para Dino Jarach, o pressuposto normativo seria composto de elementos objetivos, subjetivos, quantitativos, espaciais e temporais. Não sem razão, o próprio jurista italiano radicado na Argentina reconhece que sua teoria promove a glorificação do pressuposto normativo de forma ainda mais acentuada que Hensel e Geyler. Isso porque todos os "elementos" do consequente são estudados por essa doutrina como

crédito tributário dentre os elementos fundamentais da hipótese de incidência.

Nesse sentido, destaca-se a concepção adotada por Juan Martín Queralt, Carmelo Lozano Serrano, Gabriel Casado Ollero e José M. Tejerizo López. Estes, partindo da teoria de A. D. Giannini e de Fernando Sainz de Bujanda, distinguem quatro aspectos do elemento objetivo: o material: o próprio fato, ato, negócio, estado ou situação gravada; o espacial: indicação do lugar de produção do fato imponível; o temporal: determina o instante em que se considera realizado integralmente o fato imponível; e quantitativo: expressa a medida com que se realiza o fato imponível, sua quantia, volume ou intensidade.[14]

Também, deslocando os elementos do consequente para a hipótese, Ferreiro Lapatza sustenta que o fato imponível

---

parte da hipótese de incidência. JARACH, Dino. Estrutura e elementos da relação jurídica tributária. *Revista de Direito Público*, n.º 16, p. 337 e ss. Cf. ainda: JARACH, Dino. *Finanzas públicas y derecho tributario*. 3. ed. Buenos Aires: Abeledo-Perrot, 1996, p. 381-392.

14. "SAINZ DE BUJANDA distingue, en él, cuatro aspectos: material o cualitativo, espacial, temporal y cuantitativo. [...] El aspecto material es el propio hecho, acto, negocio, estado o situación que se grava, siendo el que caracteriza o cualifica el tributo, y que en los sistemas tributarios desarrollados consiste generalmente en una manifestación de capacidad económica [...]". "El aspecto espacial indica el lugar de producción del hecho imponible, siendo decisivo para determinar el ente público al que se sujeta." "El aspecto temporal reviste una singular importancia en la ordenación jurídica del hecho imponible, determinando el instante en que éste se entiende realizado íntegramente, produciéndose entonces el devengo del tributo. Aunque la regla general es que éste tenga lugar cuando concurre el último de los elementos configuradores del hecho imponible, su determinación no es siempre sencilla, debiendo precisar la ley tributaria el momento exacto del devengo." "Finalmente, el aspecto cuantitativo del elemento objetivo expresa la medida con que el hecho imponible se realiza, su cuantía, volumen o intensidad. Habiendo tributos fijos y variables, sólo en estos últimos existirá dicho aspecto (volumen de renta, valor del patrimonio, o del bien transmitido etc.), pues en los fijos su hecho imponible no es susceptible de producirse en distinto grado, siendo imposible su cuantificación (por ejemplo, el mero ejercicio de una actividad o profesión, que tienen lugar o no, pero sin poder apreciar que se ejerce en determinada medida)." (QUERALT, Juan Martín; SERRANO, Carmelo Lozano; OLLERO, Gabriel Casado; LÓPEZ, José M. Tejerizo. *Curso de derecho financiero y tributario*. 9. ed. Madrid: Tecnos, 1998, p. 331 e 333; SAINZ DE BUJANDA, Fernando. Análisis jurídico el hecho imponible. *Hacienda y Derecho*, v. IV, 1966).

apresentaria duas "partes" ou "elementos": o elemento ou pressuposto objetivo (ou material) e o subjetivo (ou pessoal). O primeiro seria constituído por um fato considerado em si mesmo, objetivamente, isolado de qualquer vinculação pessoal, como a transmissão de um bem ou sua introdução no território nacional. O segundo seria o vínculo que une uma pessoa ao elemento objetivo e que determina a condição de sujeito passivo da obrigação tributária. Assim, por exemplo, ser titular de uma indústria ou patrimônio, realizar um trabalho ou beneficiar-se de uma atuação administrativa.[15]

No estudo dos tributos aduaneiros, a teoria de Dinoh Jarach é acolhida por Ricardo Xavier Basaldúa. O autor, porém, substitui a expressão "fato imponível" por "fato tributado", mantendo a mesma denominação adotada pelo Código Aduaneiro Argentino.[16] Jorge Witker, por sua vez, identifica cinco "elementos do fato gerador": o material ou objetivo: a descrição legal do fato gerador ou sua hipótese de incidência; o subjetivo: a indicação do sujeito passivo; o temporal: "fator tempo" do fato gerador que determina o nascimento da obrigação tributária e a lei tributária à qual esta ficará submetida; o espacial: o lugar do nascimento da obrigação; e o quantitati-

---

15. "El elemento objetivo o material del hecho imponible está constituido por un hecho considerado en sí mismo, objetivamente, aislado de cualquier vinculación personal. Por ejemplo, la mera existencia de una finca rústica o urbana susceptibles de producir rentas; la producción de rentas derivadas de una finca, de un capital, de un trabajo, de una industria; la afluencia de rentas a un patrimonio, la transmisión de un bien, la producción de un bien, la introducción de un bien en territorio nacional, la realización de una actividad administrativa etc. [...] El elemento personal o subjetivo es el vínculo que une a una persona con el elemento objetivo, y que según lo dispuesto por el legislador en cada caso determina en esa persona la condición de sujeto pasivo de la obligación tributaria. La unión de una persona con el elemento objetivo puede venir determinada por diferentes circunstancias. Así, por ejemplo, ser propietario de una finca, ser titular de una explotación o industria, realizar un trabajo, ser el titular de un patrimonio, intervenir en la transmisión de un bien, solicitar una actuación administrativa o beneficiarse de ella etc." (LAPATZA, José Juan Ferreiro. *Curso de derecho financiero español*, v. II. 22. ed. Madrid-Barcelona: Marcial Pons, 2000, p. 36).

16. BASALDÚA, Ricardo Xavier. *Tributos al comercio exterior*. Buenos Aires: 2011, p. 91-92.

vo: elemento que permite, pela aplicação da alíquota, a quantificação ou medição do elemento objetivo ou material.[17]

No presente estudo, porém, não se opera com essa supervalorização do antecedente.[18] Hipótese e consequência apresentam a mesma relevância. O fato descrito no antecedente, aliás, perde sentido quando desacompanhado do efeito jurídico implicado, sendo a recíproca também verdadeira. Além disso, sob o aspecto da Lógica Deôntica, a modalização do "dever-ser" encontra-se invariavelmente prevista na proposição-consequente. É esta, como mandamento da norma, que exerce a função sintática de prescrever uma relação jurídica ligando dois ou mais sujeitos em torno de uma conduta regulada como proibida (V), permitida (P) ou obrigatória (O). Logo, ao se deslocar os elementos quantitativo e subjetivo para o antecedente, ignora-se essa realidade sintática. Cria-se, assim, uma norma jurídica com uma hipótese modalizada, suprimindo a função sintática do mandamento.[19]

Em razão disso, de acordo com as premissas adotadas no presente estudo, a alíquota, a base de cálculo e os sujeitos da obrigação tributária não são incluídos na estrutura da hipótese de incidência, integrando, como será examinado, os critérios pessoal e quantitativo da proposição-consequente da norma jurídica.

---

17. WITKER, Jorge. *Derecho tributario aduanero*. México: UNAM, 1999, p. 78-91.

18. CARVALHO, *Teoria...*, op. cit., p. 111. Ao mesmo tempo, como observou José Roberto Vieira, "[...] se existisse motivo para conferir preeminência a um dos termos da norma jurídica, este seria o consequente, pela sua condição de hospedar o desenho da relação jurídica, único instrumento de que se serve o Direito para regular a conduta intersubjetiva." (VIEIRA, José Roberto. *A regra-matriz de incidência do IPI*: texto e contexto. Curitiba: Juruá, 1993, p. 62).

19. O operador "dever-ser", como ensina Paulo de Barros Carvalho, encontra-se presente em duas oportunidades: no contexto da proposição consequente; e ligando esta com a proposição antecedente. Nesta, o "dever-ser" encontra-se neutro, ao passo que, naquela, modalizado, prevendo condutas obrigatórias, proibidas ou permitidas. Eventualmente, também poderá constar do antecedente da norma. Porém, aqui, estará sendo apenas mencionado (suposição material), mas não usado (suposição formal). Trata-se de uma realidade sintática que se verifica no âmbito das normas gerais e abstratas e no das normas individuais e concretas (CARVALHO, *Direito tributário*: fundamentos..., op. cit., p. 130 e ss.).

2. DISCIPLINA LEGAL VIGENTE

As disposições do Código Tributário Nacional (Lei 5.172/66) aplicáveis à hipótese de incidência do imposto de importação (arts. 19-22) foram publicadas no *Diário Oficial* de 27 de outubro de 1966.[20] A sua vigência, porém, teve início em 1º de janeiro de 1967 (art. 218),[21] a mesma data da produção de efeitos do Decreto-lei 37, de 18 de novembro 1966 (art. 178).[22] Este, com alterações posteriores, ainda hoje constitui a disciplina base do imposto, o que o torna – ao lado do IPI (Imposto sobre Produtos Industrializados) – o tributo com legislação mais longeva no direito brasileiro.[23]

---

20. Em 31 de outubro de 1966, a publicação do CTN foi retificada para correção de erros materiais no texto de alguns artigos.

21. "Art. 218. Esta Lei entrará em vigor, em todo o território nacional, no dia 1º de janeiro de 1967, revogadas as disposições em contrário, especialmente a Lei 854, de 10 de outubro de 1949. (Renumerado do art. 217 pelo Decreto-lei 27, de 1966)".

22. "Art.178. Este Decreto-Lei entrará em vigor em 1 de janeiro de 1967, salvo quanto às disposições que dependam de regulamentação, cuja vigência será fixada no regulamento." O Decreto-Lei 37 foi publicado no *Diário Oficial* de 21 de novembro de 1966.

23. O próprio imposto de importação, aliás, constitui um dos impostos mais antigos na história da humanidade. Sobre o tema, cf.: GONZÁLES, Ildefonso Sánches. *Historia general aduanera de España*: edades antigua y media. Madrid: Instituto de Estudios Fiscales, 2014; *Introducción al derecho aduanero*: concepto y contenido. Buenos Aires. Abeledo-Perrot, 1988; NAGIB, Luiza. *O sistema tributário brasileiro e o imposto sobre importação*. Dissertação (Mestrado em Direito). Pontifícia Universidade Católica de São Paulo. São Paulo, 1998, p. 125-133.

Em estudo anterior, sustentou-se que o Decreto-lei 37/66, por tratar inteiramente da matéria disciplinada pela legislação pretérita, teria revogado os arts. 19 a 22 do CTN. Isso porque, antes do advento do art. 18, §1º, do texto constitucional de 1967, o Código ainda não era dotado de eficácia de lei complementar. Portanto, nada impedia a sua revogação.[24]

Reflexão mais aprofundada, porém, leva a uma conclusão distinta. Antes da Constituição de 1967 (art. 19, § 1º),[25] não havia reserva de lei complementar em matéria tributária. Em razão disso, o Código Tributário foi aprovado como lei ordinária (Lei 5.171/66), na forma do art. 5º, XV, "b", da Constituição de 1946.[26] Logo, os enunciados relativos ao imposto de importação poderiam ser revogados em decorrência de uma legislação posterior da mesma hierarquia, como é o caso do Decreto-lei 37/66.

Afigura-se irrelevante o fato de o Código e o Decreto-lei terem iniciado sua vigência no mesmo dia 1º de janeiro de 1967.[27] Para fins de determinação da lei posterior, considera-se

---

24. SEHN, Solon. Regime de incidência do Imposto de Importação. *In:* DOMINGO, Luiz Roberto; SARTORI, Angela; PEIXOTO, Marcelo Magalhães. (Coord.). *Tributação Aduaneira à luz da Jurisprudência do CARF – Conselho Administrativo de Recursos Fiscais*. São Paulo: MP, 2013, p. 283-284. Essa mesma intepretação é adotada por NAGIB, *op. cit.*, p. 136. A rigor, mesmo após o texto constitucional de 1967, parte dos dispositivos do CTN ainda poderiam ser revogados por leis ordinárias posteriores, uma vez que nem todos os seus preceitos estavam sob reserva de lei complementar. Vide, abaixo, a questão da revogação da base de cálculo prevista no art. 20, II, do CTN pelo Acordo de Valoração Aduaneira (conclusões da Roda Tóquio incorporadas ao direito brasileiro por meio do Decreto-Legislativo 09/1981 e do Decreto 92.930/1986).

25. "Art. 19 [...] § 1º - Lei complementar estabelecerá normas gerais de direito tributário, disporá sobre os conflitos de competência tributária entre a União, os Estados, o Distrito Federal e os Municípios, e regulará as limitações constitucionais do poder tributário."

26. "Art. 5º. Compete à União:
[...]
XV – legislar sobre:
b) normas gerais de direito financeiro; de seguro e previdência social; de defesa e proteção da saúde; e de regime penitenciário;"

27. Código Tributário Nacional: "Art. 218. Esta Lei entrará em vigor, em todo o

a data de sua promulgação, porquanto é por meio deste ato solene que se enuncia a existência jurídica do diploma legal, ordenando a execução e o respectivo cumprimento. É o que ensina Roque Antonio Carrazza, na linha da doutrina de Pontes de Miranda, Pimenta Bueno, João Barbalho, Oswaldo Aranha Bandeira de Mello, Carlo Ceretti, J. J. Gomes Canotilho, Eduardo Garcia de Enterría, Paolo Biscaretti di Ruffia e de Pizzorusso: "[...] a lei promulgada depois revoga a lei promulgada antes, mesmo que esta seja publicada depois".[28] Portanto, o Decreto-lei 37/66 é *lex posterior* em relação ao Código Tributário Nacional, que foi promulgado antes da edição daquele.[29]

Por outro lado, é certo que, de acordo com o art. 2º, §1º, da Lei de Introdução às Normas do Direito Brasileiro (nova designação da antiga Lei de Introdução ao Código Civil),[30] a lei nova implica a revogação da anterior sempre que disciplinar

---

território nacional, no dia 1º de janeiro de 1967, revogadas as disposições em contrário, especialmente a Lei 854, de 10 de outubro de 1949. (Renumerado do art. 217 pelo Decreto-lei 27, de 1966)". Decreto-lei 37/66: "Art.178. Este Decreto-Lei entrará em vigor em 1 de janeiro de 1967, salvo quanto às disposições que dependam de regulamentação, cuja vigência será fixada no regulamento."

28. CARRAZZA, Curso..., op. cit., p. 280. No mesmo sentido, assentado em Roque Carrazza, Oswaldo Aranha Bandeira de Mello, Giovanni Pachionni, Francesco Ferrara, cf.: MOUSSALLEM, Tárek Moysés. *Revogação em matéria tributária*. São Paulo: Noeses, 2005, p. 204: "Para o caso de revogação, a lei promulgada posteriormente prevalece sobre a promulgada anteriormente, mesmo que a publicação destas seja posterior à daquela. Mas é necessário que ambas sejam publicadas."

29. Cumpre advertir que os decretos-leis não estavam sujeitos à promulgação, mas edição ou decretação pelo Presidente da República. A edição do decreto-lei produzia efeitos revogatórios da legislação pretérita, o que a doutrina denominava revogação resolúvel. Nesse sentido, Clèmerson Merlin Clève ensina que: "o decreto-lei também paralisava a eficácia das regras jurídicas anteriores antinômicas pelo prazo de apreciação do Legislativo. Ultrapassado este prazo sem a manifestação do Congresso ou sem a sua rejeição (aprovação fica inexistente no regime da MP), aquela suspensão (revogação resolúvel) sofria mutação para operar revogação incondicionada. Uma vez rejeitado, o direito anterior reemergia no universo eficácial" (CLÈVE, Clèmerson Merlin. *Medidas provisórias*. 2. ed. São Paulo: Max Limonad, 1999, p. 103).

30. Decreto-lei 4.657/42, decorrente da Lei 12.376/2010.

a totalidade da matéria por ela regulada.[31] Todavia, essa regra de revogação em bloco – também denominada revogação total ou de sistema – pressupõe que o novel ato normativo discipline a integralidade da matéria do diploma legal anterior. Isso ocorreria, por exemplo, na hipótese de promulgação de um novo Código Tributário Nacional, porquanto não faria sentido manter as disposições do Código anterior. Afinal, se o propósito da codificação é justamente a unificação legislativa, esta restaria totalmente frustrada com a coexistência de dois ou mais códigos sobre a mesma matéria, ainda que não conflitantes.[32] Diferente, entretanto, é a relação entre o Decreto-lei e a Lei 5.172/66, uma vez que aquele não regula toda a matéria desta, limitando-se a estabelecer disposições complementares. Daí a inviabilidade da intepretação que sustenta a revogação em bloco dos arts. 17 a 22 do CTN pelo Decreto-lei 37/66.

Ademais, deve-se ter presente que, segundo a Exposição de Motivos 867, o Decreto-lei 37/66 não foi editado com o objetivo de revogar, mas de complementar e adaptar a legislação aduaneira vigente às disposições do Código Tributário Nacional:

> [...]
>
> Tenho a honra de submeter à elevada consideração de Vossa Excelência projeto de decreto-lei que dispõe sobre o Imposto de Importação, reorganiza os serviços aduaneiros, e dá outras providências.

---

31. "Art. 2º [...] §1º A lei posterior revoga a anterior quando expressamente o declare, quando seja com ela incompatível ou quando regule inteiramente a matéria de que tratava a lei anterior".

32. Dificilmente um novo Código deixa de revogar expressamente o anterior. A hipótese de revogação total tácita é mais comum por ocasião do advento de novas Constituições. Sobre o tema, cf. estudo de Luís Roberto Barroso, que discorre sobre a relação intertemporal entre textos constitucionais, diferenciando a revogação global ou de sistema da revogação stricto sensu ou norma à norma. (BARROSO, Luís Roberto. *Interpretação e aplicação da constituição*: fundamentos de uma dogmática constitucional transformadora. São Paulo: Saraiva, 1996, p. 54-59).

2. Cumpre esclarecer, desde logo, que o projeto adapta os conceitos de fato gerador, base de cálculo e definição de contribuinte do impôsto de importação às normas do Código Tributário Nacional, além de complementar e atualizar tôda a legislação aduaneira do país.[33]

Em situações dessa natureza, consoante ensina Maria Helena Diniz, incide o art. 2º, §1º, da Lei de Introdução às Normas do Direito Brasileiro – LINDB, de sorte que – ressalvadas as disposições incompatíveis individualmente consideradas – ambos permanecem válidos:[34]

> A mera justaposição de disposições legais, gerais ou especiais, a normas existentes não terá o condão de afetá-las. Assim sendo, lei nova que vier a contemplar disposição geral ou especial, a par das já existentes, não revogará, nem alterará a lei anterior. Se a nova lei apenas estabelecer disposições especiais ou gerais, sem conflitar com a antiga, não a revogará. A disposição especial não revoga a geral, nem a geral revoga a especial, senão quando a ela se referir alterando-a explícita ou implicitamente. Para que haja revogação será preciso que a disposição nova, geral ou especial, modifique expressa ou insolitamente a antiga, dispondo sobre a mesma matéria diversamente. Logo, lei nova geral revoga a geral anterior, se com ela conflitar. A norma geral não revoga a especial, nem a nova especial revoga a geral, podendo com ela coexistir (*"Lex posterior generalis non derogat speciali"*, *"legi speciali per generalem non abrogatur"*), exceto se disciplinar de modo diverso a matéria normada, ou se a revogar expressamente (*Lex specialis derogat legi generali*).[35]

Revendo interpretação anterior, portanto, entende-se que as disposições do Código Tributário Nacional aplicáveis ao imposto de importação não foram revogadas pelo

---

33. *Diário do Congresso Nacional* de 21.11.1966, p. 13.403.

34. "Art. 2º [...] §2º A lei nova, que estabeleça disposições gerais ou especiais a par das já existentes, não revoga nem modifica a lei anterior".

35. DINIZ, Maria Helena. *Lei de introdução às normas do direito brasileiro interpretada*. 17ed. São Paulo: Saraiva, 2012, p. 97. Na mesma linha, Tárek Moysés Moussallem, ao comentar o §2º do art. 2º, da Lei de Introdução, destaca que "por outras palavras, o enunciado-enunciado em tela prescreve que a lei especial não revoga lei geral e vice-versa." (MOUSSALLEM, *op. cit.*, p. 195).

Decreto-lei 37/66.[36] Ambos, com suas alterações posteriores, continuam disciplinando o tributo, ao lado do Acordo sobre a Implementação do Artigo VII do Acordo Geral de Tarifas e Comércio – GATT,[37] que, como será examinado, dispõe sobre a base de cálculo do tributo.

---

36. A doutrina majoritária entende que não houve revogação em bloco do CTN. Sobre o tema, cf: SOUSA, Hamilton Dias de. *Estrutura do imposto de importação no Código Tributário Nacional*. São Paulo: Resenha Tributária, 1980, p. 27-28; LACOMBE, Américo Lourenço Masset. *Teoria do imposto de importação*. Tese (Doutorado em Direito). Pontifícia Universidade Católica de São Paulo. São Paulo, 1978, p. 17 e ss.; LIMA, Sebastião de Oliveira. *O fato gerador do imposto de importação na legislação brasileira*. São Paulo: Resenha Tributária, 1981, p. 153 e ss.; HILÚ NETO, Miguel. *Imposto sobre importações e imposto sobre exportações*. São Paulo: Quartier Latin, 2003, p. 123 e ss.; TREVISAN, Rosaldo; VALLE, Maurício Dalri Timm do. Impostos sobre o comércio exterior. In: GRILLO, Fabio Artigas; SILVA, Roque Sérgio D'Andrea Ribeira da (coord.). *Código Tributário Nacional anotado*. Curitiba: OAB/PR, 2014, p. 78 e 90; SEIXAS FILHO, Aurélio Pitanga. Imposto de importação – incidência - "*vacatio legis*". *RDDT* n° 63, p. 20-28.

37. Este foi aprovado pelo Congresso Nacional por meio do Decreto Legislativo 30/94 e promulgado pelo Decreto 1.355/1994.

3. CRITÉRIO MATERIAL

O critério material, como já examinado, reflete o comportamento humano, previsto na hipótese de incidência da norma jurídica tributária, abstraídas as referências espaço-temporais. Sempre apresenta, em seu núcleo compositivo, um verbo – pessoal e de predicação incompleta – e um complemento, construídos pelo operador jurídico a partir dos enunciados prescritivos do direito posto.[38]

Na maioria dos países, a sua construção pode ser realizada tendo por base apenas os parâmetros da legislação ordinária. O mesmo, porém, não ocorre no direito brasileiro. Aqui, diferentemente do que se dá em outros sistemas de direito comparado, o caráter analítico do texto constitucional[39] – que

---

38. Conforme exposto anteriormente, adota-se a *teoria da regra-matriz de incidência tributária*, de Paulo de Barros Carvalho, referenciada anteriormente e ao longo do trabalho.

39. BARROSO, Luis Roberto. Dez anos da Constituição de 1988 (foi bom pra você também?). In: *A Constituição democrática brasileira e o Poder Judiciário*. Coleção Debates. São Paulo: Fundação Konrad-Adenauer-Stiftung, n.º 20, 1999, p. 27: "[...] o constituinte de 1988 optou, igualmente, por uma Carta analítica, na tradição do constitucionalismo contemporâneo, materializado nas Constituições Portuguesa e Espanhola, de 1976 e 1978, de Países que, a exemplo do Brasil, procuravam superar experiências autoritárias. O modelo oposto é o que tem como paradigma a Constituição dos Estados Unidos, exemplo típico do constitucionalismo sintético, cujo texto se contém em apenas sete artigos e vinte e seis emendas (em sua maior parte aditamentos, e não modificações, à versão original). A tradição brasileira, a complexidade do contexto em que desenvolvida a reconstitucionalização do país e as

é ainda mais acentuado em matéria tributária – atribuiu um campo reduzido à liberdade de conformação ao legislador infraconstitucional.[40] Isso ocorre porque a Constituição, ao disciplinar a competência das pessoas políticas, o faz mediante referências objetivas à materialidade dos tributos que podem ser instituídos, expressando um núcleo essencial para cada exação.

Há, assim, segundo ensina Roque Antonio Carrazza, um arquétipo ou norma-padrão prevista na Constituição:

> A Constituição, ao discriminar as competências tributárias, estabeleceu – ainda que, por vezes, de modo implícito e com uma certa margem de liberdade para o legislador – a norma-padrão de incidência (o arquétipo genérico, a regra-matriz) de cada exação. Noutros termos, ela apontou a hipótese de incidência possível, o sujeito ativo possível, o sujeito passivo possível, a base de cálculo possível e a alíquota possível, das várias espécies e subespécies de tributos. Em síntese, o legislador, ao exercitar a competência tributária, deverá ser fiel à norma-padrão de incidência do tributo, pré-traçada na Constituição. O legislador (federal, estadual, municipal ou distrital), enquanto cria tributo, não pode fugir desse arquétipo constitucional.[41]

Além disso, cumpre considerar que, nos casos em que a competência impositiva é definida mediante referências a conceitos ou a institutos de direito privado, estes não podem

---

características de nosso sistema judicial inviabilizavam a opção pela fórmula do texto mínimo, cuja importação seria uma [*sic.*] equívoco caricatural. É inevitável a constatação, todavia, de que o constituinte de 1988 caiu no extremo oposto, produzindo um texto que, mais que analítico, é casuístico e prolixo".

40. Segundo o destacado Geraldo Ataliba, nosso sistema é *sui generis*, original e desconhece similares e réplicas, contrastando radicalmente com todos os demais. Há uma diferença significativa em relação aos demais sistemas de direito comparado, porque nestes "[...] a lei ordinária tem as mais amplas possibilidades de concorrer para o delineamento das feições do próprio sistema tributário, onde a constituição ficou no ditame de princípios genéricos mais amplos" (ATALIBA, Geraldo. *Sistema constitucional tributário brasileiro*. São Paulo: RT, 1968, p. 26-27 e p. 18). Na mesma linha, CARVALHO, *Curso...*, *op. cit.*, p. 141; VIEIRA, *op. cit.*, p. 41; CARRAZZA, Roque Antonio. *Curso de direito constitucional tributário*. 16. ed. São Paulo: Malheiros, 2001, p. 412 e ss.

41. CARRAZZA, *op. cit.*, p. 426-427.

ter o seu conteúdo jurídico originário alterado pelo legislador tributário infraconstitucional. Não cabe, destarte, o estabelecimento de um conceito especial – de serviço ou de propriedade, por exemplo – apenas para fins de incidência de um tributo: ou bem se altera, mediante lei formal, toda a extensão do conceito ou do instituto para quaisquer fins de direito ou se respeita esse conteúdo para efeitos de exigência de tributos. Do contrário, o legislador tributário poderia modular a sua própria competência constitucional. Esta, assim, acabaria por perder a sua rigidez, gerando insegurança jurídica, além de intermináveis conflitos impositivos entre os entes tributantes.

Daí a previsão do art. 110 do CTN, que – enunciando uma consequência jurídica que já decorre do texto constitucional – veda a alteração da definição, do conteúdo e do alcance de institutos, conceitos e formas de direito privado utilizados para definir ou liminar competências tributárias:[42]

> Art. 110. A lei tributária não pode alterar a definição, o conteúdo e o alcance de institutos, conceitos e formas de direito privado, utilizados, expressa ou implicitamente, pela Constituição Federal, pelas Constituições dos Estados, ou pelas Leis Orgânicas do Distrito Federal ou dos Municípios, para definir ou limitar competências tributárias.

No passado, já houve iniciativas que, por meio desse artifício, buscaram contornar a amplitude da regra constitucional de competência. Porém, a Jurisprudência do Supremo

---

42. Esse dispositivo sequer precisaria estar escrito, uma vez que, segundo ressalta Hugo de Brito Machado, "[...] o art. 110 do Código Tributário nacional tem um sentido apenas didático, meramente explicitante. Ainda que não existisse, teria de ser como nele está determinado. Admitir que a lei ordinária redefina conceitos utilizados por qualquer norma da Constituição é admitir que a lei modifique a Constituição. É certo que a lei pode, e deve, reduzir a vaguidade das normas da Constituição, mas, em face da supremacia constitucional, não pode modificar o significado destas" (MACHADO, Hugo de Brito. *Curso de direito tributário*. 7. ed. São Paulo: Malheiros, 1993, p. 08). Sobre o tema, cf. ainda: ARAÚJO, Ana Clarissa Masuko dos Santos. A alteração dos conceitos e definições jurídicos e seus reflexos para o conceito de "mercadoria" na importação - a prescrição do art. 110 do Código Tributário Nacional. In: TREVISAN, Rosaldo (Org.). *Temas atuais de direito aduaneiro*. São Paulo: Lex, 2013, p. 137-170.

Tribunal Federal tem reafirmado a impossibilidade de alteração dos conceitos de direito privado pelo legislador tributário.

Destaca-se, nesse sentido, o Recurso Extraordinário 71.758/GB, marcado pela feliz observação do Ministro Luiz Gallotti, ao ressaltar que "[...] se a lei pudesse chamar de compra o que não é compra, de importação o que não é importação, de exportação o que não é exportação, de renda o que não é renda, ruiria todo o sistema tributário inscrito na Constituição".[43]

Portanto, no direito positivo brasileiro, a construção do critério material da hipótese de incidência do imposto de importação deve ter como ponto de partida o art. 153, I, da Constituição Federal, complementado pelo art. 19 do CTN e pelo art. 1º do Decreto-lei 37/66:

> Art. 153. Compete à União instituir impostos sobre:
>
> I – importação de produtos estrangeiros;
>
> [...]
>
> §1º É facultado ao Poder Executivo, atendidas as condições e os limites estabelecidos em lei, alterar as alíquotas dos impostos enumerados nos incisos I, II, IV e V.
>
> Art. 19. O imposto, de competência da União, sobre a importação de produtos estrangeiros tem como fato gerador a entrada destes no território nacional.
>
> Art. 1º O Imposto sobre a Importação incide sobre mercadoria estrangeira e tem como fato gerador sua entrada no Território Nacional. (Redação dada pelo Decreto-lei 2.472, de 01.09.1988).

Do exame desses dispositivos, fica claro que o critério material do imposto compreende o verbo "importar". O complemento, porém, afigura-se controvertido. Isso porque, embora

---

43. Voto Luiz Gallotti, (Recurso Extraordinário 71.758/GB. Rel. Min. Thompson Flores. *DJ* 31.08.1973, p. 357). Destaca-se ainda o RE 166.772/RS (Rel. Min. Marco Aurélio. *DJ* 16.12.1994, p. 34896), no qual o STF entendeu que a Lei 7.787/89 não poderia ampliar o conceito de salário da CLT (Consolidação das Leis Trabalhistas) para exigir tributos sobre o pagamento de administradores e autônomos.

o art. 153, I, da Constituição e o art. 19 do CTN refiram-se a "produtos", o art. 1º do Decreto-lei 37/66 prevê a incidência na importação de "mercadorias". Por outro lado, para parte da doutrina, o termo "estrangeiros" – que é pleonástico, já que toda importação tem por objeto produtos procedentes do exterior – seria um complemento necessário para evidenciar a não incidência, na importação, de produtos nacionais anteriormente exportados. Essas e outras questões acessórias serão examinadas no decorrer do presente capítulo.

3.1 Conteúdo jurídico do verbo "importar"

Parte da doutrina nacional tem atribuído um papel secundário ao exame do conceito de importação, partindo da premissa de que este teria um sentido unívoco, expressando a conduta de trazer ou de portar algo para dentro do território aduaneiro.[44] Na verdade, o tema está longe de ser pacífico. Não são poucas nem tampouco desprezíveis as divergências em torno do conceito, que, por sua vez, geram importantes implicações na natureza jurídica dos regimes aduaneiros especiais do trânsito aduaneiro e da admissão temporária.

---

44. A mesma advertência semelhante é feita José Augusto Lara dos Santos, que avalia criticamente passagem do estudo de André Parmo Folloni (FOLLONI, André Parmo. *Tributação sobre o comércio exterior*. São Paulo: Dialética, 2005, p. 114): "No tocante ao signo 'importação', sempre pendeu uma relativa 'certeza' acerca da sua extensão, conforme se depreende, por exemplo, do trecho de uma obra especializada em tributos aduaneiros: 'Teremos como verbo encontrado no texto constitucional, portanto, o 'importar', no sentido ordinário de 'portar para dentro'. Aqui não há maiores celeumas doutrinárias. [...] Neste aspecto, o presente trabalho ousa discordar dos entendimentos perpetuados até o momento. Sob a ótica que será desenvolvida, o verbo 'importar' apresenta papel fundamental na solução de diversos temas relacionados às operações de comércio exterior e, em especial, no âmbito dos regimes aduaneiros especiais". SANTOS, José Augusto Lara dos. *O signo "importação" e sua influência na natureza jurídica dos regimes aduaneiros especiais*. Dissertação (Mestrado em Direito). Pontifícia Universidade Católica de São Paulo. São Paulo, 2011, p. 88.

3.1.1 Exame das concepções teóricas existentes

As teorias sobre o conceito de importação variam em função da legislação que serve de base para cada autor. As diferentes concepções, contudo, podem ser agrupadas para fins comparativos em duas grandes correntes: a teoria da transposição física e a teoria do ingresso finalístico. Esta, por sua vez, abrange as teorias da declaração para consumo e da nacionalização.

Essa divisão parte das concepções doutrinárias acerca do conceito de importação no direito brasileiro. Tem um objeto mais restrito do que a realizada por outros autores quando classificam as diferentes teorias considerando a composição integral da hipótese de incidência do tributo, inclusive no direito comparado. É o que faz Enrique Barrera, com base em classificação de Juan Sortheix, ao dividir as teorias sobre a hipótese de incidência do imposto em cinco: (a) teria da transposição; (b) teoria da entrada; (c) teoria da declaração para consumo; (d) teoria da nacionalização; e (e) teoria da importação para consumo.[45]

Nessa mesma linha, Francisco Clavijo Hernández[46] e Jorge Witker[47] as classificam em: (a) teoria da passagem da linha aduaneira; (b) da declaração de destinação ao consumo; e (c) da nacionalização da mercadoria.

---

45. BARRERA, Enrique C. La obligación tributaria aduanera y el hecho gravado por los derechos de importación. *Revista de Estudios Aduaneros* n° 12, primer y segundo semestre de 1998. Buenos Aires: Instituto Argentino de Estudios Aduaneros, p. 87 e ss.. O autor faz referência à obra de SORTHEIX, Juan J. La estrutura del hecho gravado por los derechos de importación. *Revista Derecho Aduanero*, Tomo V-A, p. 386 e ss.

46. HERNÁNDEZ, Francisco Clavijo. Impuestos Aduaneros. *In:* HERNÁNDEZ, Francisco Clavijo; LAPATZA, José Juan Ferreiro; QUERALT, Juan Martín; LÓPES, José Manuel Tejerizo; ROYO, Fernando Pérez. *Curso de derecho tributario:* parte especial: sistema tributario: los tributos en particular. 19. ed. Madrid-Barcelona, 2003, p. 775-821.

47. WITKER, Jorge. *Derecho tributario aduanero.* 2. ed. México, UNAM, 1999, p. 79.

Entre nós, Roosevelt Baldomir Sosa acolhe a classificação proposta por Jorge Witker, aplicando-a ao direito brasileiro.[48] Osiris Lopes Filho, por sua vez, analisa as diferenças entre as teorias da passagem pela linha aduaneira, da destinação de consumo da mercadoria e da nacionalização sob o aspecto do momento da ocorrência da hipótese de incidência do imposto.[49]

Nada impede que se proceda dessa forma, desde que se considerem as diferenças legislativas que servem de base para cada autor. No presente estudo, opta-se por um seccionamento analítico mais restrito, assentado nas interpretações construídas à luz do direito brasileiro. A doutrina estrangeira será considerada apenas para efeitos comparativos. Além disso, em vez de considerar a compostura integral da hipótese de incidência, são abstraídas as divergências em torno das condicionantes espaço-temporais, concentrando-se apenas no conceito de importação.

3.1.1.1 Teoria da transposição física

A teoria da transposição identifica o conceito de importação com o ingresso físico ou o cruzamento da linha de fronteira. Trata-se de um critério objetivo, que tem por ocorrida a importação a partir do ato de introdução de um produto qualquer no território nacional. A sua caracterização ocorre independentemente da finalidade ou da destinação pretendida por quem a promove, inclusive da eventual incorporação ao mercado interno do País de destino ou do caráter lícito da operação.[50]

---

48. SOSA, Roosevelt Baldomir. *Temas de direito aduaneiro*: estudos sobre problemas aduaneiros contemporâneos. São Paulo: Aduaneiras, 1999, p. 97 e ss.

49. LOPES FILHO, Osiris de Azevedo. *Regimes aduaneiros especiais*. São Paulo: RT, 1984, p. 67-69.

50. Sobre o tema, cf. ainda: WITKER, *op. cit.*, p. 79; BARRERA, *op. cit.*, p. 104 e ss.; HERNÁNDEZ, *op. cit.*, p. 780 e ss.

Essa concepção tem como vantagem a simplicidade de sua formulação e a aparente objetividade.[51] Podem ser incluídos nessa corrente os estudos de Sebastião de Oliveira Lima,[52] Osiris de Azevedo Lopes Filho,[53] Leo Krakowiak e Ricardo Krakowiak,[54] Miguel Hilú Neto,[55] André Folloni,[56] Paulino Manfrinato,[57] Luciano Garcia Miguel,[58] Rosaldo Trevisan e

---

51. BARRERA, *op. cit.*, p. 104. Para o autor, a objetividade é apenas aparente, porquanto a aplicação oferece inúmeros obstáculos de ordem prática, notadamente no que concerne aos regimes aduaneiros especiais.

52. LIMA, *op. cit.*, p. 51: "[...] entendemos, conforme tentaremos expor minuciosamente quando estudarmos o aspecto temporal do fato gerador do imposto de importação, que a entrada, referida por nossa legislação aduaneira, é o mero ingresso físico. Pensamos desse modo porque, a nosso ver, mesmo nos casos de simples trânsito aduaneiro há a ocorrência do fato gerador do tributo, tanto assim que a lei prevê, para casos tais, a suspensão do imposto".

53. LOPES FILHO, *op. cit.*, p. 57: "Importar significa trazer para dentro, introduzir, originando-se do verbo latino *importare*".

54. KRAKOWIAK, Leo; KRAKOWIAK, Ricardo. Os impostos de importação e exportação. In: MARTINS, Ives Gandra da Silva (coord.). *Curso de direito tributário*. 7. ed. São Paulo: Saraiva, 2000, p. 443: "o fato gerador do imposto de importação é a entrada de produtos estrangeiros no território nacional (art. 19 do CTN e art. 1º do Decreto-lei n. 37/66)".

55. HILÚ NETO, *op. cit.*, p. 66: "A delimitação do conteúdo do verbo importar, assim, indica uma ação de trazer para dentro, de fazer vir, de buscar algo alhures e colocá-lo no território do importador".

56. FOLLONI, *op. cit.*, p. 114: "Teremos como verbo encontrado no texto constitucional, portanto, 'importar', no sentido ordinário de 'portar para dentro'. Aqui não há maiores celeumas doutrinárias".

57. MANFRINATO, Paulino. *Imposto de importação*: uma análise do lançamento e fundamentos. São Paulo: Aduaneiras, 2002, p. 37: "Importar, palavra formada de im + portar, quer dizer trazer para dentro, introduzir, pedindo este verbo o complemento de lugar. Onde? No exame do critério espacial, ver-se-á que é no território nacional, coincidente com o território aduaneiro, conforme a legislação do tributo, qualificada como aduaneira ou alfandegária, por derivação dos termos aduana e alfândega, ambos de equivalente significação".

58. MIGUEL, Luciano Garcia. *Incidência do ICMS nas operações de importação*. São Paulo: Noeses, 2013, p. 127: "A amplitude da redação do texto constitucional, ademais, nos leva a considerar que a incidência do imposto na operação de importação é ampla e independe de quaisquer considerações sobre o destino a ser dado à mercadoria importada".

Maurício Timm do Valle,[59] Raquel Cristina Ribeiro Novais[60] e Roberto Caparroz de Almeida.[61]

No direito comparado, a teoria da transposição foi sustentada pelos primeiros autores que se voltaram ao estudo do imposto de importação, dentre os quais Otto Mayer[62] e, nas edições iniciais de suas obras, Héctor Villegas[63] e Giuliani

---

59. TREVISAN; VALLE, *op. cit.*, p. 77-78. "No âmbito aduaneiro, importar significa trazer para dentro do território aduaneiro. Vê-se, assim que o critério material tem intrínseca ligação com o espacial. O vocábulo 'importação' pressupõe não apenas uma introdução, mas uma introdução em um território aduaneiro".

60. NOVAIS, Raquel Cristina Ribeiro. Imposto de importação. *In:* DE SANTI, Eurico Marcos Diniz (Coord.) *Curso de especialização em direito tributário*: estudos analíticos em homenagem a Paulo de Barros Carvalho. Rio de Janeiro: Forense, 2006, p. 1071: "'Importar' significa 'portar para dentro', 'trazer para dentro' do país".

61. ALMEIDA, Roberto Caparroz de. *A tributação do comércio internacional*: uma visão aduaneira. Tese (Doutorado em Direito). Pontifícia Universidade Católica de São Paulo. São Paulo, 2007, p. 64: "O núcleo do critério material do imposto manifesta-se pelo verbo importar. Segundo a linha de raciocínio que adotamos, podemos afirmar que importar é a conduta que tem por objetivo fazer ingressar, no território aduaneiro, bens de procedência estrangeira, com impacto econômico".

62. MAYER, Otto. *Derecho administrativo Alemán.* Trad. Horacio Heredia e Ernesto Krotoschin. Buenos Aires: Depalma, Tomo II, 1982, p. 218, *idem*): "el hecho imponible es el paso de una mercadería hacia cierto lugar a través de un linde determinado: la frontera del Estado o los límites de un municipio, la puerta de un depósito".

63. Barrera, tendo por base a edição de 1975 (VILLEGAS, Héctor B. *Curso de finanzas, derecho financiero y tributario.* Buenos Aires: Depalma, 1975, p. 572. Apud BARRERA, *op. cit.*, p. 160) sustenta que Villegas seria adepto da teoria da transposição. A passagem da obra do autor citada por Barrera continua a mesma na edição de 2001: "3. HECHO IMPONIBLE. El hecho imponible del impuesto aduanero es el paso de una mercadería por una frontera política. En los derechos de importación, la obligación tributaria se genera en el momento en que dicha mercadería penetra al territorio nacional por cualquier vía de acceso." (VILLEGAS, Héctor B. *Curso de finanzas, derecho financiero y tributario.* 7. ed. Buenos Aires: Depalma, 2001, p. 714). Todavia, nesta verifica-se que Villegas, fazendo referência expressa a Fonrouge, assim como este passou a seguinte a teoria da nacionalização: "Con referencia a la importación, debe destacarse que 'importación, despacho a plaza o nacionalización' son expresiones técnicamente sinónimas (con respecto a este tributo), y se refieren al momento en que se formaliza el despacho aduanero de la mercadería con el consiguiente pago de los derechos establecidos, con lo cual la mercadería deja de considerarse extranjera para convertirse en nacional. Esto último significa que las mercaderías quedan equiparadas a las nacionales desde el punto de vista aduanero, y no pueden ser afectadas por tributos de importación creados con posterioridad al momento del despacho a plaza (conf. Giuliani Fonrouge, t. 2, p. 887)." (*Ibid., idem*).

Fonrouge.[64] Estes, segundo destaca Enrique Barrera, basearam suas construções na redação de textos legais que, sem maiores precisões, definiam a "introdução da mercadoria" ou a "entrada da mercadoria" como hipótese de incidência do imposto.[65]

---

64. Segundo Barrera, Giuliani Fonrouge, na edição do ano de 1982 de sua obra *Derecho financiero*, entendia que "el hecho generador o hecho imponible en los derechos aduaneros es el paso de una mercadería por una frontera política". Em edições posteriores, segundo Barrera, Fonrouge passou a sustentar a teoria da nacionalização (FONROUGE, Carlos M. Giuliani. *Derecho financiero*. Buenos Aires: Depalma, Tomo II, 1982, p. 834, *idem*). Consultou-se, no presente estudo, a edição de 1970: FONROUGE, Carlos M. Giuliani. *Derecho financiero*. 2. ed. Buenos Aires: Depalma, v. 2, 1970, p. 886, na qual o autor ainda seguida a teoria da transposição, linha também seguida, segundo Barrera, por: MEHL, Lucien. *Elementos de ciencia fiscal*. Barcelona: Bosh, 1964, p. 72 e 73, *idem*: "en materia de aduana, el hecho generador generalmente radica en el acto del franqueo fronterizo y, en la práctica, en el paso por la aduana..."; e, citados por Sortheix, Sandulli, Lepri, Blumenstein e Duverger (SORTHEIX, *op. cit.*, p. 386, *idem*).

65. BARRERA, *op. cit.*, p. 105. O autor, junto com HERNÁNDES (*op. cit.*, p. 781) e WITKER (*op. cit.*, p. 79), sustenta que A. D. Giannini teria acolhido a teoria da transposição física, citando passagem da obra GIANNINI, Achille D. *Instituciones de derecho tributário*. Trad. Fernando Sainz de Bujanda. Madrid: Editorial Derecho Financiero, Madrid, 1957, p. 523-524: "el impuesto se devenga, naturalmente, en el momento en que la mercancía atraviesa la línea aduanera" (BARRERA, *op. cit.*, p. 104, nota 55). Porém, considerando a 8ª edição no idioma original, de 1960, nota-se que Giannini manifesta-se da seguinte forma: "L'imposta è dovuta, normalmente, nel momento in cui la merce attraversa la *linea doganale* [...]" (GIANNINI, A. D. *Istituzioni di diritto tributario*. 8. ed. Milano: Giuffrè, 1960, p. 437). Por outro lado, ao discorrer acerca das regras aplicáveis ao trânsito no território aduaneiro (importação temporária), Giannini sustenta que a incidência pressupõe o consumo efetivo ou presumido da mercadoria: "[...] per le merci provenienti dall'estero, che transitano soltanto entro il territorio doganale e per quelle che sono spedite da una dogana all'altra, l'importatore non è tenuto al pagamento del dazio nel momento in cui la merce entra nel territorio doganale, ma deve soltanto offrire idonea garanzia, reale o personale, per il caso che la merce stessa sia distolta dalla destinazione dichiarata ed immessa nel consumo. [...] Argomentando, quindi, a contrario dalla norma stabilita per le merci ammesse alla temporanea importazione, sembra logico dedurne che, se nei casi ora considerati la legge dispone doversi applicare la tassa d'imposta vigente, non nel momento in cui la merce entra nello Stato, ma in quello della sua effettiva o presunta immissione in consumo, ciò vuol dire che solo in questo momento sorge il debito di imposta." (GIANNINI, *op. cit.*, p. 442). O autor, portanto, não parece seguir a teoria da transposição física.

A literalidade dos enunciados prescritivos também foi decisiva no direito brasileiro,[66] como se depreende de passagem da obra de Sebastião de Oliveira Lima:

> 4.c.1 Entende a maioria da doutrina brasileira que somente incide o imposto de importação quando o produto estrangeiro ingressa no território nacional para destinar-se ao consumo interno, o que tornaria não tributável o seu simples trânsito pelo território nacional. No mesmo sentido, encontramos julgados de nossos tribunais superiores.
> [...]
> 4.c.3 A partir da edição do Decreto-lei n. 37/66, parece-nos que a situação se modificou. Com efeito, silenciou sobre o assunto o artigo 1º daquele diploma legal ao definir o fato gerador do tributo em seu aspecto nuclear ou objetivo.

Como se vê, o autor – ainda hoje o que mais profundamente examinou o conceito de importação no direito brasileiro – baseia-se na literalidade do art. 1º do Decreto-lei 37/66. Este que, silenciando sobre o aspecto volitivo da operação, limitava-se a estabelecer que "o imposto de importação incide sobre mercadoria estrangeira e tem como fato gerador sua entrada no território nacional".[67]

Os estudos mais recentes, por sua vez, partem do significado de importação encontrado em dicionários de língua portuguesa e nas construções doutrinárias iniciais, em especial na definição de importação encontrada na obra de Américo Lacombe, segundo o qual "importar significa trazer para dentro, portar para dentro das fronteiras nacionais".[68]

---

66. LIMA, op. cit., p. 54.

67. Em razão disso, essa doutrina admitia com tranquilidade a incidência do imposto diante do simples trânsito de mercadorias. Ibid, p. 43: "No regime aduaneiro especial chamado de 'admissão temporária' (artigo 75 do Decreto-lei n. 37/66) há a importação de bem estrangeiro e que não se destina ao consumo no país."

68. LACOMBE, op. cit., p. 15: "Importar significa trazer para dentro, portar para dentro das fronteiras nacionais. O ato de importar decorre de uma compra e venda efetuada no exterior". Para se constatar a influência dessa passagem da obra de Lacombe nos autores mais recentes, basta confrontá-la com as citações das notas

No direito comparado, também há autores contemporâneos que adotam a teoria da transposição. Destaca-se a doutrina do espanhol Francisco Pelechá Zozaya, para quem importação deve ser entendida como a entrada de mercadorias no território aduaneiro.[69]

Na mesma linha, o professor argentino Ricardo Xavier Basaldúa – partindo da definição adotada pelo Glossário de Termos Aduaneiros Internacionais da OMA (Organização Mundial das Aduanas)[70] – sustenta que o conceito de importação corresponderia ao fato objetivo da transposição de fronteira, independentemente da vontade ou da licitude da operação:

> [...] para que se tenha lugar a importação ou a exportação não se requer mais que o cruzamento da fronteira. Resulta, então, indiferente se isso ocorreu como consequência de um ato voluntário (v.gr., ato jurídico) ou involuntário, nem se se trata de uma ação lícita (v.gr., ato jurídico lícito) ou ilícita.[71]

---

de rodapé antecedentes. Esse eminente Professor, contudo, sustenta que, além de portar ou trazer para dentro das fronteiras nacionais, "o ato de importar decorre de uma compra e venda efetuada no exterior", no que também é acompanhado por MELO, José Eduardo Soares de. *A importação no direito tributário*: impostos, taxas, contribuições. São Paulo: RT, 2003, p. 46.

69. ZOZAYA, Francisco Pelechá. *Fiscalidad sobre el comercio exterior*: el derecho aduanero tributario. Madrid – Barcelona – Buenos Aires: Marcial Pons, 2009, p. 34: "[...] tal hecho imponible no es otro que la importación, entendida ésta como la entrada de mercancías no comunitarias en el territorio aduanero de la Comunidad". O autor, em outra passagem, conclui que: "podemos considerar como 'hecho imponible' de lo derecho del AAC [Arancel Aduanero Común] la entrada de mercancías no comunitarias en el territorio aduanero de la Comunidad, normalmente para ser despachadas a libre práctica" (*Ibid.*, p. 34, nota de rodapé 6). Zozaya utiliza o termo "normalmente" porque entende que a hipótese de incidência ocorre com o ingresso, conforme leitura das páginas 46-47 e páginas 73 e ss.

70. Importação é definida como a *"acción de introducir en un territorio aduanero una mercadería cualquiera"*. A OMA, por sua vez, constitui o nome de trabalho do Conselho de Cooperação Aduaneira (CCA), organização internacional intergovernamental com sede na Europa (Bruxelas, na Bélgica), integrada por 179 países membros, inclusive o Brasil, nos termos do Decreto Legislativo 129/1980, promulgado pelo Decreto 85.801/1981.

71. Tradução nossa. BASALDÚA, *Los tributos...*, *op. cit.*, p. 56: "En efecto, para que tenga lugar la importación o la exportación no se requiere más que el cruce de la

IMPOSTO DE IMPORTAÇÃO

A teoria da transposição física pode ser criticada porque permite que se considere importação o simples trânsito de bens pelo território nacional ou até ingressos físicos involuntários de mercadorias. É o caso de automóveis de passageiros em viagem turística ou de navio que, destinados a outro país, têm parte de sua carga levada pela corrente marítima até a costa nacional em decorrência de acidente náutico.[72]

Em razão disso, a legislação da maioria dos países, nos casos de simples trânsito de mercadorias ou de ingressos não definitivos, estabelece regimes aduaneiros especiais de isenção ou de suspensão do crédito tributário. Estes, quando solicitados e devidamente cumpridos pelo interessado, afastam eventuais iniquidades decorrentes de uma concepção elastecida de importação. Todavia, nas hipóteses de não observância dos requisitos legais por simples preterições de formalidades (como, por exemplo, a ausência de vinculação ou erro de digitação do número do ato concessório do regime especial no RE – Registro de Exportação) ressurgem as distorções decorrentes da amplitude do conceito,[73] na medida em que o sujeito passivo se vê obrigado a recolher o tributo diante de simples transposições temporárias da fronteira.

---

frontera. Resulta, entonces, indiferente si ello se produjo como consecuencia de un acto voluntario (v.gr. acto jurídico) o involuntario, ni si se trata de una acción lícita (v.gr., acto jurídico lícito) o ilícita". O autor sustenta, nas páginas 54 a 57, em especial na passagem acima transcrita, que "importação" corresponde à transposição física. Todavia, nas páginas 93-108, que o fato gravado pelo imposto corresponde à importação para consumo, ou seja, ao ingresso *sine die* que possibilite "[...] *su utilización económica irrestricta en el mercado interno, por lo que se dice que la mercadería ha ingresado a consumo de plaza o se ha incorporado a la circulación económica interna. En definitiva, la mercadería extranjera ha quedado equiparada a la nacional.*" (grifo nosso).

72. SOUZA, *op. cit.*, p. 21; COÊLHO, Sacha Calmon Navarro. *Curso de direito tributário brasileiro*. 4. ed. Rio de Janeiro: Forense, 1999, p. 446.

73. Essas distorções serão examinadas no decorrer do trabalho.

3.1.1.2 Teoria do ingresso finalístico

Para a teoria do ingresso finalístico, a importação pressupõe a transposição do território aduaneiro qualificada pela intenção de incorporação do produto ao mercado nacional para consumo no país de destino. Pode configurar-se mesmo nas hipóteses de passagem da fronteira à margem das repartições oficiais, sendo independente, segundo parte da doutrina, do cumprimento de formalidades perante a autoridade aduaneira. Basta o *animus* do ingresso definitivo, que, por sua vez, deve ser apreciado objetivamente, já que não se confunde com a simples vontade psicológica do importador.[74]

No direito brasileiro, dentre os adeptos dessa concepção, podem ser incluídos todos os autores que vinculam a noção de importação, ainda que com algumas variações, ao objetivo de permanência, mediante referência ao escopo de destinação ao uso, consumo ou incorporação ao mercado nacional.

Nesse sentido, destacam-se as doutrinas de Alberto Xavier,[75] Hamilton Dias de Souza,[76] Misabel Derzi,[77] Sacha

---

74. É o que sustentam os autores da concepção denominada "teoria da importação para consumo", na classificação que considera a compostura integral da hipótese de incidência do imposto de importação (BARRERA, *op. cit.*, p. 87 e ss., HERNÁNDEZ, *op. cit.*, p. 775-821, e WITKER, *op. cit.*, p. 79).

75. XAVIER, Alberto. *Autorização para importação de regime de entreposto aduaneiro*. São Paulo: Resenha Tributária, 1978, p. 352. Apud LIMA, *op. cit.*, p. 43: "[...] o processo de importação inicia-se com o embarque da mercadoria no exterior, a que se sucede a entrada no território nacional e a destinação a consumo interno".

76. SOUSA, *op. cit.*, p. 21: "[...] para ocorrer o fato gerador do imposto de importação é necessário: a) que ocorra uma entrada de produto de procedência estrangeira no país, sendo irrelevante o título jurídico a que se fizer a importação; b) que o produto seja estrangeiro; c) que se destine a uso ou consumo internos".

77. A autora, nas notas de atualização da obra de Baleeiro (BALEEIRO, Aliomar. *Direito tributário brasileiro*. 11. ed. Atual. Misabel Abreu Machado Derzi. Rio de Janeiro: Forense, 2001, p. 215) entende que: "A entrada será real, efetiva, se houve o ingresso físico das mercadorias no território nacional para fins de uso, industrialização ou consumo interno, no sentido mais amplo possível".

IMPOSTO DE IMPORTAÇÃO

Calmon Navarro Coêlho,[78] Marcelo Viana Salomão,[79] Hugo de Brito Machado,[80] Reginaldo da Silva,[81] Paulo Cesar Pimentel Raffaelli,[82] Argos Campos Ribeiro Simões,[83] Liziane Meira,[84]

---

78. COÊLHO, *Curso...*, *op. cit.*, p. 446: "O fato gerador do imposto é a entrada em território nacional do produto importado no exterior com o ânimo de ser internado no País. Por suposto, nos casos de navios, trens, caminhões e aeronaves que adentram o País de passagem, ou que aqui pousam e estacionam, atracam e depois partem para outros destinos com as mercadorias que transportam, não há cogitar de fato gerador".

79. SALOMÃO, Marcelo Viana. *ICMS na importação*. 2. ed. São Paulo: Atlas, 2001, p. 58: "*Importar* (do Latim *importare* = trazer para dentro), em termos jurídicos, *significa introduzir produto estrangeiro no Brasil, com o objetivo de fazê-lo ingressar no mercado nacional*".

80. MACHADO, *op. cit.*, p. 225-226: "Não basta a entrada física, simplesmente. Pode o navio atracar no porto, ou a aeronave pousar no aeroporto, trazendo produtos estrangeiros a bordo, sem que se considere ocorrido o fato gerador do imposto de importação, desde que tais produtos não se destinem ao Brasil e aqui estejam apenas de passagem".

81. SILVA, Reginaldo da. *A regra-matriz de incidência do imposto de importação*. Tese (Doutorado em Direito). Pontifícia Universidade Católica de São Paulo. São Paulo, 2003, p. 476: "Em sentido estrito, importar significa "*introduzir mercadoria estrangeira no território nacional a título definitivo*".

82. RAFFAELLI, Paulo Cesar Pimentel. Dos aspectos tributários das operações mercantis internacionais. In: MARTINS, Ives Gandra da Silva; BRITO, Edvaldo (org.). *Doutrinas essenciais de direito tributário*: impostos federais. São Paulo: RT, v. III, 2011, p. 128: "Para que se configure a hipótese de incidência do II, é necessário que o produto que 'ingressou' no País tenha como finalidade precípua o consumo, incorporando-se, por conseguinte, à economia interna.". O artigo também foi publicado na *Revista Tributária e de Finanças Públicas*. São Paulo: RT, n. 70/214, set.-out./2006.

83. SIMÕES, Argos Campos Ribeiro. *ICMS – Importação*: proposta de reclassificação e suas aplicações. São Paulo: Noeses, 2014, p. 133-135: "[...] A nosso ver, estão com a razão dos professores, pois a *importação* como ação regular de introdução de produtos estrangeiros no Brasil, seja para ingresso no mercado pátrio, como salientara Marcelo Viana Salomão, seja com o objeto de aqui permanecer, como destacara Paulo de Barros Carvalho, dá-se com a solução procedimental prevista pela legislação aduaneira denominada 'desembaraço aduaneiro', realizada em território pátrio nas denominadas 'repartições aduaneiras'".

84. A autora, porém, adota fundamento distinto de Hamilton Dias de Sousa. Este entende que a necessidade de uso e consumo decorre do Código Tributário Nacional. Para Liziane Meira, entretanto, o CTN não tem o alcance pretendido pelo autor. A exigência decorre da legislação ordinária, notadamente da relação intranormativa existente entre o elemento temporal do imposto e elemento material, que é condicionado pelo primeiro, de sorte que alcançaria apenas as importações realizadas com

Leandro Paulsen e José Eduardo Soares de Melo,[85] Roque Antonio Carrazza,[86] Paulo de Barros Carvalho[87] e Roosevelt Baldomir Sosa.[88]

No direito comparado, a teoria é adotada por Juan Sortheix,[89] Gianni de Luca,[90] A. D. Giannini[91] e Enrique

---

intuito de utilização ou consumo. Cf.: MEIRA, op. cit. p. 318: "[...] tendo em vista que analisamos sistematicamente as regras que compõem a norma de incidência, entendemos que a regra que dispõe acerca do despacho para consumo implica também restrição no elemento material do imposto, cuja incidência, como corolário, alcança somente a subclasse das importações realizadas com intuito de utilização ou consumo".

85. "'Importação' é o ato de trazer para dentro do território nacional ou, como diz AURELIO, 'fazer vir de outro país [...]'. Mas, em seu sentido jurídico, não basta o simples ingresso físico. É imprescindível a entrada no território nacional para incorporação do bem à economia interna." (PAULSEN, Leandro; MELO, José Eduardo Soares de. *Impostos federais, estaduais e municipais*. 2. ed. Porto Alegre: Lael, 2006, p. 12).

86. CARRAZZA, na mesma linha de Marcelo Salomão, ressalta que: "O fundamental, sim, é que o bem ingresse na circulação econômica, já que o tributo em exame não incide – como melhor veremos logo adiante – sobre a mera entrada, no País, de produtos estrangeiros." (CARRAZZA, Roque Antonio. *ICMS*. 10. ed. São Paulo: Malheiros, 2005, p. 59).

87. CARVALHO, Paulo de Barros. Regra-matriz de incidência do imposto sobre importação de produtos estrangeiros. *Revista da Receita Federal*: estudos tributários e aduaneiros. Brasília, v. 01, n. 01, ago./dez. 2014, p. 65: "'Importar', em termos jurídicos, significa trazer produtos originários de outro país para dentro do território brasileiro com o objetivo de permanência".

88. Nos *Comentários à lei aduaneira*, o autor sustenta que "[...] a lei escolheu como base hipotética um acontecimento econômico (importar = fazer vir de outro país) que se corporifica quando a hipótese torna-se virtual, isto é, quando a mercadoria entra no território sob jurisdição aduaneira" (SOSA, Roosevelt Baldomir. *Comentários à lei aduaneira*: do artigo 1º ao artigo 248 do Decreto nº 91.030/85. São Paulo: Aduaneiras, 1992, p. 40). Todavia, o autor não acolhe a teoria transição física, uma vez que, como esclarecido na obra *Temas de direito aduaneiro*, op. cit., p. 113, o autor sustenta que "[...] a imposição só é efetiva nos ingressos econômicos definitivos, ditos de consumo".

89. "[...] el presupuesto de hecho de la importación para consumo es complejo: por un lado el cruce, por el otro lo que Berlini denominaría 'elemento calificador' integrante del presupuesto y que daría relevancia jurídica a la voluntad del importador [...]." (SORTHEIX, *op. cit.*, s.p. Apud BARRERA, *op. cit.*, p. 115).

90. LUCA, Gianni de. *Compendio di diritto tributario*. 13.ed. Napoli: Esselibri-Simone, 2005, p. 316. O autor entende que o "[...] *presuppusto dell'obbligazione doganale è l'introduzione, a titolo di definitività, di merce nel territorio doganale dell'Unione europea*".

91. Consoante destacado acima, os autores espanhóis, partindo da edição traduzida

Barrera.[92] Este último ressalta que se trata da proposta mais condizente com a concepção do imposto enquanto instrumento de política comercial, correspondendo ao critério utilizado pelas legislações modernas.[93]

Essa concepção pode ser criticada porque, ao mesmo tempo em que ressalta a importância *animus* do importador, não oferece parâmetros objetivos para sua determinação, introduzindo grande margem de subjetivismo na delimitação da abrangência do conceito. Ademais, não há uma definição precisa do que se entende por *uso* ou *consumo*. Tais termos são utilizados como sinônimos e em um sentido bastante geral, distinto do jurídico, que, de acordo com o art. 86 do CC, restringe o conceito de *consumo* aos bens móveis destinados à alienação ou que não possam ser usados sem a destruição de sua substância.[94]

3.1.1.2.1 Teoria da declaração para consumo

A teoria da declaração para consumo, se consideradas as diferenças relacionadas aos condicionantes espaço-temporais

---

por Fernando Sainz de Bujanda, entendem que Giannini teria adotado a teoria da transposição física. Todavia, considerando a 8ª edição no idioma original, de 1960, em especial na parte relativa ao trânsito no território aduaneiro, Giannini sustenta que a incidência pressupõe o consumo efetivo ou presumido da mercadoria (GIANNINI, *op. cit.*, p. 442).

92. "[...] la teoría más apropiada para determinar el hecho gravado es la que considera que la obligación tributaria recién es generada por la importación para consume." (BARRERA, *op. cit.*, p. 128).

93. BASALDÚA, *Los tributos...*, *op. cit.*, p. 139: "Ahora bien, en las legislaciones modernas se precisa generalmente que la introducción y el egreso relevantes a los efectos de la aplicación de los derechos aduaneros son la importación y la exportación 'para consumo', es decir, aquellas que autorizan en forma definitiva – sin sujeción a plazo alguno – la permanencia de las mercaderías en el territorio aduanero de que se trate. Este ingreso *sine die* posibilita su utilización económica irrestricta, por lo que se dice que la mercadería ha ingresado a consumo de plaza o a la circulación económica interna."

94. Código Civil: "Art. 86. São consumíveis os bens móveis cujo uso importa destruição imediata da própria substância, sendo também considerados tais os destinados à alienação".

da materialidade do imposto, também pode ser classificada como uma concepção autônoma da hipótese de incidência do tributo. É assim na doutrina de Enrique Barrera,[95] de Francisco Clavijo Hernández[96] e de Jorge Witker.[97] Todavia, sob o aspecto exclusivo do conceito de importação, constitui uma variação da teoria da entrada finalística.

De acordo com a teoria da declaração para consumo, a caracterização da importação pressupõe o ingresso físico e a declaração da vontade de destinar a mercadoria importada ao uso ou consumo perante as autoridades aduaneiras do país de destino.[98] A exegese – sustentada por Giuseppe Giuliani,[99] José Escalante,[100] Fabrizio Cerioni,[101] Achille Cutrera,[102] entre

---

95. BARRERA, *op. cit.* p. 87 e ss.

96. HERNÁNDEZ, *op. cit.*, p. 775-821.

97. WITCKER, *op. cit.*, p. 81 e ss.

98. BARRERA, *op. cit.*, p. 111.

99. GIULIANI, Giuseppe. Diritto tributario. 3. ed. Milano: Giuffrè, 2002, p. 292: "[...] si intendono destinate al consumo le merci estere dichiarate por l'importazione definitiva e le merci nazionali o nazionalizzate dichiarate per l'esportazione definitiva".

100. ESCALANTE, José A. *El aforo aduanero*. Lima, 1984, p. 17. *Apud* BARRERA, *op. cit.*, p. 113.

101. CERIONI, Fabrizio. Gli elementi caratteristici dell'obbligazione doganale. In: SCUFFI, Massimo; ALBENZIO, Giuseppe; MICCINESI, Marco. Diritto doganale, dele accise e di tributi ambientali. Milão: Ipsoa, versão "E-Book, Apple", 2014, p. 235: "[...] occorre prendere atto che l'attraversamento della linea doganale e la presentazione di un dichiarazione di importazione definitiva della merce, determinano il sorgere di tante fattispecie tributarie relative ai diritti di confini (dazi, IVA, sovrimposte de confine o di consumo, diritti di monopolio) che vengono riscossi all'atto dell'importazione."

102. CUTRERA, Achille. *Principii di diritto e politica doganale*. 2. ed. Padova: Cedam, 1941, p. 83. Para o autor, para surgir a obrigação tributária é necessário "che la merci estere vengano destinate al consumo nell'interno del territorio doganale dello Stato (importazione) [...]". Todavia, é necessária a manifestação de vontade expressa do importador: "La destinazione delle merci al consumo è determinata della domanda del proprietario mediante la presentazione della dichiarazione per importazione, si trattasi di merci estere da destinare al consumo nello Stato [...]".

outros[103] – é criticada por não oferecer uma solução satisfatória para a compreensão do conceito. Isso porque, apesar de reduzir o subjetivismo, não explica a incidência nos casos em que o ingresso dos bens ocorre clandestinamente, no extravio da mercadoria ou ainda a importação proibida, bem como nas hipóteses em que declaração de consumo não é aceita pelas autoridades competentes.[104]

Procurando afastar tais inconsistências, alguns autores, como Achille Cutrera,[105] entendem que a obrigação tributária não surge em relação às mercadorias não declaradas ou não apresentadas à Aduana.[106] Outros, de modo diverso, agregam a necessidade de aceitação da declaração pela Administração Aduaneira. Nessa linha, sustentam: Maurizio Ganbardella e Davide Rovetta,[107] Juan Martín Queralt, Carmelo Lozano Serrano, Gabriel Casado Olero e José Tejerizo Lópes[108] e Francisco Clavijo Hernández. Este último, seguindo doutrina

---

103. De acordo com WITKER (op. cit., p. 81) e HERNÁNDEZ et al. (op. cit., p. 781), a teoria também é defendida por Alessi, Di Lorenzo, Vandoni e Sánchez González.

104. BARRERA, op. cit., p. 113; WITKER, op. cit., p. 79-80; HERNÁNDEZ et. al., op. cit., p. 781-782.

105. CUTRERA, op. cit., p. 84. "La destinazione delle merci al consumo è determinata della domanda del proprietario mediante la presentazione della dichiarazione per importazione, si trattasi di merci estere da destinare al consumo nello Stato [...]".

106. "L'obbligazione doganale in senso stretto non può pertanto sorgere:
I.º sulle merci non dichiarate;
2.º sulle merci dichiarate per l'importazione o per l'esportazione ma non presentate alla verifica dell'ufficio." (CUTRERA, op. cit., p. 84).

107. GANBARDELLA, Maurizio; ROVETTA, Davide. Manuale di rimborsi e sgravi in materia doganale. Milão: Ipsoa, versão "E-Book, Apple", 2012, p. 54: "In base al testo dell'art. 201 del CDC, una obbligazione doganale sorge al momento in cui è accettata una dichiarazione in dogana".

108. QUERALT et. al., op. cit., p. 725: "Ahora bien, el concepto de importación es un concepto jurídico que supone no sólo, y no principalmente, la entrada física de los bienes en el territorio sometido a gravamen, sino, y sobre todo, a la admisión de la entrada por parte de la Administración competente y la vocación de la incorporación permanente de los bienes al mercado interior, esto es, a integrarse a los procesos productivos o a consumirse".

de Agulló Agüero, entende que, em decorrência da necessidade de aceitação da declaração, o crédito tributário origina-se da introdução legal da mercadoria no território aduaneiro.[109]

A proposta, entretanto, também não se aplica aos ordenamentos jurídicos em que há previsão legal de incidência do imposto de importação nos ingressos clandestinos. Assim, alguns de seus expoentes, como Fabrizio Cerioni[110] e Juan Ferreiro Lapatza, simplesmente afirmam, considerando as disposições vigentes na União Europeia, que "[...] naturalmente, o imposto se torna devido igual, e independentemente das sanções que correspondam, quando a entrada se produz irregularmente, ou seja, sem a pertinente declaração e prática do despacho".[111]

---

109. HERNÁNDEZ, et. al., op. cit., p. 783: "Un análisis del artículo 201.1a) del Código Aduanero Comunitario, en el que se establece: "Dará origen a una deuda aduanera de importación: a) El despacho a libre práctica de una mercancía sujeta a derechos de importación", en relación con el apartado 2.º del mismo artículo 201 del Código Aduanero Comunitario – el devengo se origina "en el momento de la admisión de la declaración en aduana de que se trate" –, nos descubre que el hecho imponible no es, como pudiera parecer en una rápida lectura del Código Aduanero, "el despacho a libre práctica de una mercancía", sino *la introducción legal de la mercancía en el territorio aduanero de la Comunidad*, como ya había señalado en el Derecho español la profesora Agulló Agüero, en relación con el Texto Refundido de la Renta de Aduanas de 1977." Tendo por base esse mesmo dispositivo, no entanto, o italiano CERIONI sustenta que: "L'attraversamento della line doganale dello Stato e la presentazione della dichiarazione 'd'importazione definitiva'[...]". (CERIONI, op. cit., p. 233).

110. Ibid., p. 234: "[...] il presupposto dell'obbligazione doganale comunitaria e di quelle aventi ad oggetto i diritti di confine sorgono nello stesso istante, del luogo in cui si verifica l'illecito che comporta la definitiva immissione in consumo della merce. Si tratta di fattispecie di obbligazioni tributarie collegate all'inosservanza delle disposizioni doganali o alla realizzazione di illeciti doganali."

111. LAPATZA, José Juan Ferrero. *Curso de derecho financiero español*: derecho tributario (parte especial. Sistema tributario. Los tributos en particular). 22. ed. Madrid-Barcelona, v. III, 2000, p. 119: "[...] *Hecho imponible.* – Es la introducción de mercancías en territorio aduanero comunitario con la intención de destinarlas al uso o consumo dentro de este territorio, es decir, de no reexportarlas.
La entrada de las mercancías en el territorio aduanero determina el nacimiento de la obligación tributario.
La entrada se entiende producida, devengándose así el impuesto cuando la Administración admite la "declaración de despacho", es decir, en general la solicitud presentada por el importador para que las mercancías se despachen por la Aduana "a

Entretanto, se o imposto é devido no ingresso irregular, a aceitação da declaração de consumo não pode ser considerada determinante para a caracterização da importação. Afinal, na transposição ilícita da fronteira não há declaração do sujeito passivo. A proposta, portanto, mostra-se insuficiente, porque, apesar de reduzir o subjetivismo, continua sem oferecer explicação adequada para os casos de ingressos clandestinos.

3.1.1.2.2 Teoria da nacionalização

A teoria da nacionalização, considerando exclusivamente o conceito de importação, é considerada uma variação da teoria do ingresso finalístico. Todavia, sob o aspecto da compostura integral da hipótese de incidência, também pode ser classificada como uma concepção autônoma.[112]

De acordo com a teoria da nacionalização, o uso ou consumo definitivo apenas seria possível com a retirada da mercadoria do controle aduaneiro. Logo, o imposto de importação teria a sua hipótese de incidência definitivamente configurada por ocasião da nacionalização da mercadoria, após o pagamento dos tributos incidentes sobre a operação de comércio exterior.

No Brasil, essa concepção foi acolhida inicialmente por Ruy de Melo e Raul Reis e, mais recentemente, em Dissertação de Mestrado na Pontifícia Universidade Católica de São Paulo, por José Augusto Lara dos Santos. De acordo com esses autores, a incorporação à economia nacional nada mais é do que a intenção de tornar nacional o produto estrangeiro, ou seja,

---

libre práctica o consumo" en el interior del país.
Naturalmente, el impuesto se devenga igual, e independientemente de las sanciones que correspondan, cuando la entrada se produce irregularmente, es decir, sin la pertinente declaración y práctica del despacho".

112. Cf. classificações de BARRERA, *op. cit.* p. 87 e ss.; HERNÁNDEZ, *op. cit.*, p. 775-821; WITCKER, *op. cit.*, p. 81 e ss.

nacionalizar o produto.[113] No direito comparado, a teoria é defendida por Matías Cortés,[114] Jorge Witker[115] e, após revisão de seu entendimento inicial, Hector Villegas[116] e Giuliani Fonrouge.[117]

Essa vertente da teoria do ingresso finalístico, entretanto, continua sem oferecer explicação adequada para a incidência do imposto nos ingressos ilícitos de mercadoria. Além disso, apresenta um obstáculo lógico intransponível que impede a sua adoção.[118] É que a nacionalização somente ocorre após o pagamento do crédito tributário. Portanto, elencar esse

---

113. "A cláusula *para fins de consumo interno* corresponde à incorporação do produto à economia interna, através de sua nacionalização". (MELO, Ruy de; REIS, Raul. *Manual do imposto de imnportação e regime cambial correlato*. São Paulo: RT, 1970, p. 45). Para SANTOS, José Augusto Lara dos. *O signo "importação" e sua influência na natureza jurídica dos regimes aduaneiros especiais*. Dissertação (Mestrado em Direito). Pontifícia Universidade Católica de São Paulo. São Paulo, 2011, p. 104. "De forma bastante prática e direta, a incorporação do produto à economia nacional, tão propalada pela doutrina, nada mais é do que a intenção de tornar nacional o produto estrangeiro, ou seja, nada mais é do que a intenção de nacionalizar o produto que adentrou o território nacional."

114. DOMINGUEZ, Matías Cortés. *Introducción al derecho aduanero*. Revista Aduanas, Madrid, núm. 160, 1967. *Apud* WITKER *op. cit.*, p. 82. O autor também cita que a teoria foi desenvolvida originariamente pelo italiano Mafessoni, sendo seguida também por Guasp Delgado (*Ibid., idem*).

115. *Ibid., idem*.

116. Consoante destacado anteriormente, em edições posteriores ao ano de 1975, Villegas passou a seguir a teoria da nacionalização (VILLEGAS, *op.cit.*, p. 714).

117. Consoante destacado acima, segundo Barrera, Giuliani Fonrouge, na edição do ano de 1982 de *Derecho Financiero*, entendia que "el hecho generador o hecho imponible en los derechos aduaneros es el paso de una mercadería por una frontera política". Em edições posteriores, porém, passou a sustentar a teoria da nacionalização (FONROUGE, Carlos M. Giuliani. *Derecho Financiero*. Buenos Aires: Depalma, Tomo II, 1982, p. 834. *Apud* BARRERA, *op. cit.*, p. 114). Aproximando-se dessa concepção, Ricardo Xavier Basaldúa – embora adote o conceito de importação como transposição física – entende que o evento imponível do imposto pressupõe a incorporação definitiva do produto ao mercado interno. Esta, por sua vez, ocorreria com a aquisição de *status* de mercadoria nacional, o que evidencia o momento da ocorrência (BASALDÚA, *Los tributos..., op. cit.*, p. 111).

118. Essa crítica não se aplica à doutrina de Ruy de Melo, Raul Reis e José Augusto Lara dos Santos (MELO; REIS, *op. cit.*, p. 45; SANTOS, *op. cit.*, p. 104), porquanto tais autores agregam a finalidade de *nacionalização* ao conceito de importação.

evento como antecedente da norma jurídica instituidora do imposto implica o reconhecimento de um tributo com hipótese de incidência posterior à extinção da obrigação tributária.

Essa particularidade foi identificada pelo professor Matías Cortés, que difundiu a teoria na Espanha. O autor, porém, não encontrava problemas na construção de uma hipótese de incidência "lógica e cronologicamente" posterior à extinção da obrigação tributária.[119] Trata-se, contudo, de inversão logicamente impossível. A hipótese – como a proposição antecedente – constitui o pressuposto para a constituição válida do crédito tributário prescrito pelo consequente da norma jurídica. Admitir o contrário seria negar a estrutura implicacional da norma.

3.1.2 Conceito de importação no direito brasileiro

No direito brasileiro, a doutrina tem debatido acerca da existência de um conceito constitucional de importação. Parte dos autores sustenta que a Constituição Federal, assim como o próprio Código Tributário Nacional, não oferece tal parâmetro conceitual, de sorte que o legislador ordinário seria livre para definir esse aspecto nuclear da hipótese de incidência do imposto. Há quem interprete que a matéria teria sido disciplinada apenas pelo Código, tendo este optado pela teoria do ingresso físico. Outros, de modo diverso, sustentam que o legislador teria pressuposto a teoria do ingresso finalístico.[120]

---

119. Segundo o professor Matías Cortés: "nos encontramos con que el hecho imponible aparece lógica y cronológicamente con posterioridad a la extinción de la obligación aduanera, puesto que la importación, que es un hecho jurídico, que confiere a las mercancías importadas la calidad de mercancías nacionales, no se obtiene hasta que no se extinga la obligación tributaria". *Apud* HERNÁNDEZ, *op. cit.*, p. 782.

120. Nem todos os autores se manifestam especificamente sobre essa matéria. Entendem que há um conceito no Código Tributário Nacional, mas que seria equivalente à transposição da fronteira: TREVISAN; DO VALLE, *op. cit.*, p. 77; LIMA, *op. cit.*, p. 53; KRAKOWIAK; KRAKOWIAK, *op. cit.*, p. 44. Para Souza, o Código Tributário Nacional adota a teoria do ingresso finalístico (SOUZA, *op. cit.*, p. 21). No mesmo sentido, HILÚ NETO, *op. cit.*, p. 93-94; MEIRA, *op. cit.*, p. 316. Tais autores, no

3.1.2.1 Definição do "fato gerador" na legislação tributária

Partindo-se da leitura do enunciado do art. 153, I, da Constituição Federal de 1988 e do art. 19 do Código Tributário Nacional, nota-se que o primeiro dispõe sobre competência da União para a instituição de um *imposto sobre a importação de produtos estrangeiros*. Já o segundo estabelece que *o imposto tem como fato gerador a entrada destes no território nacional*. Redação semelhante é encontrada no art. 1º do Decreto-lei 37/66.[121] Nenhum desses dispositivos, como se vê, contém qualquer referência à finalidade de consumo, o que poderia indicar uma opção legislativa pela teoria da transposição física. Isso, inclusive, seria corroborado pela leitura do anteprojeto do Código, que vinculava a noção de importação à finalidade de consumo da mercadoria em versão suprimida do texto definitivo:

> Art. 31. Compete privativamente à União instituir imposto de importação, tendo como fato gerador da respectiva obrigação tributária principal a entrada, no território nacional, de mercadoria indicada na lei tributária, de procedência estrangeira, para fins de consumo no referido território, qualquer que seja o título jurídico a que se fizer a importação e independentemente de se verificar transmissão de propriedade da mercadoria do exportador para o importador ou consignatário.[122]

Contudo, a simples ausência de repetição do texto do anteprojeto não implica necessariamente uma opção do Poder

---

entanto, entendem que não há um conceito de importação na Constituição nem no Código Tributário Nacional. Porém, a legislação infraconstitucional teria adotado a teoria do ingresso finalístico. Para DOS SANTOS, *op. cit.*, p. 110: "o conceito de 'importação' é um conceito constitucional e, portanto, vincula todas as normas infraconstitucionais que nele buscam seu fundamento de validade".

121. "Art. 1º O Imposto sobre a Importação incide sobre mercadoria estrangeira e tem como fato gerador sua entrada no Território Nacional. (Redação dada pelo Decreto-lei 2.472, de 01.09.1988)."

122. Versão do Anteprojeto do Código Tributário Nacional "publicado para receber sugestões no prazo de noventa (90) dias, nos termos da Portaria do Senhor Ministro da Fazenda 784, de 19.08.1953, publicada no *D.O.*, I, de 20 de agosto de 1953, pág. 14.362", no *Diário Oficial* de 25 de agosto de 1953, Seção I, p. 14.569.

Legislativo pela teoria da transposição física. A parte final – "qualquer que seja o título jurídico a que se fizer a importação e independentemente de se verificar transmissão de propriedade" – também não foi repetida no texto definitivo. Nem por isso se sustenta que essa supressão tenha implicado o caráter determinante do título jurídico ou da transmissão da propriedade para fins de caracterização da importação ou para efeitos de incidência do imposto.[123]

Não há nenhuma indicação nos trabalhos que remetem à enunciação do Código Tributário Nacional, inclusive a exposição de motivos,[124] evidenciando uma opção política pelo abandono do critério finalístico. A sua supressão pode perfeitamente ser creditada a um esforço de aperfeiçoamento do texto, uma vez que, à luz do desenvolvimento teórico e da legislação vigente na época, talvez tenha se considerado despicienda a referência à intenção de consumo interno.[125]

Vale lembrar que o Código Tributário Nacional resultou de um trabalho de sistematização realizado ao longo de 70 reuniões. O anteprojeto – durante oito meses de trabalho – "foi analisado artigo por artigo e confrontado com a legislação vigente, com a doutrina e com o direito comparado".[126]

---

123. É certo que, para parte da doutrina, "o ato de importar decorre de uma compra e venda efetuada no exterior" (LACOMBE, op. cit., p. 15). Na mesma linha, MELO, op. cit., p. 46. Essa concepção, contudo, não tem respaldo na ordem jurídica vigente, como será oportunamente examinado.

124. Exposição de Motivos nº 662, publicada no Diário do Congresso Nacional de 15 de setembro de 1966, Seção I, p. 5801.

125. Hamilton Dias de Souza, citando os "Trabalhos da Comissão Especial do Código Tributário Nacional" publicado no ano de 1954 pelo Ministério da Fazenda (Rio de Janeiro: Ministério da Fazenda, 1954, p. 123), esclarece que o dispositivo sofreu outras modificações: "A Comissão, todavia, houve por bem reformulá-lo, suprimindo o parágrafo, por já estar implícito na regra do artigo e modificando este para expurgar as referências a 'mercadoria indicada na lei tributária' por já decorrer tal preceito do artigo 52 do Projeto [correspondente ao art. 97 do CTN], bem como ao título jurídico da importação e à transmissão da propriedade da mercadoria, de forma a assegurar-se ao dispositivo a generalidade pretendida." (SOUZA, op. cit., p. 54).

126. LUQUI, Juan Carlo. O projeto de Código Tributário Nacional do Brasil. RDA nº

Por outro lado, na época de sua elaboração, o ingresso para fins de consumo no território nacional era assente na legislação, desde a "Nova Consolidação das Leis das Alfândegas e Mesas de Rendas" do ano de 1894.[127] O próprio *nomen iuris* do imposto previsto no Decreto-lei 300/38[128] fazia referência a "direitos de importação para consumo".[129] Por outro lado, no direito comparado, no ano de 1941, segundo Achille Cutrera, apenas o Egito, a Turquia e a Tailândia tributavam o trânsito de mercadorias.[130]

Nesse contexto, não é razoável sustentar que o legislador tenha optado por uma mudança tão radical no regime de incidência do imposto, suprimindo da exigência da finalidade integradora vigente há mais de 70 anos, sem nenhuma menção ou explicação expressa na exposição de motivos ou

---

44, p. 540. Ainda Segundo este autor, "a resenha que faz o Prof. Gomes de Sousa, no relatório dos trabalhos, constitui um substancioso tratado de direito tributário; a doutrina, tanto nacional como estrangeira, a jurisprudência e o direito comparado ali expostos, servem para reforçar e esclarecer as normas do projeto e seu significado de conjunto." (*Ibid.*, p. 546-547).

127. Para SILVA, *op. cit*, p. 477. "[...] de acordo com as normas adotadas em quase toda extensão dos últimos 100 anos, o verbo 'importar' significava '*introduzir mercadoria de origem estrangeira para consumo no Brasil*'. E o núcleo do critério material da hipótese de incidência dos 'direitos de consumo ou de importação', denominação antiga do Imposto de Importação, era a '*importação de mercadoria estrangeiro tributada para consumo no Brasil*', o que ficava evidenciado no momento do despacho aduaneiro para consumo, no ato do registro da declaração de importação correspondente."

128. "Art. 1º. [...] Parágrafo único. Na expressão – direitos de importação para consumo – compreende-se somente o imposto de que trata o inciso I do art. 1º das leis orçamentárias da receita geral da República."

129. LIMA, *op. cit.*, p. 54. "Com efeito, nossa legislação vinha, desde priscas eras, tributando apenas a entrada de mercadoria estrangeira quando se destinasse ela a consumo no Brasil. Assim foi com a 'Nova Consolidação das Leis das Alfândegas e Mesas de Rendas' de 13 de abril de 1894 (artigo 423); com o Decreto n. 24.343, de 5 de junho de 1934 (artigo 1º) bem como com a Tarifa das Alfândegas por ele aprovada (artigo 1º); com o Decreto-lei n. 300, de 24 de fevereiro de 1938 (artigos 9 a 13, entre outros), etc."

130. CUTRERA, *op. cit.*, p. 04, nota 1: "Negli odierni ordinamenti tributari il transito delle merci attraverso il territorio doganale, in generale, non forma oggetto d'imposta; soli Egito, il Siam e la Turchia sottopongono a tributo il transito delle merci".

nos "Trabalhos da Comissão Especial do Código Tributário Nacional", publicado em 1954 pelo Ministério da Fazenda.

A rigor, não há elementos para se afirmar – como faz parte da doutrina[131] – que o art. 19 do CTN tenha optado pela teoria da transposição física. A intepretação histórica do dispositivo em nada acrescenta em termos de esclarecimento de seu conteúdo de regulação, da mesma forma que a interpretação literal e isolada deste e do art. 1º do Decreto-lei 37/66.

3.1.2.2 Parâmetros constitucionais do conceito

Não parece adequado concluir – a partir da leitura isolada do art. 153, I, da Constituição Federal – que o legislador infraconstitucional seria livre para definir a amplitude do conceito de importação no direito brasileiro. As restrições à liberdade de conformação legislativa em matéria tributária certamente devem ser buscadas nas regras de competência, mas não unicamente nestas. Tampouco estão restritas ao Capítulo do Sistema Tributário Nacional. Os direitos e as garantias fundamentais também representam um parâmetro de validade da atividade legislativa.[132]

---

131. É o que sustenta LIMA, op. cit., p. 54: "[...] tanto o Anteprojeto do Código Tributário Nacional, de autoria do saudoso RUBENS GOMES DE SOUSA (artigo 31), como o próprio projeto apresentado pelo Ministro OSWALDO ARANHA ao Presidente da República e por este encaminhado ao Congresso Nacional (artigo 25), falavam na incidência do imposto de importação em mercadoria de procedência estrangeira, para fins de consumo no território nacional. Todavia, a Lei n. 5.172, de 25 de outubro de 1966, saiu sem essa cláusula finalística (artigo 19)".

132. OTTO, Ignacio de. Derecho constitucional: sistema de fuentes. Barcelona: Ariel, 1998, p. 129; MIRANDA, Jorge. Teoria do Estado e da Constituição. Rio de Janeiro: Forense, 2002, p. 244; ENTERRÍA, Eduardo García de. Reflexiones sobre la ley y los principios generales del Derecho. Madrid: Civitas, 1986, p. 21 e ss.; MENÉNDEZ, Ignácio Villaverde. La inconstitucionalidad por omisión. Madrid: McGraw-Hill, 1997, p. 5 e ss.; CANOTILHO, José Joaquim Gomes. Direito constitucional. 6. ed. Coimbra: Almedina, 1996, p. 356; Constituição dirigente e vinculação do legislador: contributo para a compreensão das normas constitucionais programáticas. Coimbra: Coimbra, 1994, p. 63 e ss.; CANOTILHO, J. J. Gomes; VITAL MOREIRA. Fundamentos da Constituição. Coimbra: Coimbra, 1991, p. 45 e ss.; HESSE, Konrad. Elementos de direito constitucional da república federal da Alemanha. Porto Alegre: Fabris, 1998, p. 20 e ss.

Uma restrição que ainda foi não devidamente considerada no estudo do imposto de importação pela doutrina nacional decorre do art. 5º, XV, da Constituição Federal. Este, ao consagrar a liberdade de locomoção e de trânsito no território nacional, inclusive aos estrangeiros e aos respectivos bens, representa um relevante limite objetivo ao legislador infraconstitucional:

> Art. 5º Todos são iguais perante a lei, sem distinção de qualquer natureza, garantindo-se aos brasileiros e aos estrangeiros residentes no País a inviolabilidade do direito à vida, à liberdade, à igualdade, à segurança e à propriedade, nos termos seguintes:
> [...]
> XV – é livre a locomoção no território nacional em tempo de paz, podendo qualquer pessoa, nos termos da lei, nele entrar, permanecer ou dele sair com seus bens; [...].

O conteúdo desse direito fundamental, nos termos do §2º do art. 5º da Constituição Federal,[133] deve ser determinado em consonância com o Artigo V do Acordo Geral de Tarifas e Comércio (*"General Agreement on Tariffs and Trade"* – GATT)[*] de 1947 e de 1994, com aplicação autorizada desde a Lei 313/48, aprovado pelo Decreto Legislativo 30/94 e promulgado pelo Decreto 1.355/94:

> ARTIGO V
> LIBERDADE DE TRÂNSITO
> 1. As mercadorias (compreendidas as bagagens) assim como os navios e outros meios de transporte serão considerados em trânsito através do território de uma Parte Contratante, quando a passagem através desse território, quer se efetue ou não com baldeação, armazenagem, ruptura de carga ou mudança na forma de transporte, não constitua senão uma fração de uma viagem completa, iniciada e terminada fora das fronteiras da Parte

---

133. "§ 2º Os direitos e garantias expressos nesta Constituição não excluem outros decorrentes do regime e dos princípios por ela adotados, ou dos tratados internacionais em que a República Federativa do Brasil seja parte".

* Nota do editorial: o GATT foi substituído pela OMC - Organização Mundial do Comércio.

IMPOSTO DE IMPORTAÇÃO

Contratante em cujo território se efetua. No presente artigo, um tráfego dessa natureza é denominado "tráfego em trânsito."

2. Haverá liberdade de trânsito através do território das Partes Contratantes para o tráfego em trânsito com destino a ou de procedência de territórios de outras Partes Contratantes pelas rotas mais cômodas para o trânsito internacional. Nenhuma distinção será baseada no pavilhão dos navios ou barcos, no lugar de origem, no ponto partida, de entrada, de saída ou destino ou sobre considerações relativas à propriedade das mercadorias, dos navios, barcos ou outros meios de transporte.

3. Qualquer Parte Contratante poderá exigir que o tráfego em trânsito pelo seu território seja objeto de uma declaração na Alfândega interessada; todavia, salvo quando houver falta de observação das leis e regulamentos alfandegários aplicáveis, os transportes dessa natureza procedentes de outras Partes Contratantes ou a eles destinados não serão submetidos a prazos ou restrições inúteis e ficarão isentos de direitos de trânsito e de qualquer outro encargo relativo ao trânsito, excetuadas as despesas de transporte ou pagamentos correspondentes às despesas administrativas ocasionadas pelo trânsito ou ao custo, dos serviços prestados.

4. Todos os direitos e regulamentos aplicados pelas Partes Contratantes ao tráfego em trânsito proveniente de outras Partes Contratantes ou a eles destinado deverão ser equitativos, tendo em vista as condições do tráfego.

5. No que diz respeito aos direitos, regulamentos e formalidades relativos ao trânsito, cada Parte Contratante concederá, ao tráfego em trânsito procedente de outra Parte Contratante ou a ela destinado, um tratamento não menos favorável do que o concedido ao tráfego em trânsito proveniente de qualquer outro país ou a ele destinado.

6. Cada Parte Contratante concederá aos produtos que tenham transitado pelo território de qualquer outra Parte Contratante tratamento não menos favorável do que aquele que lhe seria concedido se tivessem sido transportados do seu lugar de origem ao de destino sem passar pelo referido território. Será, todavia, facultado a qualquer Parte Contratante manter as condições de expedição direta vigentes na data deste Acordo, em relação a todas as mercadorias para as quais a expedição direta constitua uma condição de admissão ao gozo de direitos preferenciais ou se relacione à forma de avaliação prescrita pela Parte Contratante para a fixação dos direitos alfandegários.

7. As disposições do presente artigo não serão aplicáveis às aeronaves em trânsito,[134] mas serão aplicáveis ao trânsito aéreo de mercadorias, compreendidas as bagagens.

Em decorrência do princípio da liberdade de trânsito, segundo ressalta Ricardo Xavier Basaldúa,[135] o evento imponível do imposto nas legislações modernas compreende apenas a importação para consumo, entendida como tal aquela que autoriza o ingresso *sine die* da mercadoria, isto é, a permanência definitiva no território aduaneiro, possibilitando a sua utilização econômica irrestrita.[136]

O mesmo ocorre no direito brasileiro. A diferença é que, entre nós, essa moderna definição da hipótese de incidência

---

134. Cabe destacar que essa exceção deve-se ao fato de que o trânsito de aeronaves civis encontram-se disciplinado pela Convenção de Chicago de 07.12.1944.

135. BASALDÚA, *Los tributos...*, op. cit., p. 111.

136. *Ibid.*, p. 495: "El principio de la libertad de tránsito de las mercaderías entre los territorios de los Estados Miembros, establecido en el art. V del GATT de 1994, los obliga a no gravar el ingreso y la salida de las mercaderías, incluso cuando constituyan medios de transporte, siempre que las mercaderías no pretendan incorporarse a la circulación económica interna y se limiten a atravesar el territorio del Estado de que se trate, así como que los medios de transporte no sean empleados en el tráfico interno". Cf.: BASALDÚA, Ricardo Xavier. La territorialidad en los impuestos aduaneros. In: UCKMAR, Victor; ALTAMIRANO, Alejandro C.; TORRES, Heleno Taveira (coord..) *Impuestos sobre el comercio internacional*. 2. ed. Madrid-Barcelona-Buenos Aires: Marcial-Pons, 2008, p. 139: "[...] en las legislaciones modernas se precisa generalmente que la introducción y el egreso relevantes a los efectos de la aplicación de los derechos aduaneros son la importación y la exportación "para consumo", es decir, aquellas que autorizan en forma definitiva – sin sujeción a plazo alguno – la permanencia de las mercaderías en el territorio aduanero de que se trate. Este ingreso *sine die* posibilita su utilización económica irrestricta, por lo que se dice que la mercadería ha ingresado a consumo de plaza o a la circulación económica interna. [...] Se procura así diferenciarlas de otras importaciones y exportaciones que no tienen la misma relevancia económica, como el mero tránsito de las mercaderías por el territorio. Se recepta de tal forma el principio de libertad de tránsito, consagrado en el orden jurídico argentino en el art. 11 de la Constitución Nacional y en el orden internacional en el art. V del GATT, que veda que se grave con derechos aduaneros esos simples hechos. Asimismo, se excluye de la aplicación del tributo la importación y la exportación temporarias, por lo menos cuando la mercadería permanece en el mismo estado y, en general, también en los casos en que se la somete a un proceso de transformación o reparación (aunque en estos supuestos, sin embargo, puede preverse la posibilidad de aplicar el tributo aduanero, aunque de forma parcial)."

não depende de juízo de conveniência e de oportunidade do legislador. Trata-se de imperativo constitucional. Afinal, é certo que não há, ressalvados os tratados sobre direitos humanos aprovados na forma do §3º do art. 5º da Constituição, hierarquia entre tratados e a legislação infraconstitucional interna.[137] Todavia, para efeitos de aplicação do Artigo VII do GATT, é irrelevante essa discussão, porque a própria Constituição (art. 5º, XV) já consagra o princípio da liberdade de locomoção e de trânsito no território nacional, sem exclusão de outros direitos decorrentes de tratados internacionais (art. 5º, §2º).

Logo, no direito brasileiro, o legislador infraconstitucional pode apenas estabelecer requisitos para fiscalização e controle do tráfego de passagem, inclusive, se for o caso, a obrigatoriedade de declaração aduaneira. Contudo, não pode considerar importação a simples transposição de fronteiras ou o ingresso temporário de produtos no território nacional, sem nenhuma intenção de permanência definitiva. Um conceito de importação com essa amplitude é incompatível com o art. 5º, XV, da Constituição Federal.

Por outro lado, a simples previsão de isenção ou de regimes aduaneiros suspensivos não atende aos ditames do

---

137. Portanto, o art. 98 do CTN, ao estabelecer um vínculo de subordinação entre os tratados internacionais e a legislação infraconstitucional interna, não foi recepcionado pela Constituição: "Art. 98. Os tratados e as convenções internacionais revogam ou modificam a legislação tributária interna, e serão observados pela que lhes sobrevenha". Sobre o tema, cf: REZEK, José Francisco. *Direito internacional público:* curso elementar. 15. ed. São Paulo: Saraiva, 2014, p. 14; PIOVESAN, Flávia. *Direitos humanos e o direito constitucional internacional*. São Paulo: Max Limonad, 1997, p. 74. ACCIOLY, Hildebrando. *Manual de direito internacional público*. São Paulo: Saraiva, 1985, p. 120 e ss.; GRUPENMACHER, Betina Treiger. *Tratados internacionais em matéria tributária e a ordem interna*. São Paulo: Dialética, 1999, p. 62 e ss.; TREVISAN, Rosaldo. Tratados internacionais e o direito brasileiro. *In:* BRITTO, Demes; CASEIRO, Marcos Paulo (Coord.) *Direito tributário internacional*: teoria e prática. São Paulo: RT, 2014, p. 363 e ss.; MARTINS, Marcelo Guerra. Tratados internacionais em matéria tributária em um ambiente de economia globalizada. *In:* BRITTO; CASEIRO, *op. cit.*, p. 405 e ss.; BRITTO, Demes. A problemática de conflito entre o direito interno e o direito internacional em matéria tributária. *In:* BRITTO; CASEIRO, *op. cit*, p. 439 e ss.

princípio constitucional da liberdade de tráfego. Não se pode atribuir a um direito fundamental a natureza jurídica de benefício fiscal, condicionado ou não. É necessário vincular o conceito jurídico de importação à intenção integradora do produto, excluindo, por conseguinte, os ingressos temporários do âmbito de incidência dos tributos aduaneiros. Estes não podem receber o mesmo tratamento tributário de operações isentas ou de suspensão do crédito tributário, porque estas pressupõem a discricionariedade do exercício de uma competência impositiva que inexiste à luz da Constituição, bem como a incidência da norma jurídica tributária,[138] ou seja, algo que é vedado pelo art. 5º, XV, da Constituição e pelo Artigo VII do GATT.

Nos sistemas assentados na preeminência do texto constitucional, todas as normas jurídicas devem ser lidas à luz da Constituição, e não o contrário.[139] A prática de interpretar a Constituição a partir das leis não se compatibiliza com a supremacia hierárquica do texto constitucional. Assim, sempre que um texto de direito positivo apresentar mais de um sentido semântico, deve ser privilegiado aquele mais adequado à realização plena dos princípios da Lei Maior.[140]

Portanto, ao consagrar o princípio de locomoção e de trânsito no território nacional, a Constituição estabeleceu um limite negativo ao legislador tributário, impedindo que, ao definir a hipótese de incidência do imposto, adote-se a teoria da transposição física. Esta – ao incluir no conceito de

---

138. Afinal, não se pode isentar nem suspender algo que sequer é alcançado pela regra-matriz de incidência do gravame.

139. CANOTILHO; MOREIRA, op. cit., p. 45: A preeminência da Constituição "[...] quer dizer, por um lado, que ela não pode ser subordinada a qualquer outro parâmetro normativo supostamente anterior ou superior e, por outro lado, que todas as outras normas hão de conformar-se com ela".

140. Sobre o tema, cf.: MENDES, Gilmar Ferreira. *Jurisdição constitucional*. 3. ed. São Paulo: Saraiva, 1999, p. 275 e ss.; BASTOS, Celso Ribeiro. *Hermenêutica e interpretação constitucional*. São Paulo: Celso Bastos Editor, 1997, p. 101-102; MIRANDA, op. cit., p. 265 e ss.; BARROSO, *Interpretação...*, op. cit., p. 175; CANOTILHO, *Direito...*, op. cit., p. 229-230.

importação o simples trânsito de bens pelo território nacional ou até ingressos físicos involuntários de mercadorias – não é compatível com a Constituição Federal de 1988.

3.1.2.3 Intenção integradora e a relevância do aspecto volitivo

Os autores que adotam a teoria da transposição física partem da literalidade do art. 153, I, da Constituição Federal de 1988, do art. 19 do CTN e do art. 1º do Decreto-lei 37/66. Essa literalidade, contudo, não é adequadamente compreendida. O termo "importação" apresenta um conteúdo mínimo que impede a total abstração do aspecto volitivo da conduta humana.

Com efeito, mesmo no sentido técnico mais geral, o verbo "importar" exprime a "ação de introduzir em um território aduaneiro uma mercadoria qualquer".[141] Essa é a definição referencial encontrada no Glossário de Termos Aduaneiros Internacionais da OMA (Organização Mundial das Alfândegas), que, por sua vez, não difere do sentido ordinário do termo ("trazer para dentro, portar para dentro das fronteiras nacionais").[142] O seu exame denota que importação equivale a uma ação ("trazer"), ou seja, uma conduta humana comissiva que – como toda ação – será sempre voluntária e dirigida a uma finalidade. Não se pode ignorar o aspecto volitivo do conceito, porque não há ação humana sem vontade nem finalidade.

Destarte, a vontade, segundo ensinam Zaffaroni e Pierangeli, implica necessariamente uma finalidade, uma vez que "não se concebe que haja vontade de nada ou vontade para nada; a vontade é sempre vontade de algo, isto é, a

---

141. "The act of bringing or causing any goods to be brought into a Customs territory" ou "Action d'introduire dans un territoire douanier une marchandise quelconque". Disponível em: <http://www.wcoomd.org>. Acesso em: 13 jul. 2016.

142. LACOMBE, op. cit., p. 15.

vontade sempre tem um conteúdo, que é uma finalidade".[143] A ação, portanto, é sempre finalística.[144]

Logo, partindo da acepção técnica e do sentido ordinário do termo, tem-se que o verbo "importar" denota uma ação direcionada pela intenção de introduzir uma determinada mercadoria no território nacional. Ficam excluídos do conceito os atos de transposição física involuntária, como o navio que, em decorrência de acidente náutico, tem a sua carga levada pela força da maré até o território nacional. Esse evento não configura uma importação, porque não implica um "querer" ativo do agente.

É por essa razão que o Decreto-lei 37/1966, ao dispor sobre a matéria, não estabelece a obrigatoriedade de lançamento de ofício do crédito tributário pela autoridade aduaneira. Conforme o art. 56, *caput*, do referido Decreto-lei, esta deve apenas intimar o proprietário do bem para promover o seu despacho no prazo de 60 (sessenta) dias, manifestando a intenção de integrar a mercadoria no território nacional ou

---

143. ZAFFARONI, Eugênio Raul; PIERANGELI, José Henrique. *Manual de direito penal brasileiro*: parte geral. São Paulo: RT, 1997, p. 415. Na mesma linha finalista, Damásio E. de Jesus ensina que: "De acordo com Hartamnn, a ação está constituída pela direção do 'suceder real', pelo desejado pelo agente, por interposição de componentes determinantes. A ação é uma atividade final humana. Partindo disso, Welzel afirma que a ação humana é o exercício da atividade finalista. É, portanto, um acontecimento finalista, e não somente causal." (JESUS, Damásio E. de. *Direito penal*. 25. ed. São Paulo: Saraiva, 2002, v.1, p. 234). Trata-se de um conceito finalista de ação. Porém, mesmo à luz da teoria *causal-naturalista*, a vontade é integrante do conceito de ação: "Para a doutrina causal-naturalista, ação é o movimento corporal voluntário que causa uma modificação no mundo exterior". Cf. ainda: PRADO, Luiz Regis. *Curso de direito penal brasileiro*: parte geral. 3. ed. São Paulo: RT, 2002, p. 247 e ss.

144. Essa particularidade também foi evidenciada, embora sem a mesma fundamentação aqui adotada, por Ruy de Melo e por Raul Reis, em estudo publicado no ano de 1970, com base na doutrina de Tito Rezende e José Carlos de Laet: "Sem consideração sobre a finalidade dessa entrada no território nacional, de mercadoria de procedência estrangeira, não ficaria completa a definição do fato gerador do imposto de importação. A complementação do conceito com a destinação a consumo no território nacional é obrigatória, como assinalam TITO REZENDE e JOSÉ CARLOS DE LAET, *Comentários às novas tarifas das alfândegas*, vol. XXXV, da Biblioteca da *Revista Fiscal*, ed. 1958, pág. 30)." (MELO; REIS, *op. cit.*, p. 45).

permanecer silente, hipótese na qual o bem será considerado abandonado. Essa medida justifica-se porque, afinal, é natural supor que a mercadoria nessa condição excepcional possivelmente já estivesse em viagem destinada à introdução ao território nacional. Há um "querer" ativo do importador, que, não obstante o naufrágio, tem a oportunidade de promover o despacho para consumo das mercadorias recuperadas. Se, no entanto, inexiste intenção de introdução no território nacional, o proprietário poderá promover o seu ingresso temporário para posterior remessa ao país de destino sem incidência de tributos.[145]

Assim, se o aspecto volitivo não pode ser abstraído e, em decorrência do art. 5º, XV, da Constituição e do Artigo VII do GATT, os ingressos temporários de produtos regem-se pelo princípio da liberdade de locomoção e de trânsito, a caracterização jurídica da importação apenas poderá decorrer da introdução de um produto no território aduaneiro com o escopo de incorporá-lo ao mercado nacional.

Essa particularidade é ressaltada pela doutrina mediante referência à intenção de *uso* ou *consumo*. Tais termos, contudo, apresentam amplitude insuficiente para abranger todas as possíveis destinações de um produto integrado ao mercado nacional. A exigência de intenção de uso pouco acrescenta em relação à teoria do ingresso físico. Afinal, um automóvel de origem estrangeira em trânsito de passagem, sem dúvida, ingressa com finalidade de uso no território nacional. O consumo, por outro lado, denota somente a etapa final do processo de circulação. Não abrange a utilização da mercadoria no processo produtivo como ativo imobilizado. Também não se mostra suficiente a referência ao objetivo de permanência, porque a permanência pode ser definitiva ou temporária. Um

---

145. O proprietário também poderá requerer a admissão temporária, inclusive para fins de reacondicionamento, reparo, restauração ou qualquer outra finalidade, com posterior remessa ao país de origem no prazo definido pela autoridade aduaneira, conforme Decreto-lei 37/66, arts. 55-57; Regulamento Aduaneiro – RA/2009 (Decreto 6.759/2009), arts. 353 e ss.; Instrução Normativa RFB 1.361/2013, art. 5º, V.

bem introduzido no território nacional por um período determinado – apenas para participar de um evento, uma exposição em feira de negócios – ingressa com objetivo de permanência, ainda que temporária.

Parte da doutrina, assim, entende mais adequada a referência à intenção de nacionalização da mercadoria.[146] Todavia, esta também é insuficiente, porquanto pressupõe um ingresso lícito de mercadorias, com despacho para consumo realizado perante as autoridades aduaneiras e recolhimento dos tributos eventualmente incidentes na operação.[147] Não abrange os bens objeto de descaminho, que ingressam à margem do órgão de controle aduaneiro e sem o pagamento de tributos. Nestes, há objetivo de permanência, porém, sem a intenção de nacionalização.[148]

Cabe destacar que, no ingresso clandestino de mercadoria estrangeira, bem como em qualquer das hipóteses do art. 105 do Decreto-lei 37/66,[149] a legislação prevê a incidência de

---

146. É o que sustenta SILVA, op. cit., p. 104.

147. Descaminho, no Código Penal (art. 334), é tipificado como a conduta de "iludir, no todo ou em parte, o pagamento de direito ou imposto devido pela entrada, pela saída ou pelo consumo de mercadoria (Redação dada pela Lei 13.008, de 26.6.2014)".

148. SOSA (op. cit., p. 96): "Nacionalizar é atribuir ao produto de procedência estrangeira o mesmo status do produto nacional. A nacionalização, com efeito, visa (sic) colocar o produto de procedência estrangeira em condições de circular economicamente. Em outros termos, nacionalizar é incorporar o produto de procedência estrangeira no aparelho produtivo nacional. [...] O ato administrativo que formaliza a nacionalização é o desembaraço aduaneiro." No mesmo sentido, cf.: MEIRA, op. cit., p. 332-335; e ARAÚJO, Ana Clarissa M. S.; SARTORI, Angela. Drawback e o comércio exterior: visão jurídica e operacional. São Paulo: Aduaneiras, 2004, p. 160: "[...] os institutos da nacionalização e o do despacho para consumo distinguem-se, visto que a nacionalização constitui o procedimento que incorpora a mercadoria estrangeira à economia nacional, através do pagamento de seu preço no exterior e despacho para consumo, pressupõe o pagamento dos tributos".

149. "Art. 105. Aplica-se a pena de perda da mercadoria:
I – em operação de carga ou já carregada, em qualquer veículo ou dele descarregada ou em descarga, sem ordem, despacho ou licença, por escrito da autoridade aduaneira ou não cumprimento de outra formalidade especial estabelecida em texto normativo; [...]
III – oculta, a bordo do veículo ou na zona primária, qualquer que seja o processo utilizado;

IMPOSTO DE IMPORTAÇÃO

todos os tributos aplicáveis a uma operação de comércio exterior regular. Só não há incidência quando a mercadoria é localizada e apreendida pela fiscalização aduaneira antes do consumo ou da revenda, caso em que se aplica a pena de perdimento do bem.[150]

Desse modo, em face da impropriedade do termo "uso", bem como da incompletude de "consumo", de "permanência" e de "nacionalização", opta-se pelo vocábulo "integração". Este tem um sentido mais amplo e, dentre suas possíveis significações, abrange a assimilação de elementos novos a um determinado sistema ("tornar-se parte"), compreendendo a

---

IV – existente a bordo do veículo, sem registro um manifesto, em documento de efeito equivalente ou em outras declarações; [...]
VI – estrangeira ou nacional, na importação ou na exportação, se qualquer documento necessário ao seu embarque ou desembaraço tiver sido falsificado ou adulterado;
VII – nas condições do inciso anterior possuída a qualquer título ou para qualquer fim; [...]
X – estrangeira, exposta à venda, depositada ou em circulação comercial no país, se não for feita prova de sua importação regular;
XI – estrangeira, já desembaraçada e cujos tributos aduaneiros tenham sido pagos apenas em parte, mediante artifício doloso;
XII – estrangeira, chegada ao país com falsa declaração de conteúdo;
XIII - transferida a terceiro, sem o pagamento dos tributos aduaneiros e outros gravames, quando desembaraçada nos termos do inciso III do art.13; [...]
XV – constante de remessa postal internacional com falsa declaração de conteúdo;
XVI – fracionada em duas ou mais remessas postais ou encomendas aéreas internacionais visando a elidir, no todo ou em parte, o pagamento dos tributos aduaneiros ou quaisquer normas estabelecidas para o controle das importações ou, ainda, a beneficiar-se de regime de tributação simplificada; (Redação dada pelo Decreto-lei 1.804, de 03.09.1980)
XVII – estrangeira, em trânsito no território aduaneiro, quando o veículo terrestre que a conduzir, desviar-se de sua rota legal, sem motivo justificado;
XVIII – estrangeira, acondicionada sob fundo falso, ou de qualquer modo oculta;"

150. De acordo com o Decreto-Lei 37/1966: "Art. 1º [...] 4º O imposto não incide sobre mercadoria estrangeira: (Incluído pela Lei 10.833, de 29.12.2003) [...] III – que tenha sido objeto de pena de perdimento, exceto na hipótese em que não seja localizada, tenha sido consumida ou revendida. (Incluído pela Lei 10.833, de 29.12.2003)". Art. 23, § 3º: "As infrações previstas no caput serão punidas com multa equivalente ao valor aduaneiro da mercadoria, na importação, ou ao preço constante da respectiva nota fiscal ou documento equivalente, na exportação, quando a mercadoria não for localizada, ou tiver sido consumida ou revendida, observados o rito e as competências estabelecidos no Decreto no 70.235, de 6 de março de 1972. (Redação dada pela Lei 12.350, de 2010)".

nacionalização, sem, contudo, apresentar a mesma tecnicidade desta.[151] Com isso, ficam abarcados no conceito de importação os ingressos com finalidade de consumo ou utilização no processo produtivo, ainda que à margem do órgão de controle aduaneiro e sem o pagamento de tributos.

Essa proposta tem as vantagens da teoria da nacionalização, na linha defendida por Matías Cortés,[152] Jorge Witker[153] e por Hector Villegas[154] e Giuliani Fonrouge[155] e, entre nós, por Ruy de Melo, Raul Reis e José Augusto Lara dos Santos.[156] Porém, não incorre nas mesmas inconsistências, na medida em que oferece explicação adequada para a incidência do imposto nos ingressos ilícitos de mercadoria.[157]

Além disso, nos casos sujeitos à incidência do imposto, a nacionalização somente ocorre após o pagamento do crédito tributário.[158] Logo, elencar esse evento como antecedente da

---

151. Segundo o dicionário Houaiss de língua portuguesa, o substantivo "integração" pode ter o sentido de "incorporação de um elemento num conjunto objetivo".

152. DOMINGUEZ, op. cit., *s.l. Apud* WITKER *op. cit.*, p. 82.

153. *Ibid., idem.*

154. VILLEGAS, *op.cit.*, p. 714.

155. FONROUGE, *op. cit*, p. 834. Aproximando-se dessa concepção, Ricardo Xavier Basaldúa – embora adote o conceito de importação como transposição física - entende que o evento imponível do imposto pressupõe a incorporação definitiva do produto ao mercado interno. Esta, por sua vez, ocorreria com a aquisição de *status* de mercadoria nacional, o que evidencia o momento da ocorrência (BASALDÚA, *Los tributos..., op. cit.*, p. 111).

156. MELO; REIS, *op. cit.*, p. 45; SANTOS, *op. cit.*, p. 104.

157. Deve-se destacar que o problema do ingresso clandestino de bens está longe de representar importância puramente acadêmica. De acordo com estudo do Juiz Federal Rony Ferreira, realizado a partir de dados da Receita Federal, apenas na tríplice fronteira terrestre do MERCOSUL, na região de Foz do Iguaçu, no Estado do Paraná, ingressam "cerca de US$ 100 milhões de dólares por mês em mercadorias descaminhadas e contrabandeadas". FERREIRA, Rony. Perdimento de bens. In: FREITAS, Vladmir Passos de (coord.) *Importação e exportação no direito brasileiro.* São Paulo: RT, 2004, p. 196.

158. É certo que também pode ocorrer nacionalização sem o pagamento de tributos, como nos produtos imunidades e na isenção. Nestes, contudo, não há incidência da norma, de sorte que a crítica não se mostra aplicável.

norma jurídica instituidora do imposto implica o reconhecimento de um tributo com hipótese de incidência posterior à extinção da obrigação tributária. A teoria da nacionalização, assim, acarreta a construção de uma hipótese de incidência "lógica e cronologicamente" posterior à extinção da obrigação tributária. A referência à intenção integradora é mais apropriada porque não incorre nesse obstáculo lógico.

É certo que, na linha de Ruy de Melo, Raul Reis e José Augusto Lara dos Santos, essa objeção poderia ser afastada mediante referência à *finalidade de nacionalização*.[159] Todavia, essa proposta também não pode ser acolhida porque não explica adequadamente as hipóteses de ingresso clandestino, que são tributados no direito brasileiro.

Por outro lado, também se poderia cogitar do uso de "nacionalização" *latu sensu*, distinto do sentido técnico. Contudo, uma solução dessa natureza deve ser abandonada, porquanto não é compatível com a precisão linguística exigida no discurso científico.

Em síntese, portanto, entende-se que, no direito brasileiro, ao contrário do que decorre da interpretação isolada do art. 19 do CTN e do *caput* do art. 1º do Decreto-lei 37/66, o conteúdo jurídico do verbo "importar" compreende a conduta comissiva voluntária de introduzir um produto qualquer no âmbito do território nacional, por meio da transposição física da fronteira geográfica qualificada pela finalidade integradora.

3.1.2.4 Natureza objetiva da intenção do agente

A intenção integradora normalmente é manifestada pelo importador, quando este apresenta a declaração de importação, desencadeando os atos necessários ao despacho para consumo e ao desembaraço aduaneiro da mercadoria. Todavia, a declaração formal nem sempre é determinante. O importador

---

159. MELO; REIS, *op. cit.*, p. 45; SANTOS, *op. cit.*, p. 104.

pode declarar intenção diversa da efetivamente pretendida, promovendo o despacho para trânsito ou para admissão temporária, quando, na verdade, sua finalidade originária é vender o produto no mercado nacional sem o recolhimento dos tributos. Também é possível que nem sequer exista declaração, quando o importador promove a transposição da fronteira sem submeter a mercadoria ao controle aduaneiro.

Não havendo declaração ou na hipótese de suspeita de falsidade, a autoridade aduaneira deve verificar o *animus* do importador objetivamente,[160] a partir dos atos de exteriorização da vontade. Estes sempre estarão presentes, uma vez que a intenção – que é o conteúdo da vontade – pressupõe um "querer" ativo do sujeito e, ao contrário do desejo, não se resume a uma simples expectativa passiva em relação a um determinado resultado.[161]

O agente, destarte, sempre se movimenta em direção ao resultado pretendido, o que, por sua vez, é evidenciado por meio das circunstâncias da operação. São relevantes, assim, a forma de ingresso no território, a destinação do produto, o fornecedor, o momento, a frequência, o tipo e a quantidade de mercadoria, inclusive o local em que esta é encontrada. É o caso, por exemplo, de empresa que promove o ingresso no território nacional de veículo de luxo em regime de admissão temporária, para fins de realização de ensaios e testes de emissão de poluentes do automóvel. Mas que, em procedimento de fiscalização aduaneira, tem o veículo encontrado exposto à venda em loja especializada. O mesmo se dá com o viajante que, no período que antecede às festas de final de ano, é encontrado em zona de fronteira com veículo transportando volume expressivo de produtos natalinos originários do exterior. A quantidade, o tipo de produto e o período do

---

160. É o que sustentam os autores da concepção denominada "teoria da importação para consumo", na classificação que considera a compostura integral da hipótese de incidência do imposto de importação (BARRERA, *op. cit.*, p. 87 e ss., HERNÁNDEZ, *op. cit.*, p. 775-821, e WITKER, *op. cit.*, p. 79).

161. ZAFFARONI; PIERANGELI, *op. cit.*, p. 415.

ano evidenciam a intenção de venda no mercado brasileiro, independentemente de qualquer declaração em sentido contrário.[162]

Contudo, a finalidade integradora não é sinônimo de ingresso *ad aeternun*. A Constituição, ao consagrar o princípio da liberdade de locomoção e de trânsito de bens no território nacional, certamente não pretendeu excluir da incidência dos tributos aduaneiros o ingresso de produtos estrangeiros com a intenção de uso por longo período de tempo, apenas porque as partes ajustaram contratualmente a obrigação de retorno ao exterior após o seu esgotamento.

Também há integração no mercado nacional quando o importador promove o ingresso do produto com intenção de mantê-lo por tempo indeterminado, pelo prazo de esgotamento de sua vida útil ou depreciação integral. Logo, sempre que o bem for vinculado a uma obrigação de devolução, deve ser verificado o prazo de permanência e as características do produto. Haverá intenção integradora se, ao final do período de utilização previsto no contrato, o produto a ser devolvido já estiver totalmente depreciado, obsoleto ou com a vida útil esgotada. O mesmo se aplica aos casos em que é prevista a aquisição por valor residual, como no *leasing* ou arrendamento mercantil.

Esse problema se coloca especialmente no tocante aos bens duráveis, tais como máquinas, automóveis, aeronaves e equipamentos destinados à prestação de serviços ou à produção de bens. Veja-se, por exemplo, o caso de um servidor de rede de informática ou mesmo um automóvel. Estes, em curto espaço de tempo, já se tornam obsoletos ou perdem boa parte de seu valor comercial. Sempre que isso ocorrer, haverá intenção integradora, ainda que vinculado a um contrato de arrendamento mercantil, de comodato ou de aluguel.[163]

---

162. Não se trata, contudo, de presunção absoluta, admitindo-se prova em contrário do sujeito passivo, ainda que de difícil realização.

163. Para explicar o fenômeno, Roosevelt Baldomir Sosa desenvolveu o conceito de

3.1.2.5 Relevância do título jurídico e da transferência da propriedade

De acordo com parte da doutrina, a importação decorre de uma compra e venda internacional.[164] Outros, por sua vez, entendem que o núcleo da hipótese de incidência do imposto compreende "[...] um negócio (jurídico) pertinente a uma contraprestação de uma obrigação de dar, de conformidade com os postulados de direito privado", de sorte que, para ser devidamente caracterizada, demanda essa "razão jurídica".[165]

Isso realmente ocorre na grande maioria dos casos, notadamente na "importação para consumo". Tanto é assim que o legislador não apenas prevê a disciplina da cobertura cambial das operações de comércio exterior, como também elenca o original da fatura comercial como documento obrigatório à instrução da declaração de importação para consumo

---

consumo relativo, assim exposto: "A expressão 'consumo' tem sido empregada, inclusive por mim e erroneamente, no sentido exclusivo de uma absorção econômica definitiva, quando em verdade, o vocábulo consumo (do latim *consumere*) tem, na técnica jurídica (Plácido e Silva, in *Vocabulário Jurídico*. Ed. Forense, Tomo 1, pág. 533), uma dupla acepção, pois pode designar tanto um consumo relativo quanto um consumo relativo. Assim, há consumo definitivo quando um bem importado é absorvido pelo aparelho produtivo nacional, a título de matéria-prima, insumo, produto intermediário ou mercadoria de simples revenda, e que, nesse sentido, desaparecem por transformação ou gasto. Mas também haverá consumo (nesse caso consumo relativo) quando o bem importado aprestar-se ao uso continuado por quem pretenda aproveitar sua utilidade, como no caso de máquinas, equipamentos, aparelhos etc., e que, portanto, são suscetíveis ao uso prologado, não desaparecendo por gasto ou destruição" (*Temas...*, *op. cit.*, p. 164). A noção de "consumo relativo" foi proposta pelo autor para explicar a validade da cobrança proporcional do imposto na admissão temporária para uso econômico. Esse conceito, entretanto, não tem respaldo no direito positivo brasileiro, uma vez que, consoante examinado acima, de acordo com o art. 86 do Código Civil, o conceito de consumo compreende apenas os bens móveis destinados à alienação ou que não possam ser usados sem a destruição de sua substância. Abrange, portanto, apenas a etapa final do processo de circulação, sem compreender a utilização da mercadoria no processo produtivo, como insumo ou enquanto ativo imobilizado. Portanto, conforme exposto no item anterior, ao invés do conceito de consumo, propõe-se a referência à finalidade integradora.

164. LACOMBE, *op. cit.*, p. 15.
165. MELO, *op. cit.*, p. 46.

(Decreto-lei 37/66, art. 46).

Todavia, essa particularidade não é determinante para a caracterização jurídica do ato. Não há nenhum dispositivo na Constituição ou no Código Tributário Nacional vinculando o conceito ao título jurídico ou à transmissão da propriedade da mercadoria. A importação pressupõe apenas a introdução de um produto qualquer no território nacional, por meio da transposição física da fronteira qualificada pela finalidade integradora. Portanto, como destaca Roque Antonio Carrazza, a sua configuração ocorre mesmo "[...] quando multinacional envia para filial brasileira produto por ela fabricado, para ser revendido".[166]

A transferência da propriedade e o título jurídico, porém, são relevantes no exame da existência da finalidade integradora. Afinal, são circunstâncias que podem evidenciar o caráter definitivo da introdução do bem estrangeiro no território nacional ou ainda – sob o aspecto negativo – implicar a impossibilidade jurídica de configuração de um ingresso dessa natureza.

Assim, um comodato – vinculado, por exemplo, à exposição do produto em uma feira ou uma outra finalidade transitória qualquer[167] – certamente evidencia a natureza provisória do ingresso do produto. O mesmo ocorre em uma prestação de serviços ou de assistência técnica: o envio do bem ao território nacional ocorre para fins de reparo, com obrigação de restituição ao final da execução do objeto do contrato. Em tais hipóteses, sob o aspecto negativo, a natureza do contrato e as demais circunstâncias do negócio jurídico descaracterizam a importação, pela impossibilidade jurídica de configuração de um ingresso definitivo.

---

166. CARRAZZA, ICMS..., op. cit., p. 80. SALOMÃO, op. cit., p. 59: "importar não é adquirir algo do exterior, mas trazê-lo de lá". Cf. ainda: LUNARDELLI, Pedro Guilherme Accorsi. Tributação na internet. RDDT 59, p. 78.

167. O comodato, conforme destacado acima, não pode ser por prazo indeterminado ou por prazo superior ao esgotamento da vida útil do bem, porque em tais hipóteses há caracterização de finalidade integradora da mercadoria.

De modo diverso, a compra e venda sempre implica a intenção de incorporação definitiva da mercadoria à economia nacional, uma vez que pressupõe a transferência da propriedade. Isso ocorre mesmo na venda com a cláusula especial da reserva de domínio. A única particularidade reside no fato de que nesta, ao contrário da compra e venda pura, a mudança da titularidade do bem é diferida – da data da tradição do bem – para o momento do recebimento da integralidade do preço. Sempre, contudo, há uma transferência da propriedade após o pagamento.[168]

Por outro lado, nada impede que a intenção integradora resulte de outras modalidades contratuais ou de atos jurídicos unilaterais. É o caso, por exemplo, da permuta de bens entre empresas situadas em países distintos ou de um cidadão brasileiro que adquire um produto por ocasião de uma viagem ao exterior e, em seu retorno, o introduz ao território brasileiro. Não há uma compra e venda internacional. Porém, o ingresso do produto no território ocorre com o *animus* de integração no mercado nacional, caracterizando uma importação. Na permuta, aliás, o ingresso no território nacional decorre de uma transferência definitiva da propriedade de um bem por outro. A única diferença, no tocante à compra e venda, reside no fato de a contraprestação não ser paga em dinheiro.[169]

Essa matéria, inclusive, foi recentemente apreciada pelo Superior Tribunal de Justiça no julgamento do Recurso Especial 1.254.117/SC. Neste curioso julgado – que tratou da incidência do PIS/Pasep e da Cofins na permuta de uma girafa

---

[168]. "Art. 521. Na venda de coisa móvel, pode o vendedor reservar para si a propriedade, até que o preço esteja integralmente pago".

[169]. "Define-se a troca ou permuta como o contrato pelo qual as partes se obrigam a dar uma coisa por outra, que não seja dinheiro. Grande é a semelhança com a compra e venda, mas, distingue ENNECCERUS, naquela não há contraprestação em dinheiro, 'sino en otra cosa o en un derecho. Así, pues, respecto a la permuta no procede distinguir entre precio y mercancia. [...] Justamente aí aparece a diferença. As prestações dos permutantes são em espécies, o que é bem diferente na compra e venda" (RIZZARDO, Arnaldo. *Contratos*. 2. ed. Rio de Janeiro: Forense, 2001, p. 321).

entre um zoológico brasileiro e outro situado no exterior – a Segunda Turma do STJ entendeu caracterizada a importação na permuta de bens:[170]

> [...]
>
> 6. As girafas objeto do contrato de permuta se enquadram no conceito de bem definido na legislação civil (art. 82 do Código Civil) para fins de incidência do PIS/PASEP – Importação e da COFINS – Importação, pelo que sua internalização no território nacional está sujeita às referidas contribuições.
>
> 7. Ainda que no contrato de permuta o pagamento não se realize com moeda, mas sim com a entrega do bem que se pretende trocar, tal fato não retira a possibilidade de se atribuir valor financeiro, ou preço, à operação realizada, sobretudo porque o art. 533 do Código Civil de 2002 determina a aplicação à permuta das disposições referentes à compra e venda. Dessa forma, o valor da operação, somados às demais parcelas que integram o valor aduaneiro, servirá de base de cálculo para a incidência das contribuições em questão, nos termos do inciso I do art. 7º da Lei 10.865/2004. [...].[171]

Logo, o título jurídico, a transmissão da propriedade da mercadoria ou a existência de um contrato de compra e venda internacional não são determinantes para a caracterização da importação, representando apenas um dos possíveis parâmetros para a determinação da finalidade integradora.

Apesar disso, cumpre advertir que o Acordo de Valoração Aduaneira (AVA) reconhece as diferenças entre esses negócios jurídicos. Assim, como será analisado, a permuta e outros contratos sem transferência plena da propriedade não se submetem aos mesmos métodos de valoração aduaneira da compra e venda.

---

170. O caso envolveu apenas o PIS/Pasep e a Cofins porque a entidade recorrente era imune ao imposto de importação.

171. STJ, REsp 1254117/SC, 2ª T. Rel. Min. Mauro Campbell Marques, *DJe* 27.08.2015.

3.1.3 Implicações do conceito de importação nos regimes aduaneiros especiais do trânsito de passagem e da admissão temporária

O conceito jurídico de importação implica consequências relevantes na interpretação dos regimes aduaneiros do trânsito de passagem – também denominado "trânsito clássico" – e da admissão temporária, notadamente na aplicação do *caput* do § 2º do art. 72, I, da Lei 10.833/2003 e do art. 311 do Decreto 6.759/2009. Estes dispositivos preveem a exigência do crédito tributário na hipótese de descumprimento dos regimes, sem oferecer parâmetros para se diferenciar os casos de desvio de finalidade das hipóteses de ingressos de mercadoria que não se subsumem ao conceito jurídico de importação.[172]

3.1.3.1 Natureza jurídica

Os regimes aduaneiros especiais são um conjunto de enunciados prescritivos que autorizam o ingresso de produtos estrangeiros no território aduaneiro sem o pagamento dos tributos incidentes na importação, mediante submissão a regras diferenciadas de controle administrativo e vinculação a uma destinação específica prevista na legislação. Embora no plano pragmático também se designe como tal o ato administrativo

---

172. Vale registrar que, atualmente, são previstos no direito brasileiro os seguintes regimes aduaneiros especiais: o trânsito aduaneiro; a admissão temporária; o entreposto aduaneiro, o entreposto industrial; *drawback*; a exportação temporária; a admissão temporária para utilização econômica; admissão temporária para aperfeiçoamento ativo; entreposto industrial sob controle aduaneiro informatizado (Recof); regime aduaneiro especial de importação de insumos destinados à industrialização por encomenda de produtos classificados nas posições 8701 a 8705 da Nomenclatura Comum (Recom); exportação temporária para aperfeiçoamento passivo; regime especial de exportação e de importação de bens destinados às atividades de pesquisa e de lavra das jazidas de petróleo e de gás natural (Repetro); de importação de petróleo bruto e seus derivados (Repex); do regime tributário para incentivo à modernização e à ampliação da estrutura portuária (Reporto); loja franca; depósito especial; depósito afiançado; depósito alfandegado certificado; depósito franco; e Zona Franca de Manaus; áreas de livre comércio; e zonas de processamento de exportação.

IMPOSTO DE IMPORTAÇÃO

individual e concreto de concessão, mostra-se mais apropriado o uso do termo "regime" para se referir à disciplina legal, inclusive porque o ingresso no território aduaneiro também pode ser autorizado em caráter geral e abstrato.[173]

De acordo com o Decreto-lei 37/66, os regimes aduaneiros especiais têm natureza de "suspensão" do crédito tributário.[174] Assim, considera-se que, no momento da apresentação da mercadoria ao controle aduaneiro, há incidência regular dos tributos respectivos, sendo o crédito tributário constituído mediante termo de responsabilidade firmado pelo interessado.[175] Este, por sua vez, teria a sua exigibilidade suspensa, sob a condição resolutiva do cumprimento dos prazos e dos requisitos do regime. Não sendo implementada a condição, o crédito "suspenso" se tornaria devido, acrescido de multa e de juros de mora, calculados a partir da data do registro da declaração de admissão.[176]

Tais consequências, entretanto, não podem ser aplicadas a todos os regimes aduaneiros especiais. Estes não apresentam

---

173. Veja-se, por exemplo, o disposto no RA/2009: "Art. 357. Considera-se em admissão temporária, independentemente de qualquer procedimento administrativo, o veículo que ingressar no território aduaneiro a serviço de empresa estrangeira autorizada a operar, no Brasil, nas atividades de transporte internacional de carga ou passageiro. (Redação dada pelo Decreto 7.213, de 2010)."

174. RA/2009: "Art. 307. O prazo de suspensão do pagamento das obrigações fiscais pela aplicação dos regimes aduaneiros especiais, na importação, será de até um ano, prorrogável, a juízo da autoridade aduaneira, por período não superior, no total, a cinco anos (Decreto-lei 37, de 1966, art. 71, caput e § 1°, com a redação dada pelo Decreto-lei 2.472, de 1988, art. 1°)."

175. RA/2009: "Art. 308. Ressalvado o disposto no Capítulo VII, as obrigações fiscais suspensas pela aplicação dos regimes aduaneiros especiais serão constituídas em termo de responsabilidade firmado pelo beneficiário do regime, conforme disposto nos arts. 758 e 760 (Decreto-lei 37, de 1966, art. 72, caput, com a redação dada pelo Decreto-lei 2.472, de 1988, art. 1°)."

176. RA/2009: "Art. 311. No caso de descumprimento dos regimes aduaneiros especiais de que trata este Título, o beneficiário ficará sujeito ao pagamento dos tributos incidentes, com acréscimo de juros de mora e de multa, de mora ou de ofício, calculados da data do registro da declaração de admissão no regime ou do registro de exportação, sem prejuízo da aplicação de penalidades específicas".

natureza jurídica única.[177] Há regimes que se destinam apenas ao controle da não incidência dos tributos aduaneiros, visando a impedir o desvio de finalidade e assegurar o retorno do produto ao exterior. Isso ocorre sempre que o ingresso autorizado pelo regime não se subsuma ao conceito de importação. Em tais hipóteses, não há que se falar em suspensão do crédito tributário, porquanto nem sequer há incidência da norma jurídica tributária do imposto de importação.

É o que ocorre no regime de trânsito aduaneiro de passagem. Neste, o ingresso do produto estrangeiro é admitido temporariamente no território nacional, apenas para fins de trânsito até o território de outro país, sem exigência dos tributos normalmente incidentes numa importação regular.[178] O mesmo se dá na admissão temporária: a transposição da fronteira é autorizada para participação em eventos, realização de ensaios, testes de funcionamento ou resistência, de promoção comercial, dentre outras finalidades prevista na legislação.

---

177. FOLLONI, *op. cit.*, p. 185: "[...] os regimes ora são casos de isenção, ora de suspensão de exigibilidade do crédito tributário, ora de redução, ora de extinção do crédito tributário, ora de restituição do tributo pago, sendo impossível propor uma definição genérica". O autor não acrescenta a possibilidade de hipótese de não incidência. Todavia, como será examinado, está não apenas é possível como se mostra presente em vários dos regimes aduaneiros considerados "suspensivos" pela doutrina tradicional. Sobre os regimes aduaneiros especiais, cf. ainda: MEIRA, Liziani Angelotti. *Regimes aduaneiros especiais*. São Paulo: IOB, 2002, p. 161 e ss.; BARBIERI, Luís Eduardo Garrossino. A natureza jurídica do regime aduaneiro *drawback*. In: PEIXOTO, Marcelo Magalhães; SARTORI, Angela; DOMINGO, Luiz Roberto (Coord.). *Tributação aduaneira à luz da jurisprudência do CARF – Conselho Administrativo de Recursos Fiscais*. São Paulo: APET-MP, 2013, p. 174 e ss.; PERES, Sergio de Almeida Cid. *Regimes aduaneiros especiais e os atípicos*. Salto: Schoba, 2014, p. 43 e ss.; ARAÚJO; SARTORI, *op. cit.*, p. 207; LOPES FILHO, Osíris de Azevedo. *Regimes aduaneiros especiais*. São Paulo: RT, 1984, p. 84 e ss.; XAVIER, Alberto. Do prazo de decadência em matéria de "drawback"- suspensão. In: SCHOUERI, Luís Eduardo (Coord.). *Direito tributário*. São Paulo: Quartier Latin, v. I, 2003, p. 530 e ss.; RIOS, Francisco José Barroso. A decadência e a prescrição no regime aduaneiro especial de *drawback*. *Revista Dialética de Direito Tributário*. São Paulo: Dialética, n. 158, p. 31-44, nov. 2008.

178. RA/2009: "Art. 315. O regime especial de trânsito aduaneiro é o que permite o transporte de mercadoria, sob controle aduaneiro, de um ponto a outro do território aduaneiro, com suspensão do pagamento de tributos (Decreto-lei 37, de 1966, art. 73, *caput*)".

Não há cobertura cambial, sendo a admissão do bem vinculada à obrigação de reexportação[179] ao final do prazo determinado.[180] Inexiste, portanto, intenção integradora por parte de quem promove o ingresso da mercadoria no território nacional.

Essa diferenciação, no entanto, não tem sido devidamente considerada por parte da doutrina. Para Osiris de Azevedo Lopes Filho, à luz da legislação vigente, os regimes aduaneiros especiais efetivamente teriam natureza jurídica de suspensão do crédito tributário. O autor entende que as hipóteses de suspensão do art. 151 do CTN, além de não exaustivas, poderiam ser ampliadas pelo Decreto-lei 37/66. Isso porque, antes do advento da Constituição de 1967, a matéria não era reservada à lei complementar.[181]

Na mesma linha, André Folloni, após ressaltar a inexistência de uma natureza jurídica única, entende que a admissão temporária e o trânsito aduaneiro seriam hipóteses de suspensão da exigibilidade do crédito tributário,[182] interpretação também sustentada por Rosaldo Trevisan.[183]

Liziane Angelotti Meira, em sentido contrário, sustenta não se tratar de suspensão da exigibilidade, porque o termo de responsabilidade não constitui o crédito tributário.[184] Não há, destarte, como suspender um crédito que sequer foi constituí-

---

179. O RA/2009 designa *reexportação* a exportação de mercadoria admitida temporariamente ou em trânsito.

180. Decreto-lei 37/1966, arts. 55-57; Regulamento Aduaneiro – RA/2009 (Decreto 6.759/2009), arts. 353 e ss.; Instrução Normativa RFB 1.361/2013.

181. LOPES FILHO, *op. cit.*, p. 85.

182. FOLLONI, *op. cit.*, p. 185, 194 e 196.

183. TREVISAN, Rosaldo. *A atuação estatal no comércio exterior, em seus aspectos tributário e aduaneiro*. Dissertação (Mestrado em Direito). Pontifícia Universidade Católica do Paraná, 2008, p. 200-201.

184. Na mesma linha, FOLLONI (*op. cit.* p. 190): "O termo de responsabilidade, firmado pelo sujeito passivo, não pode ser equiparado a um lançamento, porque este ato administrativo é privativo da autoridade administrativa, e daí as fortes críticas doutrinárias à expressão 'autolançamento'".

do. Entende ainda que o art. 151 do CTN seria *numerus clausus*. Assim, inclusive porque não se concebe uma suspensão *ad aeternum*, os regimes aduaneiros especiais apresentariam natureza jurídica de isenções tributárias condicionais, com mutilação parcial do critério temporal.[185]

Todavia, não se pode isentar uma operação que, por não se subsumir ao critério material, já não está compreendida na hipótese de incidência do tributo. Essa interpretação implica a aceitação de que simples ingressos transitórios, sem nenhuma intenção de permanência ou de integração ao mercado nacional, estariam compreendidos no âmbito da materialidade do tributo. Trata-se de exegese que não é incompatível com o conceito jurídico de importação.

Mais adequada mostra-se a doutrina Roosevelt Baldomir Sosa. Este entende que os ingressos temporários – não sendo destinados ao consumo – estariam aquém do fenômeno da importação. Logo, a admissão temporária e o trânsito aduaneiro teriam natureza de não incidência,[186] no que é acompanhado por José Lence Carlucci,[187] Ana Clarissa Masuko dos Santos Araújo e Angela Sartori. Tais autores, contudo, entendem que os regimes de trânsito aduaneiro e de admissão temporária têm natureza de não incidência pela inocorrência de critério ou aspecto temporal da hipótese tributária:

> [...] a simples entrada em território aduaneiro não se reveste dos elementos necessários e suficientes para tornar certa a exigência da obrigação tributária enumerada na lei, pois, nos casos que

---

185. MEIRA, *Regimes...*, op. cit., p. 325: "Entendemos que os regimes aduaneiros especiais não constituem modalidades de suspensão da exigibilidade do crédito tributário, mas se enquadram como isenções tributárias condicionais cujos objetos ficam sujeitos a controle aduaneiro. Isenções essas submetidas de modo absoluto às disposições do art. 150, §6º, da Constituição Federal. [...] O único regime aduaneiro especial que não constitui em uma isenção condicional é o de Admissão Temporária com pagamento proporcional dos impostos federais sobre a importação, instituído pelo art. 79 da Lei 9.430/96. Trata-se de uma redução tributária condicional".

186. SOSA, *A aduana...*, op. cit., p. 149.

187. CARLUCCI, *Uma introdução...*, op. cit., p. 467.

não ocorre o aspecto temporal da regra-matriz do Imposto de Importação, não haverá as condições jurídicas necessárias para produzir os efeitos que lhe são próprios, tratando-se, portanto, de hipótese de não incidência tributária.

Necessário se faz que a mercadoria ingresse no País para fins de consumo, com a finalidade de ser incorporada à economia nacional, registrando-se a Declaração de Importação.

Nos regimes especiais em que há Declaração para Admissão ou Declaração de Trânsito, entendemos tratar-se de hipótese de não incidência tributária, pois a situação descrita na norma que prescreve a obrigação tributária não corresponde à situação de fato, ou seja, a norma prevê que é o registro da Declaração de Importação que constitui o momento de ocorrência do fato gerador do Imposto de Importação.

Nesses casos, a mercadoria não ingressará definitivamente em nossa economia, continuará de propriedade do exportador e será reexportada, como se não tivesse ingressado em nosso território aduaneiro.[188]

Acompanha-se essa conclusão. Porém, por fundamentos distintos. Isso porque, a rigor, não são propriamente os regimes aduaneiros de admissão temporária e de trânsito aduaneiro de passagem que têm natureza de não incidência. São as modalidades de ingressos de produtos nas circunstâncias controladas por esses regimes que não se subsumem à hipótese de incidência do imposto. Tal circunstância, por outro lado, não decorre da ausência de realização do critério temporal, mas do critério material da norma jurídica tributária. Dito de outro modo, não há incidência porque o ingresso da mercadoria não se subsume ao conceito jurídico de importação, pela falta de intenção integradora.

Roosevelt Baldomir Sosa também reconhece essa particularidade. Porém, continua vinculando a não incidência ao aspecto temporal:

---

188. ARAÚJO; SARTORI, op. cit., p. 209. As autoras entendem que a natureza de isenção condicionada seria aplicável ao "drawback" suspensão (ARAÚJO; SARTORI, op. cit., p. 87 e ss.). Na mesma linha, cf.: BARBIERI, op. cit., p. 174.

> Dar aos regimes de ingressos temporários caráter tributariamente suspensivo é, com efeito, trazê-lo ao campo da tributação, quando em verdade pareceria que muitos desses ingressos colocam-se aquém do fenômeno de imposição tributária. E isto pela singular razão que certas mercadorias ingressadas sob égide desses regimes não se destinam a consumo. O fenômeno de imposição fiscal, destarte, condiciona-se à apresentação de uma declaração para consumo, nos termos da legislação vigente (art. 87 do RA), o que caracteriza o elemento temporal do fato gerador.[189]

Todavia, se o ingresso de determinada mercadoria no território nacional não se subsume ao conceito de importação – núcleo da hipótese de incidência do imposto –, é desimportante eventual ocorrência das circunstâncias espaço-temporais descritas nos critérios espacial e temporal da norma tributária. O ingresso da mercadoria e o registro na DI somente têm relevância, para fins de incidência do imposto, quando também ocorrido o critério material. Tanto é assim que, se o importador – por equívoco – promover o registro na DI de uma mercadoria sem que se tenha realizado o critério material do imposto, permanece assegurado o direito à repetição do indébito tributário.

Logo, ainda que se interprete a data do registro da Declaração de Importação (DI) como critério temporal do imposto, a ausência de submissão a esse dever instrumental não constitui a causa, mas a consequência da não incidência, vale dizer, da não subsunção dessa modalidade de ingresso ao conceito jurídico de importação, que constitui o núcleo da materialidade do imposto.

Intepretação semelhante é defendida por José Augusto Lara dos Santos, para quem, no trânsito de passagem e na admissão temporária, não há propriamente uma importação, pela falta de intenção de nacionalização dos produtos:

> Uma operação meramente de trânsito aduaneiro carece de elemento necessário, sob esta ótica, à incidência dos tributos

---

189. SOSA, *A aduana...*, op. cit., p. 149.

aduaneiros na importação, qual seja o *animus* definitivo, a intenção de incorporar à economia nacional, por meio de sua nacionalização, determinado produto.

> [...] tal como no caso do trânsito aduaneiro, a proposta é de que as operações descritas no presente regime fogem do campo de incidência dos tributos incidentes na importação. Os produtos em admissão permanecem sob controle aduaneiro, sob severa fiscalização, mas não se encontram no campo da tributação.[190]

Essa mesma exegese foi defendida por Ruy de Melo e Raul Reis no ano de 1970. Para tais autores, "a cláusula *para fins de consumo interno* corresponde à incorporação do produto à economia interna, através de sua nacionalização".[191] Assim, "no trânsito regular não ocorre o fato gerador".[192] Todavia, diferentemente de Lara dos Santos, sustentam que a admissão temporária, apesar de não implicar a nacionalização, teria natureza de isenção:

> Todavia é bom lembrar que, apesar de não estar expresso na definição do fato gerador do imposto de importação (art. 19 do Código Tributário Nacional) o elemento *destinação a consumo no país* está implícito.
>
> Na admissão temporária, esse elemento está presente, pois as mercadorias são destinadas a consumo dentro do território nacional. Essas mercadorias são introduzidas no País sob isenção, que subsistirá, caso elas retornem ao exterior. Se entregues a consumo normal, pagam os tributos devidos, como se fossem introduzidas naquele momento.[193]

Trata-se, porém, de uma interpretação que não pode ser acolhida, porque, com a devida vênia, mostra-se contraditória com a premissa adotada pelos autores. No regime aduaneiro da admissão temporária, os bens ingressam no território nacional sem nacionalização. Logo, se o conceito de importação

---

190. DOS SANTOS, *op. cit.*, p. 164 e 171.

191. MELO; REIS, *op. cit.*, p. 45 e ss..

192. *Ibid.*, p. 46.

193. *Idib.*, p. 184.

pressupõe a intenção de nacionalizar, não se pode qualificar como "importados" os bens admitidos no regime de admissão temporária.

É mais apropriado, portanto, o entendimento de José Augusto Lara dos Santos, ao afirmar que, em ambos os regimes (trânsito de passagem e admissão temporária), não se pode falar em isenção condicionada. Afinal, não se pode isentar o que escapa ao âmbito de incidência da norma jurídica tributária.

Entretanto, não se mostra adequado vincular a não incidência à ausência de intenção de nacionalização. A teoria da nacionalização, como se viu, é incompleta para explicar o fenômeno da importação, porque pressupõe um ingresso lícito de mercadorias, com despacho para consumo realizado perante as autoridades aduaneiras e recolhimento dos tributos eventualmente incidentes na operação. Não abrange os bens objeto de descaminho, que são introduzidos no território nacional à margem do órgão de controle aduaneiro e sem o pagamento de tributos. Nestes, há objetivo de permanência definitiva, porém, sem a intenção de nacionalização.

Essa incompletude se reflete na explicação da natureza jurídica dos regimes aduaneiros. Isso porque, ao vincular o conceito de importação à intenção de nacionalização, a teoria não oferece explicação satisfatória para a exigência do imposto no desvio de finalidade. Veja-se, por exemplo, o caso do importador que, após submeter a mercadoria ao despacho de admissão ou de trânsito, promove a sua venda no território nacional. Este, em razão do desvio da finalidade, é obrigado a pagar os tributos. Porém, jamais teve qualquer intenção de nacionalizar a mercadoria desviada. Ora, se não houve tal intenção, tampouco se tem uma importação, o que obriga os autores, para explicar o fundamento da exigência do imposto, a negarem as premissas do próprio conceito de importação adotado.

IMPOSTO DE IMPORTAÇÃO

Os únicos que enfrentam esse problema diretamente são Ruy de Melo e Raul Reis. Porém, ao explicar o fundamento para a exigência do imposto no desvio de rota no trânsito de passagem, acabam negando as premissas de sua própria teoria:

> A via usual é aquela que é seguida comumente, para atingir um desses locais de entrada. Se o veículo dela se desvia, por motivo não comprovadamente justo, considera-se ocorrido o fato gerador do imposto de importação, pela simples entrada do produto estrangeiro no território nacional e, nesse caso, os tributos são devidos, tendo em vista a data da verificação da entrada irregular".[194]

Ora, se é admitida a exigência do imposto da data do ingresso irregular, significa que a intenção de nacionalização não é determinante para a caracterização da importação. A explicação para a exigência do imposto no descumprimento do regime aduaneiro, portanto, infirma o próprio conceito de importação adotado, gerando uma contradição entre a conclusão e a premissa. Portanto, não há como adotá-la para explicar a natureza dos regimes aduaneiros analisados.

Assim, entende-se que os casos de ingresso da mercadoria em regime de admissão temporária e de trânsito aduaneiro clássico ou de "passagem" configuram hipóteses de não incidência do imposto, vale dizer, que não se subsumem ao conceito jurídico de importação pela não realização do critério ou aspecto material. Esses regimes especiais, portanto, destinam-se apenas ao controle da não incidência dos tributos aduaneiros, visando a impedir o desvio de finalidade e assegurar o retorno do produto ao exterior. Não se trata de suspensão do crédito tributário ou isenção condicionada. Afinal, não se pode isentar uma operação que já não está compreendida na hipótese de incidência do tributo nem – com maior razão – suspender um crédito que nem sequer chega a existir juridicamente. O termo de compromisso firmado pelo interessado,

---
194. MELO; REIS, *op. cit.*, p. 47.

portanto, tem natureza de simples garantia do crédito tributário que será exigido em caso de descumprimento total do regime.

3.1.3.2 Consequências decorrentes do inadimplemento

Nos regimes aduaneiros especiais, não há condição no sentido técnico.[195] Afinal, como se sabe, esta constitui um elemento acidental de um negócio jurídico que subordina a produção de efeitos a um evento futuro e incerto.[196] Não está, assim, sujeita ao cumprimento por uma das partes: a condição, por constituir um evento falível,[197] não se cumpre nem se descumpre, mas se implementa ou não, objetivamente, tão logo verificada a ocorrência do evento.

Com efeito, os regimes aduaneiros especiais não são contratos ou negócios jurídicos celebrados entre o particular e o Poder Público. O evento futuro que, para parte da doutrina, seria a condição resolutiva da isenção ou da suspensão está sujeito ao arbítrio exclusivo do sujeito passivo. Trata-se de evento que, diferentemente da condição, é incerto apenas para a administração aduaneira. O importador, antes do vencimento do prazo legal para a reexportação,[198] não apenas sabe que não se realizará a evento, como opta por permanecer

---

195. BARRERA, *op. cit.*, p. 109: "En las destinaciones o regímenes suspensivos la supeditación surge de la propia norma, constituyendo una condición legal ('*condictio juris*') que posee características diferentes a la de una simples condición: pues la '*condictio juris*' no expresa otra cosa que un requisito de la ley para que el hecho se produzca, por lo cual constituye un elemento mas del presupuesto de hecho de la ley."

196. Código Civil: "Art. 121. Considera-se condição a cláusula que, derivando exclusivamente da vontade das partes, subordina o efeito do negócio jurídico a evento futuro e incerto"; e "Art. 122. São lícitas, em geral, todas as condições não contrárias à lei, à ordem pública ou aos bons costumes; entre as condições defesas se incluem as que privarem de todo efeito o negócio jurídico, ou o sujeitarem ao puro arbítrio de uma das partes."

197. VENOSA, Sílvio de Salvo. *Direito civil*. 5. ed. São Paulo: Atlas, v. 1, 2005, p. 501.

198. Reexportação é o envio ao exterior de mercadoria estrangeira não nacionalizada (TREVISAN; VALLE, *op. cit*, p. 79).

com o bem no território nacional, assumindo o risco de não promover o despacho para consumo.

É certo que a palavra "condição" pode ser utilizada em outras acepções. Como destaca Sílvio de Salvo Venosa, esse vocábulo pode ser tomando no sentido de requisito do ato, como sinônimo de *condição de validade* ou *condição de capacidade*. Também pode ser usado como *conditio juris* ou pressuposto do ato, denominada *condição imprópria*. Em sentido técnico, entretanto, o termo deve ser reservado para designar a determinação da vontade das partes que subordina os efeitos de um negócio jurídico a um evento futuro e incerto.[199]

Assim, apesar de não recomendável – já que a doutrina deve primar pela precisão da linguagem – nada impede emprego do termo no sentido impróprio. Todavia, ao proceder dessa maneira, deve-se ter presente que já não se está mais diante de uma condição no sentido técnico. Logo, quando "condição" tem o sentido de requisito legal, não se pode mais operar com a noção de implemento, devendo as consequências da não observância da *conditio iuris* ser interpretadas à luz da teoria do adimplemento.

A distinção é relevante, porque, uma vez que não se tem propriamente uma condição no sentido técnico, tampouco há que se falar em implemento de "condição" do regime aduaneiro, mas em adimplemento dos requisitos legais. Há grande diferença entre essas categorias, porquanto a condição não comporta implemento parcial. Não se pode cogitar de realização parcial do evento futuro e incerto que a caracteriza: ou este se realiza, com todos os seus elementos, ou não se realiza, caso em que não se implementa a condição. Já a *conditio iuris* pode ser cumprida total ou parcialmente, gerando a distinção entre adimplemento absoluto e adimplemento imperfeito ou relativo.

---

199. VENOSA, *op. cit.*, p. 501-502.

A doutrina dos regimes aduaneiros especiais encontrou o seu melhor estudo na obra Osiris Lopes Filho. Este reconheceu que se tratava de *condictio iuris* ou condição imprópria. Porém, tal qual a doutrina que o antecedeu, não se ateve à necessidade de abandonar a noção de implemento:

> Uma das soluções para explicar a natureza jurídica dos regimes aduaneiros especiais é a que se baseia na teoria da obrigação tributária condicional, de natureza suspensiva ou resolutiva. Trata-se, no caso, da *condictio iuris*; vale dizer, não se verifica manifestação de vontade das partes, para o efeito de submeter a eficácia do ato à ocorrência de acontecimento futuro e incerto, mas a própria lei estabelece a condição, como integrante da relação jurídica, de modo que esta somente se integralizará no momento em que se verificar o implemento da condição imprópria.[200]

Assim, sustenta-se que, nos regimes aduaneiros especiais, não há propriamente "condição" nem "condições", mas deveres instrumentais e obrigações previstas na legislação que devem ser cumpridos pelo sujeito passivo durante a sua vigência ou para fins de extinção do ato concessório.

Os deveres instrumentais[201] são condutas positivas e negativas, sem expressão econômica, prescritas ao beneficiário do regime no interesse do adequado controle aduaneiro. Podem assumir conteúdos dos mais variáveis, em função da modalidade do regime aduaneiro especial. É o caso, por exemplo, do dever de promover a vinculação do número do ato concessório no registro de exportação.

A legislação também estabelece obrigações de fazer e não fazer exigíveis do beneficiário do regime, igualmente variáveis em função da modalidade do regime. As principais, presentes em boa parte dos regimes especiais, são a de não desviar a finalidade concessória (obrigação de não fazer) e a

---

200. LOPES FILHO, *op. cit.*, p. 80.

201. A expressão "deveres instrumentais" é proposta por Paulo de Barros Carvalho, em substituição às "obrigações acessórias". Cf. CARVALHO, *Curso...*, *op. cit.*, p. 227-349.

de reexportar o produto (obrigação de fazer). Também podem ser previstas obrigações alternativas, como na admissão temporária, em que o sujeito passivo – se decidir não reexportar a mercadoria – pode promover o despacho de consumo; transferir o bem para outro regime aduaneiro especial; entregá-lo para a Fazenda Nacional, livre de despesas e desde que esta o aceite; ou destrui-lo, sob controle aduaneiro.[202]

Esses deveres e obrigações não constituem condição no sentido técnico. Logo, ao contrário desta, podem ser cumpridos total ou parcialmente, o que impõe a necessidade de se diferenciar os casos de adimplemento absoluto e adimplemento imperfeito ou relativo da *conditio iuris* dos regimes aduaneiros.

Essa diferenciação, atualmente, não é considerada pela doutrina e pela jurisprudência. Esta, influenciada pelo uso corrente e, *data venia*, equivocado do vocábulo "condição", tem mantido a exigência dos tributos aduaneiros diante do adimplemento relativo do regime ou de simples preterições de formalidades não essenciais.

Um caso que ilustra a dimensão do problema foi decidido pela Quarta Turma do Tribunal Regional Federal de 2ª Região. O interessado teve deferida pela administração aduaneira a admissão temporária de salva-vidas de navio de bandeira estrangeira, para fins de reparos no território nacional. Os bens foram devolvidos, sem, contudo, chancela da autoridade aduaneira atestando o retorno dos botes ao navio. Foi apresentada prova de que os bens retornaram ao exterior, inclusive declaração do comandante de que, sem os botes

---

202. RA/2009: "Art. 367. Na vigência do regime, deverá ser adotada, com relação aos bens, uma das seguintes providências, para liberação da garantia e baixa do termo de responsabilidade:
I – reexportação;
II – entrega à Fazenda Nacional, livres de quaisquer despesas, desde que a autoridade aduaneira concorde em recebê-los;
III – destruição, às expensas do interessado;
IV – transferência para outro regime especial; ou
V – despacho para consumo, se nacionalizados. [...]."

salva-vidas, o navio não poderia zarpar. Entretanto, a exigência do crédito tributário foi mantida pelo Tribunal, assentado nos fundamentos resumidos na seguinte ementa:

> EMBARGOS À EXECUÇÃO. II E IPI. ADMISSÃO TEMPORÁRIA. DESCUMPRIMENTO DE CONDIÇÃO PELO IMPORTADOR.
>
> I – Importar, nos termos do artigo 116, I, do CTN, não é comprar mercadoria estrangeira, é fazê-la entrar no território nacional (RA, art. 2º). Neste sentido, não é relevante a que título a mercadoria entrou do território aduaneiro, se foi ou não objeto de contrato de compra e venda ou outra forma, o que importa é que tenha efetivamente entrado.
>
> II – Existe um regime aduaneiro especial, a admissão temporária, que dispensa o pagamento do tributo, caso a mercadoria retorne ao exterior, no prazo e condições concedidos e fixados pela autoridade aduaneira.
>
> III – A obrigação de comunicar ao fisco a saída do bem, ou efetuar pedido de prolongamento de prazo para saída, é afeta ao contribuinte, consistindo, inclusive, em condição *sine qua non* para que a admissão temporária seja levada a efeito.
>
> III –Recurso de Apelação a que se nega provimento.[203]

O produto, como se vê, foi introduzido em caráter temporário, sem qualquer finalidade integradora. Houve, por outro lado, efetivo retorno dos bens ao exterior. A exigência do crédito tributário foi mantida unicamente porque o beneficiário do regime deixou de comunicar à administração aduaneira a saída do bem do território nacional, ou seja, uma das "condições" do regime da admissão temporária.

Em situações dessa natureza, parece inequívoco o descabimento da exigência dos tributos aduaneiros. Apenas o inadimplemento absoluto das obrigações principais – o desvio de finalidade e a não exportação – autoriza a cobrança do crédito tributário devido por ocasião do ingresso da mercadoria no

---

203. TRF – 2ª Região, AC 9702433746, , 4ª T., Rel. Des. Fed. Lana Regueira, *DJU* 25.11.2009.

território nacional. Isso, porém, não se dá em função da ocorrência de um evento futuro e incerto, mas porque, no âmbito do controle aduaneiro diferenciado aplicável ao regime especial, é evidenciada a finalidade de integração da mercadoria no mercado nacional. Justamente por isso, a cobrança retroage à data do registro da declaração de admissão. O mesmo ocorre quando a mercadoria não é reexportada, permanecendo indevidamente no território nacional.

Por outro lado, nas hipóteses de descumprimento de simples deveres instrumentais de controle ou de inadimplemento relativo (cumprimento imperfeito), não cabe a exigência do crédito tributário. Se a obrigação principal é adimplida, porém, fora do tempo, lugar e forma previstos na legislação aduaneira ou no ato concessório, o contribuinte apenas estará sujeito às sanções administrativas previstas na legislação tributária, sem obrigação de pagamento do imposto.

Assim se dá quando a administração aduaneira constata que a mercadoria admitida temporariamente é reexportada fora do prazo legal ou sem a vinculação do número do ato concessório do regime especial no registro de exportação. Não cabe a exigência do crédito tributário, porque o simples ingresso físico – sem a intenção integradora – não se subsume ao conceito jurídico de importação. Houve o descumprimento de uma conduta exigida do sujeito passivo, que está sujeita à penalidade prevista na lei, mas não ao pagamento do crédito tributário, inclusive porque o tributo não constitui sanção de ato ilícito (CTN, art. 3º).

É nesse sentido que deve ser interpretada a previsão do *caput* do art. 311 do Regulamento Aduaneiro (Decreto 6.759/2009) e do §2º do art. 72, I, da Lei 10.833/2003, que estabelecem, para as hipóteses de descumprimento do regime aduaneiro, a exigência do crédito tributário acrescida de multa sobre o valor aduaneiro da mercadoria:

> Art. 311. No caso de descumprimento dos regimes aduaneiros especiais de que trata este Título, o beneficiário ficará sujeito ao pagamento dos tributos incidentes, com acréscimo de juros de

mora e de multa, de mora ou de ofício, calculados da data do registro da declaração de admissão no regime ou do registro de exportação, sem prejuízo da aplicação de penalidades específicas.

Art. 72. Aplica-se a multa de:

I – 10% (dez por cento) do valor aduaneiro da mercadoria submetida ao regime aduaneiro especial de admissão temporária, ou de admissão temporária para aperfeiçoamento ativo, pelo descumprimento de condições, requisitos ou prazos estabelecidos para aplicação do regime; e

§1º O valor da multa prevista neste artigo será de R$ 500,00 (quinhentos reais), quando do seu cálculo resultar valor inferior.

§2º A multa aplicada na forma deste artigo não prejudica a exigência dos impostos incidentes, a aplicação de outras penalidades cabíveis e a representação fiscal para fins penais, quando for o caso.

Esses atos normativos empregam os termos "incidente" (§2º do art. 72, I, da Lei 10.833/2003) e "incidentes" (*caput* do art. 311 do Regulamento Aduaneiro) no sentido técnico. Portanto, a exigência dos tributos não pode ser interpretada como uma consequência direta do simples descumprimento de "condições" (*conditio iuris*), dos requisitos ou dos prazos do regime aduaneiro especial. O descumprimento deve substanciar um inadimplemento absoluto das obrigações principais do regime aduaneiro, isto é, o desvio de finalidade e a não exportação, evidenciando uma finalidade de integração da mercadoria no mercado nacional. Do contrário, a aplicação do §2º do art. 72, I, da Lei 10.833/2003 e do art. 311 do Decreto 6.759/2009 implicará a exigência indevida dos tributos aduaneiros, sem que a operação tenha se subsumido ao conceito de importação.

3.1.4 Importação "temporária": análise da constitucionalidade da cobrança proporcional ao tempo de permanência

O direito brasileiro – em consonância com regras internacionais previstas na Convenção de Istambul[204] – prevê o regime de admissão temporária para utilização econômica. Neste, de acordo com o art. 79 da Lei 9.430/96, os tributos aduaneiros são devidos proporcionalmente[205] ao tempo de permanência do produto no território nacional:

> Art. 79. Os bens admitidos temporariamente no País, para utilização econômica, ficam sujeitos ao pagamento dos impostos incidentes na importação proporcionalmente ao tempo de sua permanência em território nacional, nos termos e condições estabelecidos em regulamento.
>
> Parágrafo único. O Poder Executivo poderá excepcionar, em caráter temporário, a aplicação do disposto neste artigo em relação a determinados bens. (Incluído pela Medida Provisória 2.189-49, de 2001).

O regime aplica-se aos bens introduzidos no território nacional para emprego na prestação de serviços ou na produção de outros bens destinados à venda.[206] Pode ser deferido

---

204. A incorporação dessa convenção no direito brasileiro ocorreu por meio do Decreto Legislativo 563/2010 e pelo Decreto 7.545/2011. Sobre o tema, cf: MEIRA, Liziane Angelotti; TREVISAN, Rosaldo. Convenção de Istambul sobre admissão temporária: sua aplicação no Brasil. *Revista do Mestrado em Direito*. Brasília: Universidade Católica de Brasília, v. 6, n. 1, p. 22-46, jan.-jun. 2012.

205. RA/2009: "Art. 373. § 2º A proporcionalidade a que se refere o caput será obtida pela aplicação do percentual de 1% (um por cento), relativamente a cada mês compreendido no prazo de concessão do regime, sobre o montante dos tributos originalmente devidos." Anteriormente, o pagamento do tributo era proporcional à vida útil do bem, o que não eliminava todos os problemas decorrentes dessa modalidade de ingresso "temporário".

206. RA/2009: "Art. 373. [...] §1º Para os efeitos do disposto nesta Seção, considera-se utilização econômica o emprego dos bens na prestação de serviços a terceiros ou na produção de outros bens destinados a venda. (Redação dada pelo Decreto 8.010, de 2013)".

pelo limite máximo de 100 (cem) meses,[207] mesmo em ingressos de produtos decorrentes de contrato de arrendamento operacional, de aluguel ou de empréstimo celebrado entre o importador e a pessoa estrangeira. Nestes, há uma obrigação de restituir o produto estrangeiro, o que poderia implicar a inconstitucionalidade da incidência, por violação ao conceito de importação e ao art. 5º, XV, da Constituição Federal.

Não há, entretanto, inconstitucionalidade na cobrança proporcional do imposto no regime de admissão temporária para admissão econômica. O conceito de importação compreende a introdução de um produto qualquer no território nacional, por meio da transposição física da fronteira geográfica qualificada pela finalidade integradora. Esta, por sua vez, não é sinônimo de ingresso *ad aeternun*.

Portanto, conforme já examinado, também há integração no mercado nacional quando o importador promove o ingresso do bem com a intenção de mantê-lo por tempo indeterminado, pelo prazo de esgotamento da vida útil do bem ou perda expressiva de seu valor. Assim, quando o bem for vinculado a uma obrigação de restituir, deve ser verificado o prazo de permanência e as características do produto. Haverá intenção integradora se, ao final do período de utilização previsto no contrato, o produto a ser devolvido já estiver totalmente depreciado, obsoleto ou com a vida útil esgotada.

É exatamente o que ocorre nas hipóteses de admissão temporária para utilização econômica, porquanto o produto tem o seu ingresso no território nacional vinculado a um contrato de longo prazo, para emprego na prestação de serviços ou na produção de outros bens destinados à venda.

---

207. RA/2009: "Art. 374. O regime será concedido pelo prazo previsto no contrato de arrendamento operacional, de aluguel ou de empréstimo, celebrado entre o importador e a pessoa estrangeira, prorrogável na medida da extensão do prazo estabelecido no contrato, observado o disposto no art. 373. (Redação dada pelo Decreto 8.010, de 2013) [...] §1º O prazo máximo de vigência do regime de que trata o art. 373 será de 100 (cem) meses. (Redação dada pelo Decreto 8.187, de 2014)"

Logo, as hipóteses em que se autoriza a concessão do regime configuram uma operação de importação, de sorte que, na admissão temporária para utilização econômica, o que se tem, na verdade, é uma isenção do imposto, com afastamento ou mutilação parcial do critério quantitativo, vinculada ao cumprimento de determinados requisitos previstos na legislação tributária.[208]

3.1.5 Importação presumida: mercadorias extraviadas constantes de manifesto ou outras declarações equivalentes

O Decreto-lei 37/66[209] estabelece que, nas hipóteses de extravio ou de falta da mercadoria, esta será considerada "entrada" no território nacional, para efeitos de ocorrência

---

208. Segundo destaca Paulo de Barros Carvalho, não estando voltadas diretamente à disciplina da conduta humana em suas relações intersubjetivas, as regras de isenção investem contra o âmbito da regra-matriz de incidência tributária (normas de conduta), mutilando parcialmente um de seus critérios. Essa inibição da funcionalidade da regra-matriz poderá ocorrer de 8 (oito) formas: pela hipótese; (i) atingindo-se o critério material, pela desqualificação do verbo ou (ii) pela subtração do complemento; (iii) atingindo o critério espacial; (iv) ou critério temporal; pelo consequente: (v) atingindo-se o critério pessoal, pelo sujeito ativo ou (vi) pelo sujeito passivo; (vii) alcançando o critério quantitativo, pela base de cálculo ou (viii) pela alíquota (CARVALHO, *Curso...*, *op. cit.*, p. 473-496).

209. O dispositivo é regulamentado pelo art. 72 do Decreto 6.759/2009 (RA/2009): "Art. 72. O fato gerador do imposto de importação é a entrada de mercadoria estrangeira no território aduaneiro (Decreto-lei 37, de 1966, art. 1º, *caput*, com a redação dada pelo Decreto-lei 2.472, de 1988, art. 1º).
§ 1º Para efeito de ocorrência do fato gerador, considera-se entrada no território aduaneiro a mercadoria que conste como importada e cujo extravio tenha sido verificado pela autoridade aduaneira (Decreto-lei 37, de 1966, art. 1º, § 2º com a redação dada pelo Decreto-lei 2.472, de 1988, art. 1º). (Redação dada pelo Decreto 8.010, de 2013).
§ 2º O disposto no § 1º não se aplica às malas e às remessas postais internacionais.
§ 3º As diferenças percentuais de mercadoria a granel, apuradas na verificação da mercadoria, no curso do despacho aduaneiro, não serão consideradas para efeitos de exigência do imposto, até o limite de 1% (um por cento). (Lei 10.833, de 2003, art. 66).
§ 4º O disposto no §3º não se aplica à hipótese de diferença percentual superior a um por cento. (Redação dada pelo Decreto 8.010, de 2013)."

do evento imponível do imposto, sempre que tiver constado como importada na documentação pertinente:

> Art. 1º. O Imposto sobre a Importação incide sobre mercadoria estrangeira e tem como fato gerador sua entrada no Território Nacional. (Redação dada pelo Decreto-lei 2.472, de 01.09.1988).
>
> [...]
>
> § 2º. Para efeito de ocorrência do fato gerador, considerar-se-á entrada no Território Nacional a mercadoria que constar como tendo sido importada e cuja falta venha a ser apurada pela autoridade aduaneira. (Parágrafo único renumerado para § 2º pelo Decreto-lei 2.472, de 01.09.1988).
>
> § 3º. Para fins de aplicação do disposto no § 2º deste artigo, o regulamento poderá estabelecer percentuais de tolerância para a falta apurada na importação de granéis que, por sua natureza ou condições de manuseio na descarga, estejam sujeitos à quebra ou decréscimo de quantidade ou peso. (Incluído pelo Decreto-lei 2.472, de 01.09.1988).

A administração aduaneira, com base nessa presunção, tem exigido o crédito tributário em "toda e qualquer falta de mercadoria", inclusive por roubo, furto ou perda no percurso da viagem.[210] Um caso que ilustra o modo como a presunção do §2º do art. 1º do Decreto-lei 37/1966 tem sido aplicada foi objeto de exame pelo Conselho Administrativo de Recursos Fiscais (CARF):

> VISTORIA ADUANEIRA – MERCADORIA EXTRAVIADA – RESPONSABILIDADE DE QUEM LHE DEU CAUSA.
>
> A responsabilidade pelo ressarcimento à União pelo não recolhimento do imposto de importação incidente sobre mercadoria extraviada será de quem lhe deu causa. Constatado, em procedimento de vistoria aduaneira, que o extravio da mercadoria sujeita ao regime de trânsito aduaneiro se deu quando esta se

---

210. Acórdão 3403-001.722. 3ª T. O. 4ª C. 3ª S. S. 21.08.2012. Há inúmeros julgados nesse sentido. Exemplificativamente, cumpre destacar ainda: 2ª T.O. 2ª C. 3ª S. Acórdão 3202-000.434. S. 28.02.2012; 2ª T.O. 2ª C. 3ª S. Acórdão 3202-000.376. S. 06.10.2011. Todavia, com a alteração do art. 60, II do Decreto-lei 37/1966, pela Lei 12.350/2010, deixou de abranger os casos de falta motivada por "erro inequívoco ou comprovado de expedição".

encontrava sob a responsabilidade do transportador, cabível o lançamento, contra este, do imposto incidente sobre os bens extraviados, bem como da multa capitulada no artigo 106, inciso II, alínea "d"[211], do Decreto-lei 37/66.[212]

O caso envolvia mercadoria originária dos Estados Unidos da América do Norte, descarregada no Porto de Santos, mas com destino final no Paraguai. No momento da descarga, em procedimento de verificação aduaneira, foi constatada a falta de parte dos bens que, segundo o manifesto de carga, deveriam estar no contêiner. O crédito tributário, mesmo em se tratando de mercadoria não destinada ao mercado nacional, foi constituído em face do transportador.

O §2º do art. 1º do Decreto-lei 37/66, de acordo com a doutrina majoritária, estabelece hipótese de entrada[213] ou de importação presumida,[214] sujeita à prova em contrário do interessado e que tem por objetivo evitar a evasão fiscal. Assim, na medida em que se trata de presunção relativa, o dispositivo seria compatível com a Constituição. Segundo Américo Lacombe, entretanto, essa presunção apresenta natureza sancionatória,[215] ao passo que, para André Folloni,[216] seria inconstitucional, devido à impossibilidade de ingresso físico e consequente descaracterização da importação.

---

211. "Art.106. Aplicam-se as seguintes multas, proporcionais ao valor do imposto incidente sobre a importação da mercadoria ou o que incidiria se não houvesse isenção ou redução:
[...]
II – de 50% (cinquenta por cento):
[...]
d) pelo extravio ou falta de mercadoria, inclusive apurado em ato de vistoria aduaneira;"

212. CARF. 3ª S. 2ª TE. Ac. 3802-00.191, s. de 15/03/2010. No mesmo sentido, cf.: Acórdão 3102-00.751. 1ª T. O. 1ª C. 3ª S, s. 27/08/2010.

213. LIMA, *op. cit.*, p. 50 e ss.; SOUZA, *op. cit.*, p. 31; MANFRINATO, *op. cit.*, p. 65.

214. MEIRA, *op. cit.*, p. 31.

215. LACOMBE, *op. cit.*, p. 15.

216. FOLLONI, Op. cit., p. 147-148.

Na mesma linha, José Eduardo Soares de Melo ressalta ainda que:

> Trata-se de absurda imposição tributária, uma vez que o fato das mercadorias estarem relacionadas em documento de bordo jamais pode implicar no (sic) imposto, porque não se pode entender que, tendo ocorrido o seu extravio, necessariamente também tenha ocorrido sua entrada no território nacional. Além das mercadorias poderem ter sido deslocadas para águas territoriais estrangeiras, também se poderia cogitar de equívoco constante dos documentos elaborados pelos transportadores.[217]

Com efeito, diante da presunção do §2º do art. 1º do Decreto-lei 37/66, não faz sentido se cogitar de prova em contrário do sujeito passivo. O legislador presume a entrada sempre que for constatada a falta da mercadoria por ocasião da verificação aduaneira. Ora, a falta da mercadoria constitui evidência maior de sua não introdução no território nacional. O fato presuntivo eleito pelo legislador, portanto, é a prova bastante da inocorrência do ingresso físico, sendo inviável a apresentação de prova negativa em contrário.

Assim, mesmo que a doutrina relativize os efeitos do dispositivo legal, a aplicação do §2º do art. 1º invariavelmente implicará a exigência do imposto em face de eventos que não se subsumem ao conceito de importação. Isso porque, ainda que a falta ou o extravio ocorram após o ingresso no território aduaneiro, não há importação, devido à ausência de intenção integradora.

Logo, parece mais acertada a doutrina de André Folloni e de José Eduardo Soares de Melo, que entendem não ser compatível com o texto constitucional a presunção do §2º do art. 1º do Decreto-lei 37/66.

---

217. MELO, op. cit., p. 70. O autor acrescenta ainda que a presunção seria contrária aos princípios da tipicidade cerrada e da legalidade da tributação.

3.2 Delimitação do complemento verbal

São duas controvérsias acerca do complemento do verbo importar. A primeira decorre do art. 153, I, da Constituição Federal e do art. 19 do CTN. Estes fazem referência a "produtos", ao passo que o art. 1º do Decreto-lei 37/66 prevê a incidência apenas na importação de "mercadorias". Discute-se, em face desses dispositivos, se os bens destinados ao uso ou consumo pessoal, os bens imateriais, os intangíveis, os serviços e seus respectivos suportes físicos estariam compreendidos no âmbito de incidência do imposto de importação. A segunda indagação, por sua vez, decorre do termo "estrangeiros", previsto no art. 153, I, da Constituição, que, para parte da doutrina, evidenciaria a não incidência na importação de produtos nacionais exportados.

3.2.1 Não incidência sobre serviços e seus suportes físicos

No direito brasileiro, parte da doutrina sustenta que – embora, atualmente, no âmbito infraconstitucional o imposto não tenha essa amplitude – seria possível a previsão legal de incidência do imposto de importação sobre serviços, inclusive em bitributação com o imposto municipal sobre serviços de qualquer natureza.[218]

Essa não parece, entretanto, a melhor exegese. Com efeito, nos termos do art. 153, I, da Constituição Federal, a União – ao instituir o imposto de importação – tem o exercício de sua competência vinculado a uma determinada categoria de bens:

---

218. MEIRA, op. cit., p. 321: "Entendemos, assim, que a Constituição fixa a competência para criar impostos sobre a importação de produtos estrangeiros e a delega, na sua integridade, ao legislador federal, para que este, a seu critério, tribute todo e qualquer produto com valor econômico." E acrescenta: "Portanto, o argumento de que o termo 'produto' foi utilizado pelo constituinte no seu sentido estrito em virtude da impossibilidade de alcançar bens incorpóreos, dentro os quais serviços, não é válido. Ao contrário, se o bem incorpóreo tiver, simultaneamente, a natureza de produto e serviço, o constituinte autorizou uma bitributação, de forma similar ao que sucede na importação de bens corpóreos" (Ibid., p. 325-326).

os *produtos*. Estes, por sua vez, compreendem em seu âmbito conceitual apenas as *coisas móveis e corpóreas*.[219] Trata-se de um conceito assente no direito privado, que não pode ser alterado para fins de incidência do imposto de importação. Admitir o contrário, além de violar o art. 110 do CTN, seria o mesmo que facultar ao legislador tributário a modulação de sua própria competência impositiva, matéria que, como se sabe, somente pode ser disciplinada pelo texto constitucional.

Além disso, a bitributação somente é autorizada quando expressamente prevista no texto constitucional. Assim ocorre no IPI e no ICMS, que é prevista no art. 155, § 2º, XI, da Constituição.[220] Inexiste – e nem é necessária – vedação expressa, porque esta decorre do efeito inibitório da natureza privativa das regras de competência tributária, que impede pessoas políticas distintas de instituir impostos sobre o mesmo evento imponível.

Com efeito, não há como acolher o argumento da inexistência de preceito proibitivo. Afinal, da atribuição de competência privativa, segundo ensina Amílcar de Araújo Falcão, decorre um efeito positivo – que consiste na outorga da aptidão para disciplinar o tema a uma determinada pessoa política – e outro negativo ou inibitório – afastando aptidão idêntica às outras pessoas jurídicas de direito público interno não contempladas:

---

219. RODRIGUES, Silvio. *Direito civil*: parte geral. 34. ed. São Paulo: Saraiva, v. 1, 2003, p. 141; VENOSA, Sílvio de Salvo. *Direito civil:* parte geral. 5. ed. São Paulo: Atlas, v. 1, 2005, p. 328-329; LACOMBE, *op. cit.*, p. 12; VIEIRA, *op. cit*, p. 72 e ss.; FOLLONI, *op. cit.*, p. 115; HILÚ NETO, *op. cit.*, p. 74. De acordo com Sebastião de Oliveira Lima: "Sabendo-se que **produto** é gênero do qual **mercadoria** é espécie e conceituados o primeiro com o sendo um bem móvel e corpóreo, enquanto que o segundo é um bem móvel, corpóreo e destinado ao comércio..." (LIMA, *op. cit.*, p. 45-46); NAGIB, *op. cit.*, p. 143-145.

220. "Art. 155. [...] § 2º O imposto previsto no inciso II atenderá ao seguinte: [...] XI – não compreenderá, em sua base de cálculo, o montante do imposto sobre produtos industrializados, quando a operação, realizada entre contribuintes e relativa a produto destinado à industrialização ou à comercialização, configure fato gerador dos dois impostos;"

Em primeiro lugar, a atribuição de competência tributária tem um sentido positivo ou afirmativo: importa em reconhecer a uma determinada unidade federada a competência para decretar certo e determinado imposto (tributo). Em segundo lugar, da atribuição de competência privativa decorre um efeito negativo ou inibitório, pois importa em recusar competência idêntica às unidades outras não indicadas no dispositivo constitucional de habilitação: tanto equivale dizer, se pudermos usar tais expressões, que a competência privativa é oponível *erga omnes*, no sentido de que o é por titular ou por terceiros contra quaisquer outras unidades federadas não contempladas na outorga.[221]

Tampouco é necessária vedação constitucional expressa. Afinal, nos Estados Democráticos de Direito, é a existência de normas de competência autorizadoras – e não a falta de preceitos proibitivos – que legitima a atuação do legislador. Portanto, a rigor, segundo ensina Hans Kelsen, mostra-se "supérfluo proibir qualquer coisa a um órgão do Estado, pois basta não autorizá-lo a fazê-la".[222]

Por outro lado, cumpre destacar que o imposto de importação não é compatível com a tributação de serviços.[223] O conceito de importação pressupõe o ingresso físico de bens com a intenção integradora no mercado nacional.[224] Não há, porém, uma transposição física da fronteira nos serviços, porque, em geral, o objeto do contrato configura uma utilidade imaterial prestada em favor do contratante. Quando há en-

---

221. FALCÃO, Amílcar de Araújo. *Sistema financeiro tributário*. Rio de Janeiro: Financeiras, 1965, p. 38.

222. KELSEN, *Teoria general...*, op. cit., p. 277: "es superfluo prohibir qualquer cosa a un órgano del Estado, pues basta con non autorizarlo a hacerla".

223. No direito comunitário europeu, por exemplo, não opera com a categoria de exportação e importação de serviços. A disciplina do comércio comunitário restringe-se aos bens. Sobre o tema, cf.: NOVOA, César García. El IVA y el comercio internacional. Especial referencia a la problemática de la Unión Europea. *In*: TORRES, Heleno Taveira (Coord.) *Comércio internacional e tributação*. São Paulo: Quartier Latin, 2005, p. 168.

224. O ingresso físico é condição necessária para a operação de importação, mas não suficiente, porque esta, como se viu, pressupõe a introdução de bens provenientes do exterior no mercado nacional, em caráter definitivo, para fins de uso, consumo, venda ou integração no processo produtivo.

trega de uma utilidade material – como, por exemplo, de um projeto de engenharia – a sua entrada no território ocorre por meio de suporte físico, uma mídia eletrônica na qual o arquivo está gravado ou o papel em que é impresso. Esta, entretanto, é destituída de autonomia negocial, representando apenas uma consequência da obrigação de fazer executada no exterior. Em tais situações, ainda que prevista a extraterritorialidade da legislação, a cobrança seria ineficaz perante cidadãos estrangeiros em seus territórios.

No âmbito do direito internacional, foi firmado no ano de 1994 o Acordo Geral sobre o Comércio de Serviços (GATS), que prevê algumas modalidades de "comércio de serviços". O GATS, porém, mistura situações distintas, considerando como tal os serviços executados e consumidos exclusivamente no exterior, como os de hotelaria prestados em território estrangeiro em benefício de nacionais de outros países (consumo no exterior, *"mode 2 – consumption abroad"*); os serviços prestados em território estrangeiro, mediante constituição de filiais locais (presença comercial, *"mode 3 – commercial presence"*) ou viagens a trabalho de pessoas físicas (movimento temporário de pessoas físicas, *"mode 4 – movement of natural person"*); e os serviço cuja prestação ultrapassa as fronteiras territoriais (prestação transfronteira, *"mode 1 – cross border"*), tais como os de telecomunicação, de correio e de consultoria.[225]

Os serviços prestados e consumidos no exterior, assim como aqueles executados no exterior mediante constituição de filiais, nada mais são do que serviços locais. Os serviços *cross border*, por sua vez, não ultrapassam as fronteiras territoriais, porque envolvem mais de um prestador, cada qual atuando no âmbito de seus respectivos territórios. Veja-se, por exemplo, os serviços de telecomunicação, que são invocados como exemplo dos serviços de prestação transfronteira. Nestes, o consumidor do país de origem, ao realizar uma ligação telefônica, estabelece vínculo negocial

---

225. Sobre as diferentes modalidades, ver: AMARAL, Antonio Carlos Rodrigues do. A Organização Mundial do Comércio – OMC e o acordo geral sobre o comércio de serviços. *In:* TORRES, Heleno Taveira (Coord.) *Comércio internacional e tributação.* São Paulo: Quartier Latin, 2005, p. 130-131.

exclusivo com a prestadora de telefonia local, que mantém uma segunda relação contratual de interconexão com a operadora do país de destino da chamada telefônica. Esta se limita a disponibilizar os meios de rede necessários à operação de telecomunicação, de sorte que a atuação de cada operadora é restrita ao domínio de seus respectivos países.

Mais adequada, portanto, é a instituição de um tributo específico, com regime jurídico diferenciado do imposto de importação, como, aliás, já o fez a Lei 10.865/2004. Esta trata das contribuições do PIS/Pasep e da Cofins, tributando os serviços no momento do pagamento pelo contratante brasileiro.[226]

Logo, a União não tem competência para instituir um imposto de importação sobre serviços. Estes somente podem ser onerados por meio de contribuições sociais e de intervenção no domínio econômico, nas hipóteses autorizadas pelos incisos II do §2º do art. 149[227] e IV do art. 195[228] da Constituição, na redação da Emenda 42/2003.

---

226. Sobre o tema, cf.: LUNARDELLI, Pedro Guilherme Accorsi. PIS/Cofins na importação: demarcação dos limites básicos de incidência. *In:* SANTI, Eurico Marcos Diniz de; CANADO, Vanessa Rahal (Coords.). *Direito tributário*: tributação do setor industrial. São Paulo: Saraiva, 2013, p. 259 e ss.; SEHN, Solon. *PIS e Cofins...*, op. cit., p. 357;

227. "Art. 149. Compete exclusivamente à União instituir contribuições sociais, de intervenção no domínio econômico e de interesse das categorias profissionais ou econômicas, como instrumento de sua atuação nas respectivas áreas, observado o disposto nos arts. 146, III, e 150, I e III, e sem prejuízo do previsto no art. 195, § 6º, relativamente às contribuições a que alude o dispositivo.
[...]
§ 2º As contribuições sociais e de intervenção no domínio econômico de que trata o *caput* deste artigo:
[...]
II – incidirão também sobre a importação de produtos estrangeiros ou serviços;
[...]."

228. "Art. 195. A seguridade social será financiada por toda a sociedade, de forma direta e indireta, nos termos da lei, mediante recursos provenientes dos orçamentos da União, dos Estados, do Distrito Federal e dos Municípios, e das seguintes contribuições sociais:
[...]
IV – do importador de bens ou serviços do exterior, ou de quem a lei a ele equiparar."

3.2.2 Bens intangíveis, *download* de *softwares* e *cloud computing*

Os bens incorpóreos – como os direitos autorais, de crédito e as invenções – não têm existência tangível e não estão sujeitos à tradição.[229] Por conseguinte, sendo insuscetíveis de ingresso físico no território nacional, mostram-se incompatíveis com a estrutura do imposto de importação. Além disso, tal qual ocorre com os serviços, a União, em face do art. 153, I, da Constituição, não tem competência para incluir bens incorpóreos no âmbito de incidência desse imposto.[230] A tributação dos intangíveis somente pode ocorrer por meio de lei complementar, desde que esta institua um imposto com características próprias, no exercício da competência residual prevista no art. 154, I, da Constituição Federal.[231] Ainda assim, não poderiam ser alcançados os intangíveis qualificáveis como serviço, uma vez que estes são de competência privativa dos Municípios (CF, art. 156, III),[232] do Distrito Federal e dos Estados (CF, art. 150, II).[233]

---

229. VENOSA, *op. cit.*, p. 329.

230. Sobre o tema, cf.: GONÇALVES, *op. cit.*, p. 52 e ss., bem como os estudos de Hugo de Brito Machado (p. 92-93) e de José Eduardo Soares de Melo (p. 250), ambos publicados em MARTINS, Ives Gandra da Silva (Coord.). *Tributação na internet*. São Paulo: RT-CEU, 2001.

231. "Art. 154. A União poderá instituir:
I – mediante lei complementar, impostos não previstos no artigo anterior, desde que sejam não cumulativos e não tenham fato gerador ou base de cálculo próprios dos discriminados nesta Constituição; [...]."

232. "Art. 156. Compete aos Municípios instituir impostos sobre:
[...]
III – serviços de qualquer natureza, não compreendidos no art. 155, II, definidos em lei complementar.(Redação dada pela Emenda Constitucional nº 3, de 1993)".

233. "Art. 155. Compete aos Estados e ao Distrito Federal instituir impostos sobre: (Redação dada pela Emenda Constitucional nº 3, de 1993)
[...]
II – operações relativas à circulação de mercadorias e sobre prestações de serviços de transporte interestadual e intermunicipal e de comunicação, ainda que as operações e as prestações se iniciem no exterior; (Redação dada pela Emenda Constitucional nº 3, de 1993)"

IMPOSTO DE IMPORTAÇÃO

No plano infraconstitucional, não há previsão para a incidência do imposto de importação em tais operações. Todavia, segundo Osiris Lopes Filho, "[...] as criações tecnológicas modernas, os sistemas de computação, vale dizer, o *soft-ware* são suscetíveis de sofrerem a incidência do Imposto de Importação".[234] Nessa mesma linha, Leandro Paulsen entende que o art. 153, I, da Constituição autoriza a tributação dos bens intangíveis, tais como os *softwares* e a energia elétrica.[235]

Em sentido contrário, Miguel Hilú Neto sustenta que a União não pode incluir na hipótese de incidência do imposto de importação os bens incorpóreos, inclusive *download* de *software*.[236] Referido entendimento, em estudo recente, também foi acompanhado por José Eduardo Soares de Melo,[237] para quem, no entanto, "somente o suporte físico – inexistente na recepção do *software* via *download* – é que poderia ser objeto de incidência do imposto de importação".[238]

Em relação aos programas de computador, a Receita Federal tem entendido que, para fins de incidência do PIS/

---

234. LOPES FILHO, *op. cit.*, p. 60.

235. PAULSEN; MELO, *op. cit.*, p. 17-18. Sobre o tema, cf. ainda: LUNARDELLI, Tributação..., *op. cit.*, p. 78 e ss.

236. HILÚ NETO, *op. cit.*, p. 73. "Entende-se, portanto, que o sistema constitucional tributário brasileiro, ao se referir a produtos, utiliza o vocábulo em sentido estreito, ou seja, de bens corpóreos resultantes da transformação progressiva de elementos da natureza. Excluem-se, dessa forma, os bens que não têm existência física [...]." MARTINS, Ives Gandra da Silva (coord.). *Tributação na internet*. São Paulo: RT–CEU, 2001. Nesta obra de autoria coletiva, Hugo de Brito Machado (p. 92) entende – com razão – que "a operação de *download* configura realidade distinta da importação." Ademais, o *software* não pode ser considerado um produto. Como nosso sistema veda a tributação com base em analogia, não há incidência do II (p. 95).

237. Em um primeiro momento, o autor entendia em sentido contrário: "Penso que o 'produto' pode resultar de uma determinada atividade (física, mecânica, digital etc.), compreendendo as elaborações artesanais, naturais, intelectuais, artísticas, de natureza corpórea; e também intangível, como é o caso de um *software* – (abrangendo instruções em linguagem natural ou codificada, apresentadas de forma digitalizada), bem como a energia elétrica" (MELO, *op. cit.*, p. 47).

238. O eminente professor revisou a sua posição na obra MELO, José Eduardo Soares de. *Importação e exportação no direito tributário brasileiro*. 3. ed. São Paulo: Thomson Reuters-Fiscosoft, 2014, p. 63.

Pasep e da Cofins, o pagamento de contraprestação pelo licenciamento de uso configura importação de serviço.[239] No âmbito judicial, por sua vez, a matéria foi enfrentada pelo Supremo Tribunal Federal no julgamento do Recurso Extraordinário (RE) 176626/SP, que equiparou o "*software* de prateleira" à mercadoria:

> [...]
>
> III. Programa de computador ("software"): tratamento tributário: distinção necessária. Não tendo por objeto uma mercadoria, mas um bem incorpóreo, sobre as operações de "licenciamento ou cessão do direito de uso de programas de computador" "matéria exclusiva da lide", efetivamente não podem os Estados instituir ICMS: dessa impossibilidade, entretanto, não resulta que, de logo, se esteja também a subtrair do campo constitucional de incidência do ICMS a circulação de cópias ou exemplares dos programas de computador produzidos em série e comercializados no varejo – como a do chamado "software de prateleira" (*off the shelf*) – os quais, materializando o *corpus mechanicum* da criação intelectual do programa, constituem mercadorias postas no comércio.[240]

Após esse primeiro precedente, no ano de 2011, o Plenário do STF, no julgamento da Medida Cautelar na Ação Direta de Inconstitucionalidade (ADI) 1.945-7/MS, admitiu a incidência de ICMS inclusive no *download* de *softwares*:

> [...]
>
> 8. ICMS. Incidência sobre *softwares* adquiridos por meio de transferência eletrônica de dados (art. 2°, §1°, item 6, e art. 6°, §6°, ambos da Lei impugnada). Possibilidade. Inexistência de

---

239. "PROGRAMAS DE COMPUTADOR. LICENÇA DE USO. IMPORTAÇÃO DE SOFTWARE. IMPORTAÇÃO DE SERVIÇO. O contrato de licenciamento de uso de software contratado à empresa situada e domiciliada no exterior trata-se de importação de serviço e, como tal, se submete, inequivocamente, à incidência dessa Contribuição Social. Fundamentação Legal: Art. 1° da Lei n. 10.865, de 2004" (Solução de Consulta Disit/7ª RF n. 76, de 29 de agosto de 2008. No mesmo sentido: Solução de Consulta Disit/7ª RF n. 236 de 13 de Agosto de 2007). Na mesma linha, cf: Solução de Consulta Disit/8ª RF n. 46, de 16 de fevereiro de 2007.

240. STF, RE 176626/SP, 1ª T., Rel. Min. Sepúlveda Pertence, *DJ* 11.12.1998.

bem corpóreo ou mercadoria em sentido estrito. Irrelevância. O Tribunal não pode se furtar a abarcar situações novas, consequências concretas do mundo real, com base em premissas jurídicas que não são mais totalmente corretas. O apego a tais diretrizes jurídicas acaba por enfraquecer o texto constitucional, pois não permite que a abertura dos dispositivos da Constituição possa se adaptar aos novos tempos, antes imprevisíveis. 9. Medida liminar parcialmente deferida, para suspender a expressão "observados os demais critérios determinados pelo regulamento", presente no parágrafo 4º do art. 13, assim como o inteiro teor do parágrafo único do art. 22, ambos da Lei 7.098/98, do Estado de Mato Grosso.[241]

Esse precedente procurou adaptar a exegese inicial do STF à realidade tecnológica mais recente. Porém, ainda se encontra defasado. Com o aumento da velocidade de acesso à *internet*, o *download* – que substituiu a "compra" de *software* não customizado ("de prateleira") – está sendo suplantado pelo *cloud computing*. Neste, o programa de computador fica armazenado em um servidor remoto, sem transferência para o computador do usuário. Mesmo quando disponibilizado fisicamente em lojas ou departamentos comerciais, o que se "comercializa" são os códigos de ativação, para posterior *download* do *software* ou utilização do programa nas "nuvens". Além disso, os servidores de armazenamento muitas vezes estão situados fora do território nacional, de sorte que a incidência dependeria da extraterritorialidade da legislação ainda não prevista em tratado internacional.

Não obstante a preocupação do STF em adaptar a estrutura do imposto às novas tecnologias, a exegese adotada, com a devida vênia, mostra-se equivocada. Isso porque, sob o aspecto jurídico, o programa de computador constitui um bem intangível disciplinado pela legislação brasileira com direito autoral, nos mesmos moldes das obras literárias (Lei 9.609/98, art. 2º). O usuário não compra o *software*, mas apenas contrata a licença de uso do programa (Lei 9.609/98, art. 9º). Trata-se,

---

241. STF, ADI 1945 MC / MT, T. Pleno, Rel. Min. Octavio Gallotti, Rel. p/ Acórdão Min. Gilmar Mendes, *DJe* 14.03.2011.

assim, de um negócio jurídico de cessão de direitos, isto é, que tem por objeto um bem intangível. Logo, não há respaldo constitucional – nem previsão legal – para a cobrança de imposto de importação no *download* ou no uso de programas de computador na "nuvem".

Por fim, cumpre destacar que, na linha sustentada por José Eduardo Soares de Melo,[242] a Receita Federal, com fundamento na Decisão 4.1[243] do Comitê de Valoração Aduaneira da Organização Mundial de Comércio, previu no art. 7º da Instrução Normativa SRF 327/2003, que, nos casos de ingresso físico de *"softwares"* no território nacional, o imposto de importação deve incidir sobre o valor ou custo do suporte físico, desde que destacado no documento de aquisição:

> Art. 7º O valor aduaneiro de suporte informático que contenha dados ou instruções (*software*) para equipamento de processamento de dados será determinado considerando unicamente o custo ou o valor do suporte propriamente dito, desde que o custo ou o valor dos dados ou instruções esteja destacado no documento de aquisição.
>
> § 1º O suporte informático a que se refere este artigo não compreende circuitos integrados, semicondutores e dispositivos similares ou os artigos que compreendam esses circuitos ou dispositivos.
>
> § 2º Os dados ou instruções referidos no *caput* deste artigo não compreendem gravações de som, cinema ou vídeo.

Trata-se, contudo, de dispositivo nitidamente incompatível com o texto constitucional. O imposto de importação não

---

242. *Idem, ibid.*

243. "Na determinação do valor aduaneiro dos suportes físicos importados que contenham dados ou instruções, será considerado unicamente o custo ou valor do suporte físico propriamente dito. Portanto, o valor aduaneiro não compreenderá o custo ou valor dos dados ou instruções, desde que estes estejam destacados do custo ou valor do suporte físico.
Para os efeitos da presente Decisão, a expressão "suporte físico" não compreende os circuitos integrados, os semicondutores e dispositivos similares ou os artigos que contenham tais circuitos ou dispositivos; a expressão 'dados ou instruções' não inclui as gravações de som, cinema ou vídeo".

pode incidir sobre *"softwares"*, porque estes, sendo bens imateriais, não se enquadram no conceito de produto. O suporte físico ou uma mídia eletrônica, na qual os dados do programa de computador se encontram gravados, não tem autonomia negocial, servindo apenas como meio para a transmissão do arquivo eletrônico. É como o bilhete de passagem ou de uso do metrô. Este constitui um bem móvel e de existência material. Porém, o usuário, quando o adquire, o faz apenas como meio de acesso ao serviço de transporte. Portanto, para tributar essa realidade econômica, é competente o ente a quem a Constituição deferiu a faculdade de instituir o imposto sobre serviços, e não sobre a venda de mercadorias. Não é diferente o que se dá com o *"software"* em relação ao suporte físico. O fato juridicamente relevante para efeitos de tributação é a cessão do direito de uso do programa de computador, sendo indiferente a existência ou não do suporte físico. Logo, se a União não tem competência para tributar a cessão, tampouco poderá fazê-lo por meio do suporte físico.

3.2.3 Tributação de produtos e mercadorias

Conforme já examinado, o art. 153, I, da Constituição Federal atribuiu à União competência para a instituição do imposto sobre a importação de *produtos*. A mesma previsão é encontrada no art. 19 do CTN, que também se refere à importação de produtos. O *caput* do art. 1º do Decreto-lei 37/66, entretanto, utiliza o termo *mercadoria*, o que, segundo parte da doutrina, evidencia uma opção legislativa pelo não exercício da competência impositiva em sua plenitude.[244] Contudo, prevalece o entendimento de que o termo *mercadorias*, previsto no art. 1º do Decreto-lei 37/66, estaria empregado no sentido de *produtos* ou *bens*. Essa afirmação é assentada no art. 13, que prevê a incidência do imposto sobre bagagens, ou seja, sobre bens não destinados ao comércio.[245]

---

244. LACOMBE, *op. cit.*, p. 15; MELO, *op. cit.*, p. 47.
245. SOUZA, *op. cit.*, p. 27-28; MEIRA, *op. cit.*, p. 323 e ss.; LIMA, *op. cit.*, p. 46;

O argumento – amplamente acolhido pela doutrina nacional – foi assim exposto por Sebastião de Oliveira Lima no ano de 1981:

> Ora, a bagagem é o exemplo típico de produto que não é mercadoria, isto é, que não se destina à mercancia e a destinação a ela de toda a seção II do capítulo II do Título I do Decreto-lei n. 37/66 é a indicação de que o legislador ordinário denominou impropriamente de mercadorias aquilo que deveria ter sido chamado de produtos. Resulta daí que, para os efeitos do imposto de importação, "produtos" e "mercadorias" são palavras sinônimas e como tal devem ser entendidas.[246]

A hipótese da bagagem, entretanto, não infirma a tese contrária. A análise do Decreto-lei 37/66 indica que a incidência do imposto sobre a bagagem constitui uma exceção, cabível apenas quando a quantidade e o valor dos objetos revelem a natureza comercial da operação. A isenção é afastada apenas diante da presença de elementos que indiquem se tratar de mercadorias, e não bens de uso pessoal. Tanto é assim

---

HILÚ NETO, *op. cit.*, p. 78 e ss.; MANFRINATO, *op. cit.*, p. 37; TREVISAN; VALLE, *op. cit.*, p. 78; FOLLONI, *op. cit.*, p. 115. Na mesma linha, porém, sem restringir o argumento à isenção da bagagem, cf.: NAGIB, *op. cit.*, p. 145-146: "[...] o Decreto-lei 37/66 denominou *mercadoria* o que deveria ser *produto*. Entendemos que o vocábulo mercadoria utilizado no artigo 1º do Decreto-lei 37/66 não pode restringir o conceito de produto utilizado no texto constitucional de 1988. Desse modo, a palavra produto – prevista na Constituição Federal – e mercadoria – no Decreto-Lei – devem ser entendidas como sinônimas, isto é, como 'um bem móvel e corpóreo', que é a própria definição de produto".

246. LIMA, *op. cit.*, p. 46. No mesmo sentido, FOLLONI sustenta que: "[...] outro argumento convence-nos a abandonar esse primeiro: estão sujeitas à tributação por meio do Imposto de Importação as bagagens que, ainda que não mercadorias, isto é, não destinadas a comércio, excedam determinado limite (RA, art. 155, III). O Decreto-lei 37/66, em seu art. 13, II, faz menção, inclusive, a 'objetos de qualquer natureza'. São bens, posto não mercadorias, isto é, não destinadas ao comércio, cuja importação está sujeita ao Imposto de Importação. Excedendo os limites, quaisquer bens integrantes da bagagem serão tributados. Assim, o próprio Decreto-lei 37/66, se em um ponto menciona mercadorias, em outro se refere a objetos de qualquer natureza. O que nos autoriza, na companhia de Osiris de Azevedo Lopes Filho, Liziane Angelotti Meira e Miguel Hilú Neto, a entender possível a tributação de qualquer bem via Imposto de Importação, não somente aqueles destinados ao comércio. Logo, o complemento do verbo constante no critério material de sua hipótese de incidência" (*Ibid.*, p. 115).

que, para efeitos de aplicação da isenção prevista no inciso II do art. 13 do Decreto-lei 37/1966, o art. 155, I, do Decreto 6.759/2009 (Regulamento Aduaneiro), define *bagagem* isenta como:

> os bens novos ou usados que um viajante, em compatibilidade com as circunstâncias de sua viagem, puder destinar para seu uso ou consumo pessoal, bem como para presentear, sempre que, pela sua quantidade, natureza ou variedade, não permitirem presumir importação com fins comerciais ou industriais; [...].[247]

Todavia, cumpre reconhecer que, apesar da presença do termo "mercadoria" no art. 1º do Decreto-lei 37/66, a legislação infraconstitucional está longe de restringir a incidência aos bens importados para fins de revenda lucrativa.[248] O exame *a contrario sensu* das demais hipóteses de isenção previstas no Decreto-lei 37/66 (arts. 14, 15 e 16) mostra que, em regra, também há incidência na importação de bens de capital (fundo de comércio ou ativo imobilizado, inclusive partes e peças de equipamentos), insumos (matéria-prima, produto intermediário e material de embalagem) e produtos destinados ao consumo em geral. A interpretação sistemática do Decreto-lei 37/66 evidencia que, na verdade, a hipótese de incidência do imposto compreende a importação de produtos, isto é, coisas móveis e corpóreas.

Américo Lacombe sustenta que essas isenções, inclusive a de bens de capital, atuam "[...] sobre uma não incidência, por não estarem tais bens descritos no núcleo do antecedente normativo do imposto de importação".[249] Todavia, o nú-

---

247. Decreto-lei 2.120/84, art. 1º, §1º: "§ 1º Considera-se bagagem, para efeitos fiscais, o conjunto de bens de viajantes que, pela quantidade ou qualidade, não revela destinação comercial".

248. Nessa linha destaca José Eduardo Soares de Melo: "[...] o legislador ordinário restringiu o âmbito da tributação ao estabelecer que 'o imposto incide sobre *mercadoria* estrangeira (Dec.-lei 2.472/88, dando nova redação ao Dec.-lei 37/66) [...]." (MELO, *op. cit.*, p. 47).

249. LACOMBE, *op. cit.*, p. 16.

cleo do antecedente da regra-matriz do imposto não decorre exclusivamente do *caput* do art. 1º do Decreto-lei 37/66. Todos os enunciados prescritos do decreto-lei e de outros textos de direito positivo devem ser considerados na construção dos pressupostos de incidência, inclusive as regras de isenção dos arts. 14 a 16.

Portanto, se as isenções previstas no Decreto-lei 37/66 alcançam apenas uma determinada classe de bens de capital, de insumos e de produtos destinados ao consumo em geral, certamente é porque as demais estão incluídas no núcleo da hipótese de incidência. Isso só não ocorreria se o texto constitucional limitasse a competência impositiva à importação de mercadorias em sentido estrito. Entretanto, como a regra de competência assim não o faz – ao contrário, faculta a tributação de todo e qualquer produto de procedência estrangeira –, não resta outro encaminhamento senão a interpretação *a contrario sensu* das regras de isenção. Logo, se a isenção – como regime de exceção – está restrita a uma determinada espécie de produtos, é porque a regra compreende o gênero da espécie isentada.

Assim, revendo entendimento manifestado em outro estudo,[250] não parece acertado concluir que o imposto somente será devido na importação de mercadorias. Estas estão compreendidas na hipótese de incidência do imposto, sem, contudo, esgotá-la: o imposto incide sobre a importação de produtos, inclusive mercadorias.

3.2.4 Dispensa de referência ao complemento "estrangeiro": importação de bens nacionais exportados

A locução "produtos estrangeiros", encontrada no art. 153, I, da Constituição Federal de 1988, repete o texto da Constituição de 1967, na redação originária (art. 22, I)[251] e na

---

250. SEHN, *Regime...*, op. cit., p. 288 e ss.

251. "Art. 22. Compete à União decretar impostos sobre:

versão decorrente da Emenda Constitucional 01/69 (art. 21, I).[252] Tem o sentido de "procedência estrangeira", expressão já empregada nas Constituições de 1946 (art. 15, I),[253] de 1937 (art. 20, I, "a")[254] e de 1934 (art. 6º, I, "a").[255] Ambas, contudo, implicam um pleonasmo vicioso, porquanto toda a importação pressupõe a introdução de produtos de procedência estrangeira no território nacional.

Esse vício de linguagem deve-se unicamente à preocupação histórica de afastar a caracterização de operações de importação e de exportação no âmbito interestadual, isto é, entre contribuintes situados em unidades da Federação distintas. Tal prática ocorreu ao tempo da Constituição de 1891, quando, a partir da regra que permitia a instituição de impostos "sobre a exportação de mercadorias de sua própria produção" (art. 9º, 1º), alguns Estados pretenderam a cobrar tributos sobre a "exportação" de mercadorias para outras unidades federadas.[256] A referência a "produtos estrangeiros" foi mantida pelos textos constitucionais apenas por tradição ou talvez para evitar que, com a sua supressão, voltasse à tona essa exegese do passado.

Parte da doutrina, contudo, entende que o termo "estrangeiros" constitui um complemento necessário do critério material, para evitar a vaguidade da linguagem, inaceitável no

---

I – importação de produtos estrangeiros;"

252. "Art. 22. Compete à União decretar impostos sobre:
I – importação de produtos estrangeiros;"

253. "Art. 15. Compete à União decretar impostos sobre:
I – importação de mercadorias de procedência estrangeira;"

254. "Art. 20. É da competência privativa da União:
I – decretar impostos:
a) sobre a importação de mercadorias de procedência estrangeira;"

255. "Art. 6ºCompete, também, privativamente à União:
I – decretar impostos:
a) sobre a importação de mercadorias de procedência estrangeira;"

256. HILÚ NETO, op. cit., p. 87.

discurso científico.[257] A sua supressão, entretanto, não implica qualquer indeterminação na aplicação do critério material, porque o conceito de importação já pressupõe a introdução de um produto de procedência estrangeira no território nacional. A enunciação do critério material desacompanhada do termo "estrangeiros" não acarreta qualquer dificuldade na compreensão de seu conteúdo de significação.

Outros autores sustentam a necessidade de sua manutenção para evidenciar a não incidência do imposto na importação de produtos nacionais exportados. Essa doutrina entende que os produtos nacionais, quando exportados, conservariam a origem, o que inviabilizaria sua tributação na reintrodução no mercado nacional, porquanto, nos termos do art. 153, I, da Constituição Federal, o tributo incidiria apenas sobre a "importação de produtos estrangeiros".[258]

Essa interpretação foi acolhida pelo Supremo Tribunal Federal no julgamento do RE 104.306/SP, em que foi declarada a inconstitucionalidade incidental do art. 93 do Decreto-lei 37/66:

> IMPOSTO DE IMPORTAÇÃO – AO CONSIDERAR ESTRANGEIRA, PARA EFEITO DE INCIDÊNCIA DO TRIBUTO, A MERCADORIA NACIONAL REIMPORTADA, O ART. 93 DO DECRETO-LEI 37-66 CRIOU FICÇÃO INCOMPATÍVEL COM A CONSTITUIÇÃO DE 1946 (EMENDA N. 18, ART.7º, I), NO DISPOSITIVO CORRESPONDENTE AO ART. 21, I, DA CARTA EM VIGOR – RECURSO EXTRAORDINÁRIO PROVIDO, PARA CONCESSÃO DA SEGURANÇA E PARA A DECLARAÇÃO DE INCONSTITUCIONALIDADE DO CITADO ART. 93 DO DECRETO-LEI 37-66.[259]

---

257. *Ibid.*, p. 88-89: "Em conclusão, é de qualificar a procedência ou o destino do produto objeto da operação de comércio exterior tributada: importar do exterior e exportar para o exterior. A ausência dessa limitação acarreta uma vaguidade por demais extensa da linguagem, inaceitável no discurso científico".

258. SOUZA, *op. cit.*, p. 31; VIEIRA, *op. cit.*, p. 97 e ss.; LUNARDELLI, *op. cit.*, p. 267 e ss. FOLLONI, *op. cit.*, p. 147 e ss.; PAULSEN; MELO, *op. cit.*, p. 15; MELO, *op. cit.*, p. 49.

259. STF. T. Pleno. RE 104.306/SP. Rel. Min. Octavio Gallotti. *DJ* 18.04.1986.

IMPOSTO DE IMPORTAÇÃO

O art. 93 do Decreto-lei 37/66 considerava "[...] estrangeira, para efeito de incidência do imposto, a mercadoria nacional ou nacionalizada reimportada, quando houver sido exportada sem observância das condições deste artigo". Assim, a mercadoria exportada, ao retornar ao país, seria considerada estrangeira para fins de incidência do imposto de importação. Esse dispositivo teve a sua execução suspensa por Resolução 436/87, do Senado Federal.[260] Porém, a discussão continua relevante, devido à previsão do §1º do art. 1º do Decreto-lei 37/66, na redação do Decreto-lei 2.472/88:

> Art. 1º [...]
>
> § 1º. Para fins de incidência do imposto, considerar-se-á também estrangeira a mercadoria nacional ou nacionalizada exportada, que retornar ao País, salvo se:
>
> a) enviada em consignação e não vendida no prazo autorizado;
>
> b) devolvida por motivo de defeito técnico, para reparo ou substituição;
>
> c) por motivo de modificações na sistemática de importação por parte do país importador;
>
> d) por motivo de guerra ou calamidade pública;
>
> e) por outros fatores alheios à vontade do exportador.[261]

Parte da doutrina, adotando uma concepção intermediária, admite a incidência quando o produto de origem nacional sofre uma transformação substancial no exterior. Essa exegese, sustentada inicialmente por Sebastião de Oliveira Lima,[262]

---

260. Resolução 436/87: "Artigo único. É suspensa, por inconstitucionalidade, nos termos da decisão definitiva proferida pelo Supremo Tribunal Federal, nos autos do Recurso Extraordinário 104.306-7, do Estado de São Paulo, a execução do art. 93 do Decreto-lei 37, de 18 de novembro de 1966".

261. Segundo Luiza Nagib, este dispositivo, ao considerar estrangeira a mercadoria nacional ou nacionalizadas, seria uma ficção jurídica.

262. Para o autor, é nula a equiparação à estrangeira da mercadoria nacional reimportada prevista no art. 93 do Decreto-lei 37/66. Todavia, entende que "[...] quando um bem nacional é exportado e, no exterior, é submetido à transformação substancial de tal ordem que lhe dê nova individualidade, é evidente que não se trata mais

é atualmente sufragada por Liziane Meira, que, entretanto, agrega a necessidade de observância das regras de origem. Portanto, admite-se a incidência apenas quando a transformação implica a perda da origem nacional.[263] Critério semelhante é adotado por Rosaldo Trevisan e Maurício Timm do Valle:

> [...] não incide o imposto de importação no retorno, no mesmo Estado, ao Brasil, de mercadoria nacional ou nacionalizada exportada a título definitivo. Como o critério adotado na Constituição Federal de 1988 é a origem (e não a procedência), concluímos que também na reimportação de mercadoria exportada a título temporário que descumpra os prazos de concessão do regime não incide o imposto de importação.[264]

Contudo, cumpre considerar que a exportação nada mais é do que uma importação sob a perspectiva do país de destino. Implica a integração do bem em caráter definitivo ao mercado local, o que o torna nacionalizado.[265] Tanto é assim que a sua comercialização subsequente, no país-importador, já passa a

---

do produto que daqui saiu mas, sim, de um outro bem que, por haver sido produzido no exterior, é 'mercadoria estrangeira'. Seria o caso, por exemplo, do minério de ferro exportado para outro país, onde é utilizado como matéria-prima de um produto industrializado. Não se tem mais o minério de ferro mas um bem novo, industrializado". (LIMA, *op. cit.*,p. 49-50).

263. MEIRA, *op. cit.*, p. 337: "Por conseguinte, a pessoa política federal não possui, nem possuía na Constituição anterior, legitimidade jurídica para indicar, como parte do critério material do imposto sobre a importação, bens nacionais, nacionalizados ou desnacionalizados, ainda que exportados e reimportados". Todavia, segundo a autora, "os bens do Brasil podem ser alcançados pelo imposto sobre a importação quando forem exportados e transformados no exterior – de modo que percam a identidade, transformando-se em produtos estrangeiros, segundo as regras de origem – e depois, reimportados" (*Ibid.*, p. 338).

264. TREVISAN; VALLE, *op. cit.*, p. 80.

265. Nessa mesma linha, cf.: ALMEIDA, Roberto Caparroz. Do imposto sobre produtos industrializados vinculado às importações. *In:* TORRES, Heleno Taveira (Coord.). *Comércio internacional e tributação*. São Paulo: Quartier Latin, 2005, p. 287; HILÚ NETO, *op. cit.*, p. 84-85: "[...] se um produto nacional é enviado ao exterior e desincorporado do mercado brasileiro, ele é desnacionalizado; perde, assim, a qualidade de nacional, o que implica a possibilidade de a União tributar a atividade de importá-lo".

ser considerada uma operação de venda interna. Pela mesma razão, sua alienação no comércio exterior será considerada uma exportação para o país que vende e uma importação, sob a ótica de quem compra. Não é por outro motivo, aliás, que a Constituição Federal, ao tratar da competência do imposto de exportação, refere-se a "produtos nacionais ou nacionalizados" (art. 153, II).

As regras de origem nada mais são do que critérios para a determinação do país em que a mercadoria foi efetivamente produzida. São estabelecidas em acordos multilaterais de comércio exterior pelos Estados-parte, visando ao controle aduaneiro de práticas abusivas de *"circumvention"*. Nestas, uma empresa intermediária situada em país distinto é utilizada para elidir medidas comerciais sancionatórias ou para acessar uma área de livre comércio com tributação favorecida.[266] Muitas vezes, essa triangulação envolve uma troca de etiquetas ou, em outros casos, um simples reacondicionamento da mercadoria. Daí a necessidade da adequada definição da origem por meio de exigências mínimas de transformação do produto.

Ao lado da classificação fiscal e da valoração, a determinação da origem da mercadoria constitui um dos aspectos essenciais do controle aduaneiro. É dispensável, contudo, para fins de caracterização da importação. Esta pressupõe apenas o ingresso de uma mercadoria de procedência estrangeira no território nacional qualificado pela intenção integradora no mercado nacional, independentemente da origem.

Por outro lado, interpretar o conteúdo da regra de competência no sentido de origem – e não procedência – implica um

---

[266]. VALADÃO, Marcos Aurélio Pereira. *Regras de origem no âmbito da ALADI e as operações de triangulação na jurisprudência do CARF*. In: PEIXOTO, Marcelo Magalhães; SARTORI, Angela; DOMINGO, Luiz Roberto (coord.) *Tributação aduaneira à luz da jurisprudência do CARF – Conselho Administrativo de Recursos Fiscais*. São Paulo: MP-Apet, 2013, p. 206 e ss.; GOMES, Marcelle de Sousa Gonçalves. Conceitos e definições relacionados às regras de origem. *In:* AGUIAR, Marusk (Org.) *Discussões sobre regras de origem*. São Paulo: Aduaneiras, 2007, p. 11. Sobre o tema, cf.: ainda WITKER, *op. cit.*, p. 211-289.

resultado hermenêutico contrário ao princípio da isonomia tributária (art. 150, II, da CF/88), permitindo a desoneração de uma operação absolutamente atípica como a importação de produto exportado. Haveria um nítido tratamento fiscal desfavorável aos contribuintes locais. Isso porque, como se sabe, em regra, a exportação, além de não ser tributada, é contemplada com manutenção de créditos de ICMS e com o crédito presumido de IPI para fins de ressarcimento do PIS/Pasep e da Cofins. A carga tributária é nitidamente inferior a uma aquisição para revenda no mercado interno, que, por outro lado, está sujeita ao PIS/Pasep e à Cofins, ao IPI e ao ICMS.

Não parece que as regras de origem – que foram concebidas justamente para evitar práticas abusivas – possam ser invocadas para legitimar um artifício dessa natureza. Tampouco afigura-se concebível que a Constituição, por meio da locução "produtos estrangeiros", tenha pretendido gerar esse desequilíbrio violador do princípio da isonomia.

Portanto, mostra-se desnecessária a referência pleonástica ao complemento "estrangeiro". O critério material da hipótese de incidência do imposto de importação, no direito brasileiro, consiste na conduta de importar produtos, isto é, introduzi-los, em caráter definitivo, no território do país com a intenção de integrá-los ao mercado nacional.

4. CRITÉRIO ESPACIAL

O critério espacial da hipótese de incidência contém referência ao local em que o comportamento humano descrito no critério material deve ocorrer para que se instaurem os efeitos jurídicos previstos no consequente. Pode assumir uma configuração restrita – abrangendo um determinado local ou áreas específicas – ou ampla, caso em que será coincidente com o âmbito de vigência territorial da lei.[267]

O imposto de importação, como será analisado, apresenta um critério espacial amplo, que corresponde ao âmbito de vigência territorial da legislação brasileira, denominado território aduaneiro. Este, por outro lado, não é coincidente com as fronteiras políticas do Estado, abrangendo as hipóteses de extraterritorialidade da legislação aduaneira nacional.

4.1 Diferenciação entre território nacional e território aduaneiro

A legislação aduaneira vigora em todo o território nacional, ressalvados os enclaves, os exclaves e outras hipóteses de extraterritorialidade previstas em tratados internacionais. É o caso das áreas de controle integrado do MERCOSUL,

---

267. CARVALHO, Curso..., op. cit., p. 256.

que são locais de regiões de fronteira em que as administrações aduaneiras dos países integrantes exercem um controle aduaneiro conjunto, conforme o Acordo de Recife, aprovado pelo Decreto Legislativo 66/81 e promulgado pelo Decreto 1.280/1994.[268] Os enclaves, por sua vez, são áreas situadas no território estrangeiro em que se aplica a legislação aduaneira nacional, ao passo que os exclaves, áreas do território nacional nas quais legislação aduaneira de outro país é aplicada. A doutrina cita o exemplo do Principado de Mônaco, que integra o território aduaneiro da França desde a Convenção de União Aduaneira de 1912.[269]

Em razão disso, a doutrina e a legislação internacional[270] diferenciam o território nacional do território aduaneiro, definindo este último como o âmbito de vigência espacial da legislação aduaneira de um determinado país ou, de acordo com o Glossário da OMA,[271] ao "território no qual as disposições da legislação aduaneira de um Estado são plenamente aplicáveis".[272] Este, portanto, pode ou não coincidir com o âmbito geográfico abrangido pelas fronteiras políticas de um Estado soberano.

A legislação brasileira estabelece uma delimitação própria do território nacional, que é dividido em zonas primária e secundária, nos termos do art. 33 e parágrafo único do Decreto-lei 37/1966:

> Art. 33. A jurisdição dos serviços aduaneiros se estende por todo o território aduaneiro, e abrange:

---

268. MEIRA, *op. cit.*, p. 345.

269. BASAULDÚA, *Tributos...*, *op. cit.*, p. 115.

270. Segundo MEIRA, "no âmbito da Organização Mundial de Comércio, o GATT abriga as duas definições: território aduaneiro é entendido, para aplicação dos acordos desta organização, como um território onde as alíquotas do imposto sobre a importação ou outras regras relativas ao comércio são mantidas para uma parte substancial do comércio exterior desse território ou país" (MEIRA, *op. cit.*, p. 242).

271. Organização Mundial de Aduanas.

272. BASALDÚA, *op. cit.*, p. 39.

IMPOSTO DE IMPORTAÇÃO

> I – zona primária – compreendendo as faixas internas de portos e aeroportos, recintos alfandegados e locais habilitados nas fronteiras terrestres, bem como outras áreas nos quais se efetuem operações de carga e descarga de mercadoria, ou embarque e desembarque de passageiros, procedentes do exterior ou a ele destinados;
>
> II – zona secundária – compreendendo a parte restante do território nacional, nela incluídos as águas territoriais e o espaço aéreo correspondente.
>
> Parágrafo único. Para efeito de adoção de medidas de controle fiscal, poderão ser demarcadas, na orla marítima e na faixa de fronteira, zonas de vigilância aduaneira, nas quais a existência e a circulação de mercadoria estarão sujeitas às cautelas fiscais, proibições e restrições que forem prescritas no regulamento.

Essa delimitação, contudo, ocorre apenas para fins de fixação da área abrangida pela competência dos serviços aduaneiros e de controle fiscal. Pode coincidir, porém, não se confunde com o critério espacial, que, no direito brasileiro, corresponde ao âmbito de vigência espacial da legislação aduaneira no território nacional[273] e estrangeiro (as áreas de controle integrado do MERCOSUL).

O território nacional brasileiro, por sua vez, compreende a superfície (o solo e o subsolo), o espaço aéreo sobrejacente, as águas interiores, as ilhas costeiras e o mar territorial.[274]

---

273. Recorrendo-se ao conceito de território aduaneiro, o critério espacial deixa de corresponder ao território nacional. Com isso, ficam afastadas as objeções doutrinárias que, com razão, recorrendo ao exemplo das Embaixadas brasileiras e dos navios de bandeira nacional, criticavam a definição do território nacional como critério espacial do imposto. Veja-se, por exemplo, a crítica de Luiza Nagib, que, entretanto, sem adotar o conceito de território aduaneiro, identificava a necessidade de delimitação de uma coordenada específica do critério espacial: "[...] se considerássemos, por hipótese, as Embaixadas brasileiras como território nacional, e o produto estrangeiro, antes de embarcar em navio ou aeronave de bandeira brasileira, permanecesse algumas horas dentro de uma Embaixada brasileira em outro País, mesmo assim não se configuraria o critério espacial do imposto sobre a importação, pois estaria prejudicada a coordenada específica do critério espacial, que é a repartição aduaneira" (NAGIB, op. cit., p. 158).

274. Os navios de bandeira nacional são considerados parte do território brasileiro por extensão ou ficção apenas para efeitos de aplicação da legislação penal brasileira, nos termos do art. 5º, §1º, do Código Penal: "§ 1º Para os efeitos penais,

De acordo com a Lei 8.617/93 e com a Convenção das Nações Unidas sobre o direito do mar, assinada em Montego Bay, na Jamaica, em 1982, a soberania alcança também a plataforma continental,[275] no tocante à exploração e ao aproveitamento dos recursos naturais; e, na zona econômica exclusiva,[276] à exploração, aproveitamento, conservação e gestão dos recursos naturais, vivos ou não vivos, e à sua utilização para fins econômicos. Cabe, ainda, ao direito brasileiro, regulamentar a investigação científica marinha, a proteção e a preservação do meio marinho bem como a construção, operação e uso de "ilhas artificiais", instalações e estruturas.

O mar territorial constitui uma zona com extensão de 12 milhas contadas da *linha de base* – linha litorânea de maré baixa –, não incluindo as águas interiores.[277] Trata-se de área que alcança as águas, o leito do mar, o respectivo subsolo e o espaço aéreo sobrejacente. Nele, é assegurado o direito de passagem inocente por parte de embarcações de outras

---

consideram-se como extensão do território nacional as embarcações e aeronaves brasileiras, de natureza pública ou a serviço do governo brasileiro onde quer que se encontrem, bem como as aeronaves e as embarcações brasileiras, mercantes ou de propriedade privada, que se achem, respectivamente, no espaço aéreo correspondente ou em alto-mar".

275. BASTOS, *op. cit.*, p. 302. De acordo com a Lei 8.617/1993: "Art. 11. A plataforma continental do Brasil compreende o leito e o subsolo das áreas submarinas que se estendem além do seu mar territorial, em toda a extensão do prolongamento natural de seu território terrestre, até o bordo exterior da margem continental, ou até uma distância de duzentas milhas marítimas das linhas de base, a partir das quais se mede a largura do mar territorial, nos casos em que o bordo exterior da margem continental não atinja essa distância. [...] Parágrafo único. O limite exterior da plataforma continental será fixado de conformidade com os critérios estabelecidos no art. 76 da Convenção das Nações Unidas sobre o Direito do Mar, celebrada em Montego Bay, em 10 de dezembro de 1982."

276. Lei 8.617/93: "Art. 6º. A zona econômica exclusiva brasileira compreende uma faixa que se estende das doze às duzentas milhas marítimas, contadas a partir das linhas de base que servem para medir a largura do mar territorial."

277. É o caso, por exemplo, das baías ou portos. Em tais águas, por uma questão de soberania, não há, segundo as normas de direito internacional público, um direito de passagem inocente.

nacionalidades, desde que contínua e rápida.[278]

Adjacente ao mar territorial, há uma segunda faixa: a *zona contígua*, que se estende das doze às vinte e quatro milhas marítimas, contadas a partir das linhas de base que servem para medir a largura do mar territorial. Nesta, o Estado brasileiro poderá tomar medidas de fiscalização alfandegária, imigratória e de saúde pública.[279]

Também estão compreendidas, no território aduaneiro, como destaca Trevisan, as áreas de controle integrado do MERCOSUL.[280] Estas não constituem enclaves, uma vez que não há aplicação exclusiva da legislação brasileira. Todavia, há extraterritorialidade da legislação brasileira, inclusive no tocante ao despacho de importação,[281] nos termos do art. 2º do Anexo do Decreto 3.761/2001, que dispõe sobre a execução do Segundo Protocolo Adicional ao Acordo de Alcance Parcial para a Facilitação do Comércio 5 (Acordo de Recife):

> Artigo 2º. Nos direitos de importação sob regime geral de mercadorias, cujas solicitações se documentem e tramitem perante algum dos escritórios aduaneiros fronteiriços dos Estados Partes, estabelece-se a seguinte distinção:
>
> a) Despacho de mercadoria que não ingresse a depósito. Neste caso, poderá ser documentado o despacho, efetuado o controle documental e autorizado seu trâmite e, se for o caso, efetuado

---

278. Os *baixios a descoberto* (ilhas que submergem na maré alta), as plataformas marítimas ou ilhas artificiais não possuem zona própria. Todavia, as ilhas litorâneas, como é o caso da de Fernando de Noronha, deverão ter uma faixa de 12 milhas própria (REZEK, *op. cit.*, p. 304-310).

279. *Ibid.*, p. 311.

280. TREVISAN, *A atuação...*, *op. cit.*, p. 83.

281. De acordo com o Decreto 3.761/2001: "Art. 6º. Aos órgãos de cada país é facultado receber, na Área de Controle Integrado, as importâncias relativas aos impostos, às taxas e a outros gravames, de conformidade com a legislação vigente em cada país. As quantias arrecadadas pelo País Limítrofe serão trasladadas ou transferidas livremente pelos órgãos competentes para seu país." In: Anexo – Acordo de Alcance Parcial de Promoção do Comércio Nº 5 para a facilitação do comércio, concluído entre a República Argentina, a República Federativa do Brasil, A República do Paraguai e a República Oriental do Uruguai, denominado "Acordo de Recife".

o pagamento dos tributos na repartição aduaneira interveniente, previamente à chegada da mercadoria à Área de Controle Integrado, de acordo com a legislação vigente. Os funcionários do país de entrada, por ocasião de sua intervenção, verificarão a mercadoria e a documentação de despacho previamente examinada e autorizada e, não havendo impedimentos, darão por cumprida sua intervenção e procederão, portanto, a sua liberação; [...].

Parte da doutrina, de acordo com a definição referencial encontrada no Glossário da OMA,[282] sustenta as zonas francas ou áreas de livre comércio seriam áreas do território nacional excluídas do território aduaneiro.[283] Nada impede que assim ocorra, desde que previsto na legislação de cada país. Todavia, no direito brasileiro, as áreas de livre comércio, inclusive a Zona Franca de Manaus, estão compreendidas no território aduaneiro, porque a legislação nacional aplica-se plenamente, sendo devidos os tributos aduaneiros na importação de produtos como armas e munições, fumo, bebidas alcoólicas, automóveis de passageiros, entre outros previstos no Decreto-lei 288/67.[284]

Portanto, o *caput* do art. 2º do Regulamento Aduaneiro – Decreto 6.759/2009 (*"Art. 2º O território aduaneiro compreende todo o território nacional"*) encontra-se incompleto. O território aduaneiro é mais amplo, compreendendo o âmbito de vigência espacial da legislação aduaneira no território

---

282. Como destaca Basaldúa, "[...] en el Glosario se define la 'zona franca' (*zone franche – free zone*) como la 'Parte del territorio de un Estado en la cual las mercaderías que en ella se introduzcan se consideran generalmente como si no estuviesen en el territorio aduanero respecto de los derechos e impuestos a la importación y no están sometidas al control habitual de la aduana" (BASALDÚA, *Tributos...*, op. cit., p. 39).

283. De acordo com HILÚ NETO, o critério especial corresponde ao território aduaneiro tributário, que compreenderia "[...] no Brasil, a todo o território nacional menos a área correspondente à Zona Franca de Manaus, criada pela Lei 3.173, de 06 de junho de 1957, mantida pela CF/88 (art. 40 do ADCT) e regulamentada pelo Decreto-Lei 288/76, com suas alterações posteriores" (HILÚ NETO, op. cit., p. 142). Na mesma linha, CARLUCCI; BARROS, *op. cit.*, p. 343.

284. MEIRA, *op. cit.*, p. 347; LIMA, *op. cit.*, p. 171-172.

nacional – inclusive áreas de livre comércio – e as áreas de controle integrado do MERCOSUL situadas no território dos países-membros.

4.2 Ingresso clandestino de produtos

Parte da doutrina entende que o critério espacial do imposto seria a repartição aduaneira que recebe o bem importado. Essa construção apresenta uma variação, que sustenta a existência de um critério genérico (o território nacional) e outro específico (a repartição aduaneira), na linha exposta por Américo Lacombe:

> Sendo da União a competência para instituir tal imposto, temos como coordenada genérica de espaço, o território nacional. Mas dizer que o ingresso no território brasileiro de mercadoria estrangeira realiza a hipótese de incidência do imposto de importação pode ser falso. Para tanto, é preciso que tal ingresso se verifique através das repartições fiscais legalmente qualificadas para procedentes ao despacho aduaneiro, promovendo a fiscalização e cobrança do imposto. O ingresso de mercadoria estrangeira, em território brasileiro, fora das repartições aduaneiras competentes, configura hipótese de norma penal e não tributária. A coordenada de espaço pode ser encarada sob dois aspectos: o genérico, que é o território nacional, e o específico, que é a repartição fiscal competente para proceder e arrecadar o imposto.[285]

Nada impede que se proceda dessa forma. Todavia, dentro da proposta teórica de estruturação da norma jurídica adotada no presente estudo, não se opera com um critério genérico e outro específico. O critério espacial sempre deve ser específico, correspondendo ao local em que o comportamento humano descrito no critério material deve ocorrer para que se instaurem os efeitos jurídicos previstos no consequente. Assim, se o simples ingresso no território nacional ainda não realiza a hipótese de incidência, apenas o chamado "critério

---

285. LACOMBE, op. cit., p. 16-17. Na mesma linha, NAGIB, op. cit., p. 155.

específico" – a repartição aduaneira – constitui o critério espacial.

Por outro lado, com a edição da Medida Provisória 135/2003, convertida na Lei 10.833/2003, no ingresso clandestino há incidência de todos os tributos aplicáveis a uma operação de comércio exterior regular sempre que a mercadoria estrangeira não for localizada, tenha sido consumida ou revendida.

Portanto, após essa alteração legislativa, a identificação do critério espacial com a repartição aduaneira não descreve adequadamente o condicionante espacial da materialidade do imposto, porque deixa fora as importações clandestinas, isto é, ocorridas à margem dos entrepostos de fiscalização de fronteira.

É o caso das mercadorias que ingressam no país pela via terrestre ou aquífera, sem passagem pela repartição aduaneira. Ao se identificar o critério espacial com a repartição aduaneira que recebe o bem importado, não haveria como exigir validamente o tributo em situações dessa natureza. Essa proposta teórica, portanto, não pode ser acolhida, porque abre uma lacuna no regime de incidência do gravame.

4.3 Local de registro da declaração de importação no ambiente virtual do Siscomex

André Folloni sustenta que o critério espacial corresponde ao local onde se processa o registro da declaração de importação no ambiente virtual do Siscomex (Sistema Integrado de Comércio Exterior), o que pode ocorrer em qualquer ponto do território nacional ou mesmo fora, uma vez que também se permite o registro via "internet".[286]

Essa exegese tem como obstáculo, segundo destaca Trevisan, o fato de nem todas as declarações de importação

---

286. FOLLONI, *op. cit.*, p. 121.

estarem sujeitas ao registro nesse sistema, como na declaração simplificada de importação, que também pode ser apresentada em formulário. Além disso, não oferece explicação para a incidência nos ingressos clandestinos.[287]

Por outro lado, cumpre acrescentar que o usuário apenas promove a inserção dos dados por meio da "internet". O acesso ou o preenchimento dos dados no sistema, contudo, não se confunde com o registro. Este pressupõe o recebimento dos dados transmitidos na base de dados do Siscomex, nos servidores do Serviço Federal de Processamento de Dados (Serpro), vinculado ao Ministério da Fazenda. Portanto, com a devida vênia, não parece adequado definir, como critério espacial, o ambiente virtual do Siscomex.

---

287. TREVISAN, A atuação..., op. cit., p. 90. O autor entende ainda que a teoria não explica o ingresso presumido, que, todavia, entendemos ser inconstitucional, conforme exposto acima.

5. CRITÉRIO TEMPORAL

O critério temporal contém a indicação do preciso instante em que se considera ocorrido o evento imponível, o que lhe confere especial relevância no processo de positivação do direito, porquanto é a partir de então que se torna possível a constituição válida do fato jurídico e da relação jurídica tributária.

No imposto de importação, como será examinado, o critério temporal corresponde ao momento em que se promove o registro da declaração de intenção integradora da mercadoria no território aduaneiro e, na sua falta, no momento em que esta deveria ter sido apresentada perante a autoridade aduaneira.

5.1 Produtos despachados para consumo

O ingresso de produto destinado à integração definitiva no mercado nacional deve ocorrer por meio das repartições aduaneiras oficiais e submete-se ao despacho para consumo.[288] Nessas hipóteses, nos termos do art. 23 do Decreto-lei 37/66, o evento imponível considera-se ocorrido na data do

---

288. Há, contudo, a exceção dos bens destinados ao regime aduaneiro do "drawback", na modalidade suspensão, que também se submetem ao despacho para o consumo.

registro da declaração de importação:

> Art. 23. Quando se tratar de mercadoria despachada para consumo, considera-se ocorrido o fato gerador na data do registro, na repartição aduaneira, da declaração a que se refere o artigo 44. [...].
>
> Art. 44. Toda mercadoria procedente do exterior por qualquer via, destinada a consumo ou a outro regime, sujeita ou não ao pagamento do imposto, deverá ser submetida a despacho aduaneiro, que será processado com base em declaração apresentada à repartição aduaneira no prazo e na forma prescritos em regulamento. (Redação dada pelo Decreto-lei 2.472, de 01.09.1988).

Parte da doutrina sustenta a inconstitucionalidade da definição da data do registro da declaração de importação como critério temporal da hipótese de incidência do imposto. Entende-se, na linha de José Eduardo Soares de Melo, que o momento da ocorrência do fato jurídico tributário deveria coincidir com a data da entrada física do produto no território nacional, por meio das repartições aduaneiras competentes.[289] O registro da declaração de importação seria relevante apenas para efeito de liquidação do critério tributário.

A mesma conclusão é defendida por Américo Lacombe e Hamilton Dias de Souza.[290] Estes, por sua vez, interpretam que os arts. 1º e 23 do Decreto-lei 37/66 são antinômicos, anulando-se reciprocamente. Assim, deve prevalecer o critério que decorre do art. 19 do CTN, de sorte que o critério temporal seria a entrada da mercadoria no território nacional, o que – para o primeiro autor – deveria ocorrer por meio das

---

289. MELO, op. cit. p. 68.

290. SOUZA, op. cit., p. 28: O autor acrescenta ainda o seguinte argumento: "A segunda, por não ter o artigo 23 do Decreto-Lei n. 37 entrado em vigor em 1º de janeiro de 1967, visto que se reportava à declaração prevista no artigo 44, cuja entrada em vigor dependia de regulamentação. Logo, só com esta norma entraria em vigor. Como o Código Tributário Nacional passou a ter eficácia de lei complementar por força da Constituição de 1967, não poderia ser alterado por norma de hierarquia inferior".

IMPOSTO DE IMPORTAÇÃO

repartições aduaneiras.[291]

Contudo, prevalece na doutrina e na jurisprudência a interpretação contrária, que – na linha de Sebastião de Oliveira Lima, André Folloni e Liziane Meira – admite a validade do critério eleito pelo legislador.[292] Destaca-se, nesse sentido, o acórdão da 1ª Turma do Superior Tribunal de Justiça no julgamento do REsp 1.016.132/SP, que reflete a orientação jurisprudencial acerca do tema:

> 2. É cediço na jurisprudência da Corte que "No caso de importação de mercadoria despachada para consumo, o fato gerador, para o imposto de importação, consuma-se na data do registro da declaração de importação." (RESP 313.117-PE, Rel. Min. Humberto Gomes de Barros, *DJU* 17.11.2003). Precedentes: REsp. 670.658/RN, desta relatoria, *DJU* 14.09.2006; REsp. 250.379/PE, Rel. Min. FRANCISCO PEÇANHA MARTINS, *DJU* 09.09.2002; EDcl no AgRg no REsp. 170163/SP, Rel. Min. ELIANA CALMON, *DJU* 05.08.2002; REsp. 205013/SP, Rel. Min. FRANCISCO PEÇANHA MARTINS, *DJU* 25.06.2001; REsp. 139658/PR, Rel. Min. MILTON LUIZ PEREIRA, *DJU* 28.05.2001; REsp. 213909/PR, Rel. Min. JOSÉ DELGADO, *DJU* 11.10.1999.5.[293]

Não há, destarte, qualquer inconstitucionalidade no art. 23 do Decreto-lei 37/66, inclusive porque, salvo nos casos de "Registro Antecipado de DI", o despacho aduaneiro – que é deflagrado a partir do registro da DI no Siscomex – somente tem início após o ingresso do produto na unidade da Secretaria da Receita Federal competente, já em território nacional. Ademais, o registro antecipado constitui uma faculdade do importador, aplicável em situações excepcionais (produtos inflamáveis, animais vivos, frutas frescas, dentre outras).

---

291. LACOMBE, *op. cit.*, 21. O critério temporal, para o autor, corresponde "[...] *a entrada no território nacional através das repartições aduaneiras*". No mesmo sentido: HILÚ NETO, *op. cit.*, p. 119-130. Cf. ainda: NAGIB, *op. cit.*, p. 169.

292. LIMA, *op. cit.*, p. 149-153; FOLLONI, *op. cit.*, p. 116-119; MEIRA, *op. cit.*, p. 354-357.

293. STJ, REsp 1016132/SP, 1ª T., Rel. Min. Luiz Fux, *DJe* 01.07.2009.

Por outro lado, para quem entende que, no direito brasileiro, o conceito de importação corresponde ao ingresso físico qualificado pela intenção de consumo, é incoerente sustentar a anulação recíproca dos arts. 1º e 23 do Decreto-lei 37/66. O art. 1º, na mesma linha do art. 19 do CTN, estabelece que o "fato gerador" do imposto ocorre com a entrada no território nacional. Esta, contudo, apenas representa uma forma de exteriorização da importação, que, para ser devidamente configurada, pressupõe a intenção de integração no mercado nacional. O art. 23 – ao dispor que o evento imponível do imposto ocorre no momento em que o importador declara essa intenção perante a autoridade aduaneira – completa o sentido do art. 1º. Apenas haveria antinomia entre esses dispositivos caso o fenômeno da importação se esgotasse com a simples transposição da fronteira.

5.2 Bagagem, remessa postal e encomenda aérea internacional

O critério temporal – no regime de tributação especial de bagagens[294] – também corresponde ao momento em que o sujeito passivo manifesta formalmente a intenção de introduzir o produto em caráter definitivo no mercado nacional. Em se tratando de bagagem acompanhada, essa formalização ocorre por meio de declarações eletrônicas ou em papel disciplinadas

---

294. No Regime de Tributação Especial (RTE), o crédito tributário do imposto de importação é calculado sobre o valor tributável dos bens, com alíquota de 50% (cinquenta por cento), com isenção de PIS/Pasep e de Cofins. RA/2009: "Art. 101. O regime de tributação especial é o que permite o despacho de bens integrantes de bagagem mediante a exigência tão somente do imposto de importação, calculado pela aplicação da alíquota de 50% (cinquenta por cento) sobre o valor do bem, apurado em conformidade com o disposto no art. 87 (Decreto-Lei 2.120, de 1984, art. 2º, *caput*; Lei 10.865, de 2004, art. 9º, inciso II, alínea "c"; e Regime Aduaneiro de Bagagem no Mercosul, Artigos 12, inciso 1, e 13, aprovado pela Decisão CMC 53, de 2008, internalizada pelo Decreto 6.870, de 2009). (Redação dada pelo Decreto 7.213, de 2010)."
Por fim, vale citar a Súmula 64 do STF: "É permitido trazer do estrangeiro, como bagagem, objetos de uso pessoal e doméstico, desde que, por sua quantidade e natureza, não induzam finalidade comercial".

IMPOSTO DE IMPORTAÇÃO

por atos normativos da Secretaria da Receita Federal.[295]

Na hipótese de bagagem desacompanhada, por sua vez, a legislação prevê uma declaração simplificada de importação (DSI), sujeita ao registro no Siscomex. Regra semelhante aplica-se às remessas postais e às encomendas aéreas internacionais sujeitas ao regime de tributação simplificada previsto no Decreto-lei 1.804/80.[296] Neste, o evento imponível considera-se ocorrido por ocasião da apresentação de declaração formal do sujeito passivo.[297]

5.3 Mercadorias extraviadas

No extravio de mercadorias, o art. 23, parágrafo único,

---

295. A matéria encontra-se disciplinada atualmente pelas: Instruções Normativas RFB 1.385/2013 e 1.059/2010, que preveem a Declaração Eletrônica de Bens de Viajante (e-DBV), a Declaração de Bagagem Acompanhada (DBA), bem como a DBV-formulário.

296. RA/2009: "Art. 99. O regime de tributação simplificada é o que permite a classificação genérica, para fins de despacho de importação, de bens integrantes de remessa postal internacional, mediante a aplicação de alíquotas diferenciadas do imposto de importação, e isenção do imposto sobre produtos industrializados, da contribuição para o PIS/PASEP-Importação e da COFINS-Importação (Decreto-lei 1.804, de 1980, art. 1º, *caput* e § 2º; e Lei 10.865, de 30 de abril de 2004, art. 9º, inciso II, alínea 'c')". De acordo com a Instrução Normativa SRF 96/99, o limite de aplicação do regime é de três mil dólares americanos.

297. De acordo com a Instrução Normativa SRF 96/1996: "Art. 8º Os bens integrantes de remessa postal internacional no valor aduaneiro de até US$ 500.00 (quinhentos dólares dos Estados Unidos da América) serão entregues ao destinatário pela Empresa Brasileira de Correios e Telégrafos – ECT mediante o pagamento do Imposto de Importação lançado pela fiscalização aduaneira na Nota de Tributação Simplificada – NTS instituída pela Instrução Normativa 101, de 11 de novembro de 1991, dispensadas quaisquer outras formalidades aduaneiras.
Art. 9º O despacho aduaneiro mediante a aplicação do RTS, será realizado com base:
I – na Declaração Simplificada de Importação – DSI, instituída pela Instrução Normativa 13, de 11 de fevereiro de 1999, apresentada pelo destinatário de:
a) remessa postal cujo valor ultrapasse aquele referido no artigo anterior; ou
b) encomenda transportada por companhia aérea; ou
II – na Declaração de Remessa Expressa – DRE, instituída pela Instrução Normativa 57, de 1º de outubro de 1996, apresentada pela empresa prestadora do serviço de transporte expresso internacional, porta a porta, no caso de encomenda por ela transportada."

I, do Decreto-lei 37/66, na redação da Lei 12.350/2010, prevê como critério temporal da hipótese de incidência a data do lançamento do correspondente crédito tributário correspondente. Essa regra deve-se à previsão do art. 1º, §2º, que estabelece hipótese de importação presumida nos casos de extravio ou falta:

> Art. 1.º O Imposto sobre a Importação incide sobre mercadoria estrangeira e tem como fato gerador sua entrada no Território Nacional.
>
> § 2.º Para efeito de ocorrência do fato gerador, considerar-se-á entrada no Território Nacional a mercadoria que constar como tendo sido importada e cuja falta venha a ser apurada pela autoridade aduaneira.
>
> Art. 23. [...]
>
> Parágrafo único. A mercadoria ficará sujeita aos tributos vigorantes na data em que a autoridade aduaneira efetuar o correspondente lançamento de ofício no caso de:
>
> I – falta, na hipótese a que se refere o §2º do art. 1º; e [...].

Porém, conforme já examinado, a importação presumida prevista no art. 1º, § 2º, não é compatível com o texto constitucional. Isso porque, ainda que a falta ou o extravio ocorram após a transposição da linha da fronteira aduaneira, tais fatos não configuram uma importação, porquanto o ingresso físico é desacompanhado de qualquer intenção integradora da mercadoria no território nacional. Portanto, se o art. 1º, §2º, não guarda compatibilidade com a Lei Maior, também é inválido – por decorrência – o critério temporal previsto no art. 23, parágrafo único, I, do Decreto-lei 37/66.

5.4 Abandono de mercadorias pelo decurso do prazo

Os produtos importados não podem permanecer indefinidamente no recinto alfandegado. O despacho de importação deve ser iniciado dentro dos prazos previstos no Regulamento Aduaneiro, sob pena de caracterização de abandono e

IMPOSTO DE IMPORTAÇÃO

perdimento do bem importado:[298]

> Art. 546. O despacho de importação deverá ser iniciado em (Decreto-Lei nº 37, de 1966, art. 44, com a redação dada pelo Decreto-Lei nº 2.472, de 1988, art. 2º):
>
> I – até 90 (noventa) dias da descarga, se a mercadoria estiver em recinto alfandegado de zona primária;
>
> II – até 45 (quarenta e cinco) dias após esgotar-se o prazo de permanência da mercadoria em recinto alfandegado de zona secundária; e
>
> III – até 90 (noventa) dias, contados do recebimento do aviso de chegada da remessa postal.

O art. 18 da Lei 9.779/1999, entretanto, estabelece uma regra elisiva que assegura ao importador uma nova oportunidade para regularização da operação, mediante início do despacho aduaneiro:

> Art. 18. O importador, antes de aplicada a pena de perdimento da mercadoria na hipótese a que se refere o inciso II do art. 23 do Decreto-lei 1.455, de 7 de abril de 1976, poderá iniciar o respectivo despacho aduaneiro, mediante o cumprimento das formalidades exigidas e o pagamento dos tributos incidentes na importação, acrescidos dos juros e da multa de que trata o art. art. 61 da Lei 9.430, de 27 de dezembro de 1996, e das despesas decorrentes da permanência da mercadoria em recinto alfandegado.
>
> Parágrafo único. Para efeito do disposto neste artigo, considera-se ocorrido o fato gerador, e devidos os tributos incidentes na importação, na data do vencimento do prazo de permanência da mercadoria no recinto alfandegado. (Vide Lei 10.833, de 2003).

A aplicação dessa regra implica um critério temporal diferenciado para o imposto de importação, que passa a ser a data do vencimento do prazo de permanência dos bens do recinto alfandegado, isto é, o termo final do prazo em que a declaração de importação deveria ter sido originariamente apresentada.

---

298. Decreto-lei 1.455/76, art. 23, II; Decreto-lei 37/66, art. 105, IX.

5.5 Ingresso clandestino

O ingresso clandestino constitui uma infração penalizada com o perdimento do produto estrangeiro.[299] Não há a exigência dos tributos que incidiriam em uma importação regular, salvo quando a mercadoria já foi revendida, consumida ou não puder ser localizada. Em tal hipótese, o crédito tributário será devido cumulativamente com a multa equivalente ao valor aduaneiro do produto importado, na forma o art. 1º, § 4º, III, do Decreto-lei 37/66, na redação do art. 77 da Lei 10.833/2003:

> Art. 1º [...]
>
> § 4º O imposto não incide sobre mercadoria estrangeira:
>
> [...]
>
> III – que tenha sido objeto de pena de perdimento, exceto na hipótese em que não seja localizada, tenha sido consumida ou revendida.

O momento da ocorrência do evento imponível sempre gerou dúvidas na importação clandestina, até que, com a promulgação do art. 40 da Lei 12.350/2010, foi prevista a seguinte regra no art. 23, parágrafo único, II, do Decreto-lei 37/66:

> Art. 23 [...]
>
> Parágrafo único. A mercadoria ficará sujeita aos tributos vigorantes na data em que a autoridade aduaneira efetuar o correspondente lançamento de ofício no caso de: (Redação dada pela Lei 12.350, de 2010).
>
> [...]
>
> II – introdução no País sem o registro de declaração de importação, a que se refere o inciso III do § 4º do art. 1º. (Incluído pela Lei 12.350, de 2010).[300]

---

299. O perdimento e a pena substitutiva equivalente ao valor aduaneiro não são aplicadas apenas no ingresso clandestino de mercadorias. Há outras infrações sujeitas a essa mesma penalidade, como é o caso da interposição fraudulenta em operações de comércio exterior (art. 105 do Decreto-lei 37/66).

300. O alcance do dispositivo é melhor definido no RA/2009: "Art. 73. Para efeito de

Trata-se de um dispositivo *"sui generis"*, porque, como se sabe, o crédito tributário surge com a sua formalização, que, por sua vez, constitui um ato de aplicação da regra-matriz de incidência.[301] A Lei 12.350/2010, entretanto, tornou a data do evento imponível coincidente com a da constituição de ofício do crédito tributário. Essa regra faz com que o momento da ocorrência do critério material fique sujeito ao alvedrio da autoridade fiscal. Um dos efeitos desse preceito é a eternização do prazo para a constituição do crédito tributário, já que o art. 173, I, do CTN jamais seria aplicável.[302] O dispositivo, certamente, não é compatível com os princípios constitucionais da segurança jurídica e da estrita legalidade tributária.

Isso porque, segundo ensina Roque Antonio Carrazza, para criar validamente um tributo, a lei deve descrever abstrata e exaustivamente sua hipótese de incidência, seu sujeito ativo, seu sujeito passivo, sua base de cálculo e sua alíquota, enfim, todos os elementos ou supostos da norma jurídica tributária.[303] Portanto, se não há um critério temporal ou se este coincide com o momento da própria constituição do crédito tributário pela autoridade fazendária, não há dúvida de que o art. 40 da Lei 12.350/2010, que introduziu a previsão do art. 23, parágrafo único, II, do Decreto-lei 37/66, mostra-se inconstitucional.

---

cálculo do imposto, considera-se ocorrido o fato gerador (Decreto-lei 37, de 1966, art. 23, *caput* e parágrafo único, este com a redação dada pela Lei 12.350, de 2010, art. 40): [...] II – no dia do lançamento do correspondente crédito tributário, quando se tratar de: [...] d) mercadoria estrangeira que não haja sido objeto de declaração de importação, na hipótese em que tenha sido consumida ou revendida, ou não seja localizada; (Redação dada pelo Decreto 7.213, de 2010)."

301. CARVALHO, *Direito...*, *op. cit.*, p. 431.

302. "Art. 173. O direito de a Fazenda Pública constituir o crédito tributário extingue-se após 5 (cinco) anos, contados:
I – do primeiro dia do exercício seguinte àquele em que o lançamento poderia ter sido efetuado; [...]."

303. CARRAZZA, *op. cit.*, p. 215. "Irrefutável, deste modo, o entendimento acerca da invalidade da delegação de poderes à Administração para que venha a dispor sobre qualquer dos elementos da regra-matriz tributária, tarefa esta circunscrita à lei instituidora do gravame." (*Ibid.*, p. 218).

Por conseguinte, o critério temporal deve corresponder ao momento da exteriorização da importação, isto é, à data em que a declaração de importação deveria ter sido originariamente apresentada às autoridades aduaneiras, não fosse o ingresso clandestino dos bens. Portanto, o crédito deve ser constituído considerando o prazo de 90 (noventa) dias da descarga da mercadoria.

PARTE II
CONSEQUÊNCIA TRIBUTÁRIA

1. CRITÉRIO PESSOAL

A consequência ou proposição-consequente contém os critérios pessoal e quantitativo da regra-matriz de incidência tributária. Este é formado pela base de cálculo e pela alíquota, oferecendo os parâmetros normativos para a determinação do montante do crédito tributário devido. O devedor (sujeito passivo) e o credor (sujeito ativo), por sua vez, são prescritos pelo critério pessoal do consequente.

1.1 Sujeito ativo

O sujeito ativo do imposto de importação coincide com a pessoa política competente para a instituição do tributo: a União Federal. Não há, ao contrário do modelo adotado em outros países, um órgão individualizado voltado ao controle aduaneiro. Esse é exercido pela Secretaria da Receita Federal, a quem compete a arrecadação e a fiscalização do imposto de importação e demais tributos aduaneiros.

1.2 Sujeito passivo

O sujeito passivo da relação jurídica tributária é a pessoa de quem o sujeito ativo tem o direito subjetivo de exigir o cumprimento da prestação pecuniária. Pode assumir a condição de contribuinte ou de responsável. O primeiro, de acordo com o parágrafo único do art. 121[304] e do art. 128[305] do CTN, apresenta relação pessoal e direta com o fato jurídico tributário. O responsável, por sua vez, constitui um terceiro obrigado pelo legislador ao pagamento do crédito tributário, em caráter supletivo ou substitutivo do devedor originário. Também deve apresentar uma proximidade com o evento imponível, que lhe permita a percepção ou a retenção do valor pago daquele que realiza o fato jurídico tributário.[306]

1.2.1 Destinatário constitucional do tributo

Ao definir o devedor da obrigação tributária,[307] o legislador

---

304. "Art. 121. [...]
Parágrafo único. O sujeito passivo da obrigação principal diz-se:
I – contribuinte, quando tenha relação pessoal e direta com a situação que constitua o respectivo fato gerador;
II – responsável, quando, sem revestir a condição de contribuinte, sua obrigação decorra de disposição expressa de lei."

305. "Art. 128. Sem prejuízo do disposto neste capítulo, a lei pode atribuir de modo expresso a responsabilidade pelo crédito tributário a terceira pessoa, vinculada ao fato gerador da respectiva obrigação, excluindo a responsabilidade do contribuinte ou atribuindo-a a este em caráter supletivo do cumprimento total ou parcial da referida obrigação."

306. CARVALHO, *Curso...*, *op. cit.*, p. 312 e ss.; CARVALHO, Paulo de Barros. Sujeição passiva e responsáveis tributários. *Repertório IOB de jurisprudência*, n. 11/1996, p. 258 e ss. Na mesma linha, ensina Geraldo Ataliba: "[...] a carga do tributo não pode – e não deve – ser suportada pelo terceiro responsável. Por isso é rigorosamente imperioso que lhe seja objetivamente assegurado o direito de haver (percepção) ou descontar (retenção), do contribuinte, o **quantum** do tributo que deverá pagar por conta daquele" (ATALIBA, *Hipótese...*, *op. cit.*, p. 82).

307. Ao contrário do que pode sugerir a leitura apressada do art. 121 do CNT também o contribuinte – e não só o responsável – deve ser colocado na condição de sujeito passivo *por disposição expressa de lei*. O princípio constitucional da estrita legalidade impede interpretação em sentido contrário, de modo que, segundo destaca Paulo de Barros Carvalho, "[...] enfraquece-se a sugestão prescrita, ao pensarmos que a figura do sujeito que deve satisfazer a pretensão fiscal vem sempre determinada, de modo expresso, no texto de lei, não consistindo, então, um predicado do responsável ter sua menção explicitamente estipulada, porquanto o *contribuinte* também a tem" (CARVALHO, *Curso...*, *op. cit.*, p. 297) No mesmo sentido, ensina Roque Carrazza que a lei deve "conter todos os elementos e supostos da norma jurídica tributária (hipótese de incidência do tributo, seus sujeitos ativo e passivo e

deve observar os preceitos constitucionais de distribuição constitucional de competência. Destes sempre resulta – direta ou indiretamente – um *sujeito passivo possível* do tributo, também denominado *destinatário constitucional tributário*.[308] Este, no caso do imposto de importação, não pode ser outra pessoa senão aquele que promove, diretamente ou mediante terceiro, a introdução do produto no território nacional, por meio da transposição física da fronteira geográfica qualificada pela finalidade integradora. A sujeição passiva, portanto, deve recair sobre o importador do produto, podendo ser definido como responsável qualquer pessoa que mantenha alguma relação com o evento imponível.

1.2.2 Contribuinte: o importador e os regimes de importação

O art. 31 do Decreto-lei 37/66 define como contribuinte do imposto o importador (inciso I), o destinatário de remessa postal internacional indicado pelo respectivo remetente (inciso II) e o adquirente de mercadoria entrepostada[309] (inciso III). Esses, porém, também são importadores, porque, mesmo

---

suas bases de cálculo e alíquota)...". (CARRAZZA, *Curso...*, op. cit., p. 223).

308. Sobre o tema do *destinatário constitucional do tributo*, cf.: JUSTEN FILHO, Marçal. *Sujeição passiva tributária*. Belém: CEJUP, 1986, p. 260; BECHO, Renato Lopes. *Sujeição passiva e responsabilidade tributária*. São Paulo: Dialética, 2000, p. 89-88 (*sujeito passivo constitucional*); CARRAZZA, *Curso...*, op. cit., p. 275 (*sujeito passivo possível*); ATALIBA, *Hipótese...*, op. cit., p. 81: "[...] na própria designação constitucional do tributo já vem implicitamente dito 'quem' será o seu sujeito passivo. No quadro dos contornos fundamentais da hipótese de incidência dos tributos - que estabelece a Constituição Federal ao instituir e partilhar competências tributárias, entre União, Estados e Municípios - está referido o sujeito passivo do tributo, aquela pessoa que, por imperativo constitucional, terá seu patrimônio diminuído, como consequência da tributação".

309. RA/2009: "Art. 404. O regime especial de entreposto aduaneiro na importação é o que permite a armazenagem de mercadoria estrangeira em recinto alfandegado de uso público, com suspensão do pagamento dos impostos federais, da contribuição para o PIS/PASEP-Importação e da COFINS-Importação incidentes na importação (Decreto-lei 1.455, de 1976, art. 9º, com a redação dada pela Medida Provisória 2.158-35, de 2001, art. 69; e Lei 10.865, de 2004, art. 14)."

no entreposto, embora a mercadoria fique armazenada em recinto aduaneiro no território nacional, a aquisição é realizada diretamente do proprietário dos bens no exterior.[310]

A importação pode ser realizada diretamente ou por meio de prestadores de serviço, dentro de um dos três regimes previstos no direito brasileiro: a importação direta; por conta e ordem; e por encomenda. Esses têm os seus requisitos disciplinados em instruções normativas da Secretaria da Receita Federal, editadas com fundamento na Medida Provisória 2.158/2001, nas Leis 10.865/2004, 10.637/2002 e 11.281/2006. Por meio deles, a legislação permitiu a terceirização das operações de importação, mediante contratação de empresas especializadas, mantendo, contudo, parâmetros rígidos para a adequada identificação das partes envolvidas no negócio jurídico internacional.

No regime de importação direta, o importador promove a introdução de um produto qualquer no território nacional sem a intenção de comercializá-lo a terceiros, para fins de utilização como insumo ou ativo imobilizado de sua própria atividade. Pode, contudo, vendê-lo no mercado interno, desde que inexista um adquirente previamente determinado.

O fechamento do câmbio ocorre em nome do importador e os recursos empregados na operação, inclusive para fins de pagamento dos tributos, devem ser de sua titularidade. Na hipótese do emprego de recursos de terceiros, o art. 27 da Lei 10.637/2002[311] descaracteriza a importação direta,

---

310. RA/2009: "Art. 409. A mercadoria deverá ter uma das seguintes destinações, em até 45 (quarenta e cinco) dias do término do prazo de vigência do regime, sob pena de ser considerada abandonada (Decreto-lei 1.455, de 1976, art. 23, inciso II, alínea "d"):
I – despacho para consumo;
[...]
§ 1º A destinação prevista no inciso I somente poderá ser efetuada pelo adquirente quando este adquirir as mercadorias entrepostadas diretamente do proprietário dos bens no exterior. [...]"

311. Lei 10.637/2002: "Art. 27. A operação de comércio exterior realizada mediante utilização de recursos de terceiro presume-se por conta e ordem deste, para fins de

presumindo-a por conta e ordem de quem financiou a operação. Trata-se, contudo, de hipótese de presunção relativa, que admite prova em contrário, mediante demonstração de que o produto de procedência estrangeira não foi destinado ao provedor dos recursos.

Na importação por conta e ordem,[312] a empresa que promove a introdução do produto no território aduaneiro não o faz em nome próprio, mas na condição de mandatária de real adquirente. O importador constitui um prestador de serviço, limitando-se a promover em seu nome o despacho aduaneiro de importação de mercadoria adquirida por outra empresa, em razão de contrato previamente firmado, registrado no Siscomex e vinculado na Secretaria da Receita Federal. Ambas as empresas – mandatária e mandante – devem estar regulamente habilitadas no Sistema de Rastreamento da Atuação dos Intervenientes Aduaneiros (Radar).

Todos os recursos empregados na operação devem advir do adquirente, podendo o fechamento de câmbio ocorrer em nome de qualquer uma das empresas.[313] O importador não é proprietário da mercadoria, mas simples possuidor. Por conseguinte, a entrega do produto importado ao adquirente deverá ser documentada com nota fiscal de simples remessa, restringindo-se o faturamento da importadora à remuneração pelos serviços prestados.

O regime de importação por encomenda, por sua vez, tem os mesmos efeitos fiscais da importação direta. A diferença é

---

aplicação do disposto nos arts. 77 a 81 da Medida Provisória nº 2.158-35, de 24 de agosto de 2001".

312. Não cabe, no presente estudo, o exame de todos os requisitos formais da operação previstos nos atos internos da Receita Federal. Atualmente, estes encontram-se previstos nas Instruções Normativas SRF 225/2002 e 247/2002. Sobre o tema, cf.: SARTORI, Angela; DOMINGO, Luiz Roberto. Dano ao erário pela ocultação mediante fraude – a interposição fraudulenta de terceiros nas operações de comércio exterior. In: PEIXOTO; SARTORI; DOMINGO, op. cit., p. 54-56.

313. Cf.: Regulamento de Câmbio e Capitais Internacionais do BACEN, Circular 3.280/2005 (Título 1, Capítulo 12, Seção 2).

que a introdução do produto no território aduaneiro ocorre para fins de revenda a um encomendante previamente determinado. Ambos devem estar vinculados em requerimento específico apresentado perante a Secretaria da Receita Federal, no qual também deverão ser indicados o prazo e as operações objeto do contrato. O nome do encomendante também deve ser informando em cada declaração de importação, permitindo o controle aduaneiro das partes envolvidas.[314]

Os recursos empregados devem ser do importador, que também deverá apresentar capacidade econômico-financeira compatível com o volume das operações. O fechamento de câmbio deve ocorrer exclusivamente em nome do importador, sendo que, nos termos do art. 11, §1º, I, e § 2º, da Lei 11.281/2006, o descumprimento dos requisitos previstos pela Secretaria da Receita Federal para essa modalidade implica a presunção de que se trata de importação por conta e ordem.[315]

1.2.3 Responsáveis tributários

Os responsáveis pelo pagamento do imposto de importação encontram-se previstos no art. 32 do Decreto-lei 37/66, com as alterações do Decreto-lei 2.472/88, da Medida Provisória 2.158-35/2001 e da Lei 11.281/2006, no art. 28 da Lei 9.611/98 e no art. 59 da Lei 10.833/2003, compreendendo:

---

314. Instrução Normativa SRF 634/2006, arts. 2º e 3º.

315. "Art. 11. A importação promovida por pessoa jurídica importadora que adquire mercadorias no exterior para revenda a encomendante predeterminado não configura importação por conta e ordem de terceiros.
§ 1º. A Secretaria da Receita Federal:
I – estabelecerá os requisitos e condições para a atuação de pessoa jurídica importadora na forma do *caput* deste artigo; e
[...]
§ 2º. A operação de comércio exterior realizada em desacordo com os requisitos e condições estabelecidos na forma do §1º deste artigo presume-se por conta e ordem de terceiros, para fins de aplicação do disposto nos arts. 77 a 81 da Medida Provisória 2.158-35, de 24 de agosto de 2001. [...]"

IMPOSTO DE IMPORTAÇÃO

a) o transportador de mercadoria procedente do exterior ou sob controle aduaneiro, inclusive em percurso interno;[316]

b) o depositário, considerado como tal qualquer pessoa incumbida da custódia de mercadoria sob controle aduaneiro;[317]

c) em regime de solidariedade:

c.1) o adquirente ou o cessionário de mercadoria com redução do imposto;[318]

c.2) o representante domiciliado no Brasil de transportador estrangeiro;[319]

c.3) o adquirente de mercadoria importada por sua conta e ordem;[320]

c.4) o encomendante predeterminado na importação por encomenda;[321]

c.5) o expedidor, o operador de transporte multimodal ou qualquer subcontratado para a realização do transporte multimodal;[322] e

c.6) o beneficiário de regime aduaneiro "suspensivo" destinado à industrialização para exportação, nas hipóteses de admissão de mercadoria no regime por outro beneficiário, mediante sua anuência, com vistas à execução de etapa da cadeia industrial do produto a ser exportado.[323]

---

316. Decreto-lei 37/66, art. 32, I, na redação do Decreto-lei 2.472/1988.

317. Decreto-lei 37/1966, art. 32, II, na redação do Decreto-lei 2.472/1988.

318. Decreto-lei 37/1966, art. 32, parágrafo único, I, na redação da Medida Provisória 2.158-35/2001. O dispositivo prevê a aplicação da responsabilidade nas hipóteses de mercadorias isentas. Nestas, contudo, não cabe responsabilização, porque não há crédito tributário.

319. Decreto-lei 37/1966, art. 32, parágrafo único, II, na redação da Medida Provisória 2.158-35/2001.

320. Decreto-lei 37/1966, art. 32, parágrafo único, "c", na redação da Lei 11.281/2006.

321. Decreto-lei 37/1966, art. 32, parágrafo único, "d", na redação da Lei 11.281/2006.

322. Lei 9.611/1998, art. 28.

323. Lei 10.833/2003, art. 59.

Dentre essas hipóteses de responsabilização, cumpre destacar as previstas nos incisos I e II, no parágrafo único, II, do art. 32 do Decreto-lei 37/66 e no art. 28 da Lei 9.611/1998. Esses dispositivos definem como responsáveis tributários o depositário e o transportador, bem como o representante no país de transportador estrangeiro, o expedidor, o operador de transporte multimodal ou qualquer subcontratado para a realização do transporte multimodal.

No tocante ao transportador, conforme examinado anteriormente, a Jurisprudência do Superior Tribunal de Justiça tem afastado a responsabilização no percurso interno do trânsito de passagem, porque entende – e com razão – que este não constitui um evento imponível do imposto de importação. No âmbito administrativo, por outro lado, a responsabilização tem sido admitida pelo Conselho Administrativo de Recursos Fiscais – CARF, salvo de demonstrada ausência de culpa ou ocorrência de caso fortuito ou de força maior.[324] O mesmo ocorre em relação ao depositário, de sorte que a aplicação das regras de responsabilização pressupõe a ausência de cuidados para o adequado acondicionamento e transporte da carga:

> VISTORIA ADUANEIRA – MERCADORIA AVARIADA – RESPONSABILIDADE PELA AVARIA DEMONSTRADA NOS AUTOS – INAPLICABILIDADE DE PRESUNÇÃO LEGAL DIANTE DO CONHECIMENTO DO FATO QUE A NORMA VISLUMBRAVA PRESUMIR.
>
> Realidade em que foi constatada avaria em bagagem desacompanhada, tendo sido responsabilizado o depositário, já que este a recebeu sem a formalização de nenhuma ressalva. Todavia, foi demonstrado nos autos que o viajante não foi minimamente diligente quanto aos necessários cuidados para o adequado acondicionamento e transporte da carga de um vaso de vidro embalado de maneira completamente inadequada para o transporte. Assim, não há razão que justifique o uso de presunção legal uma

---

324. Nesse sentido, cf.: Acórdão 3102-00.541. 2ª T.O. 1ª C. 3ª S. Rel. Conselheiro Celso Pereira Lopes. S. 16.11.2009; Acórdão 3102-00.609. 2ª T.O. 1ª C. 3ª S. Rel. Conselheiro Celso Lopes Pereira Neto. S. 17.05.2010; Acórdão 3102-00.751. 1ª T. O. 1ª C. 3ª S. Rel. Conselheiro Ricardo Paulo Rosa. S. 27.08.2010.

ilação que a lei tira de um fato conhecido para firmar um fato desconhecido já que o suposto fato desconhecido, o responsável pela avaria da mercadoria, está cabalmente demonstrado nos autos, recaindo sobre o viajante, que não foi diligente quando do acondicionamento de carga de flagrante vulnerabilidade. Este, por força do disposto no art. 660 do Regulamento Aduaneiro à época vigente (Decreto 6.759, de 05.02.2009), deveria responder pelo ressarcimento à União pelo não recolhimento do imposto de importação incidente sobre a mercadoria avariada.

[...] AUTO DE INFRAÇÃO – ERRO NA IDENTIFICAÇÃO DO SUJEITO PASSIVO – NULIDADE POR VÍCIO MATERIAL. Demonstrado o erro na identificação do sujeito passivo, não sendo caso de improcedência, deverá o lançamento ser declarado nulo, por vício material. Recurso ao qual se dá provimento para que seja declarado nulo o lançamento, por vício material.[325]

Todavia, os incisos I e II, no parágrafo único, do art. 32 do Decreto-lei 37/66 e no art. 28 da Lei 9.611/98 não são compatíveis com o art. 128 do CTN e com as regras constitucionais de competência. Com efeito, o transportador, o representante de transportador estrangeiro, o depositário, o expedidor ou o operador de transporte multimodal, na condição de simples prestadores de serviço, não apresentam qualquer relação de proximidade com o fato tributado. Não há possibilidade de percepção ou retenção do valor eventualmente recolhido. Ao obrigá-los ao pagamento do crédito tributário, o legislador ultrapassa os limites de sua competência, fazendo com que o sacrifício da carga tributária recaia sobre fato alheio à importação.

Tais dispositivos, na verdade, têm natureza sancionatória, na medida em que punem a omissão de tais prestadores em exigir do importador a apresentação dos comprovantes de recolhimento das obrigações tributárias respectivas. Contudo, providência dessa natureza, ainda que salutar, somente poderia ser prevista mediante lei complementar (CF, art. 146, III) que ampliasse as hipóteses de responsabilidade prevista no Código Tributário Nacional.

---

325. 2ª TE. 3ª S. Acórdão 3802-001.041. Rel. Francisco José Barroso Rios. 23.05.2012.

2. CRITÉRIO QUANTITATIVO

O critério quantitativo prescreve os parâmetros para a determinação do montante do crédito tributário devido, sendo constituído, como será analisado, pela base de cálculo e pela alíquota.

2.1 Base de cálculo

A base de cálculo – também denominada base imponível – representa um dos aspectos mais relevantes da norma jurídica tributária. Como matéria tributável ou pressuposto valorativo do tributo, sempre deve refletir – na feliz expressão de Geraldo Ataliba – "uma perspectiva dimensível do aspecto material" da hipótese de incidência qualificada pelo legislador tributário.[326] Do contrário, é a base de cálculo que passa a definir o pressuposto material da incidência, como ressalta Rubens Gomes de Sousa:

> [...] a base de cálculo deve ser definida pelo pressuposto material de incidência, com ele se confundindo ou dele decorrendo. Mas quando isto não ocorra, é o contrário que se verifica, ou seja, a

---

326. ATALIBA, *Hipótese...*, *op. cit.*, p. 97: "Base imponível é uma perspectiva dimensível do aspecto material da h.i. que a lei qualifica, com a finalidade de fixar critério para a determinação, em cada obrigação tributária concreta, do *quantum debeatur*".

base de cálculo é que passa a definir o pressuposto material da incidência. E como é sabido que esse pressuposto é que dá ao tributo a sua natureza jurídica, esta última terá passado a ser a que corresponde à base de cálculo adotada, em vez de ser a do tributo que o legislador quis instituir.[327]

Além disso, ao definir a base de cálculo – segundo ensina Aires Barreto, na mesma linha sustentada por Paulo de Barros Carvalho,[328] Geraldo Ataliba,[329] Roque Antonio Carrazza,[330] entre outros –, o legislador infraconstitucional não pode incluir elementos ou grandezas incompatíveis com o arquétipo do tributo que decorre do texto constitucional:

> O arsenal de opções de que dispõe o legislador ordinário para a escolha da base de cálculo, conquanto vasto, não é ilimitado. Cumpre-lhe erigir critério dimensível consentâneo com o arquétipo desenhado pela Excelsa Lei. Essa adequação é dela mesma extraível, antes e independentemente da existência da norma legal criadora do tributo. As várias possibilidades de que dispõe o legislador ordinário para adoção da base de cálculo já se contêm na Constituição.[331]

Assim, na medida em que o art. 153, I, da Constituição Federal, circunscreve o âmbito de possível incidência do tributo às operações que tenham por objeto coisas móveis e corpóreas (produtos), não cabe a tributação de serviços e demais intangíveis. Esses tampouco podem ser incluídos na base de cálculo do imposto de importação.

---

327. SOUSA, Rubens Gomes de. Parecer sobre o imposto de indústrias e profissões. In: *Imposto de indústrias e profissões*: razões e pareceres. Porto Alegre: Globo, 1957, p. 228-229. Na mesma linha, cf.: BECKER, *Teoria...*, op. cit., p. 373; FALCÃO, op. cit., p. 362.

328. CARVALHO, *Curso...*, op. cit., p. 329.

329. ATALIBA, *Hipótese...*, op. cit., p. 97.

330. CARRAZZA, *Curso...*, op. cit., p. 178.

331. BARRETO, Aires. *Base de cálculo, alíquota e princípios constitucionais*. 2. ed. São Paulo: Max Limonad, 1998, p. 51-52:

Apesar disso, cumpre considerar que, em determinadas situações, os serviços e outros intangíveis apresentam natureza de despesa de venda, constituindo gastos necessários à entrega do bem ao comprador. Estes, como será examinado no presente capítulo, quando incorridos pelo vendedor, podem compor o preço do produto e, nessa condição, ser validamente incluídos na base de cálculo do imposto.

2.1.1 Acordo de Valoração Aduaneira (AVA) e art. 20 do CTN

A base de cálculo do imposto de importação encontra-se prevista no Acordo de Valoração Aduaneira (AVA) ou Acordo sobre a Implementação do Artigo VII do Acordo Geral de Tarifas e Comércio ("*General Agreement on Tariffs and Trade*" – GATT), integrante do Anexo 1B da Ata Final da Rodada Uruguai de Negociações Comerciais Multilaterais. Sua incorporação ao direito brasileiro ocorreu por meio do Decreto Legislativo 30/94, promulgado pelo Decreto 1.355/94, em substituição ao Código de Valoração Aduaneira (CVA), resultante da Rodada Tóquio de 1979.[332]

Ambos estabeleceram critérios de valoração incompatíveis com o art. 20, II, do CTN (Lei 5.172/66), que, para alíquotas *ad valorem*, adotava como base de cálculo o "preço normal" do produto,[333] nos moldes da "Definição de Valor de Bruxelas".[334]

---

332. Aprovado pelo Congresso Nacional por meio do Decreto-Legislativo 09/81 e promulgado pelo Decreto 92.930/1986.

333. "Art. 20. A base de cálculo do imposto é: [...]
II – quando a alíquota seja *ad valorem*, o preço normal que o produto, ou seu similar, alcançaria, ao tempo da importação, em uma venda em condições de livre concorrência, para entrega no porto ou lugar de entrada do produto no País; [...]."

334. Segundo TORRES, o CTN adota a chamada "noção teórica" da "Definição de Valor de Bruxelas" (TORRES, Heleno Taveira. Base de cálculo do imposto de importação e o acordo de valoração aduaneira. In: TORRES, Heleno Taveira. *Comércio internacional e tributação*. São Paulo: Quartier Latin, 2005, p. 225); BASALDÚA, *Los tributos...*, op. cit., p. 160 ("Definición de Bruselas"). Cf. ainda: TREVISAN NETO, Antenori. *Aplicação do acordo sobre valoração aduaneira no Brasil*. São

Esta consistia numa base de cálculo teórica, correspondente ao valor conceitual que uma mercadoria deveria ter em uma venda realizada por partes independentes e em condições de livre concorrência.[335] Sua aplicação gerou uma série de distorções no comércio internacional, porque, além de não ser adotada por todos os países – como os Estados Unidos da América do Norte, Canadá e Austrália –, permitia ajustes arbitrários na base de cálculo pelas diversas administrações aduaneiras.[336]

Portanto, o inciso II do art. 20 do CTN foi revogado pelo Código de Valoração Aduaneira e este, pelo Acordo de Valoração Aduaneira. Nada impedia essa revogação, uma vez que a reserva de lei complementar prevista no art. 18, §1º, da Constituição de 1967, não alcançava a definição da base de cálculo do imposto de importação.[337]

Com efeito, nem todos os dispositivos do Código Tributário Nacional foram recepcionados com eficácia de lei complementar. Isso ocorreu apenas em relação aos preceitos que dispunham sobre matérias reservadas a essa espécie legislativa pela Constituição de 1967. Os demais continuaram com eficácia de lei ordinária, o que, por conseguinte, permitia a revogação por ato normativo da mesma espécie ou hierarquia.

A reserva de lei complementar prevista no art. 18, §1º, abrangia apenas a competência para edição de normas gerais

---

Paulo: Aduaneiras, 2010, p. 51 e ss.; CARVALHO, Marcelo Pimentel de. *Valor aduaneiro*: princípios, métodos e fraude. São Paulo: Aduaneiras, 2007, p. 59 e ss.

335. ZOZAYA, *op. cit.*, p. 126 ("concepto teórico de valor de aduana de Bruselas").

336. ZOZAYA, *op. cit.*, p. 126-127; SBANDI, Ettore. La valorizzazione delle merce in dogana. FERRONI, Bruno; MAYR, Siegfried; SANTACROCE, Benedetto. Le valorizzazione delle merci: problematiche e soluzioni. *In:* MAYR, Siegfried; SANTACROCE (a cura di). *Valore in dogana e transfer princing*. Milão: Wolter Kluwer, versão "E-Book, Apple", 2014, p. 239.

337. Para parte da doutrina, a revogação teria resultado da premência hierárquica dos tratados internacionais em matéria tributária. Cf.: TORRES, *op. cit.*, p. 226-227; ANTENORI NETO, *op. cit.*, p. 54-55 e 77.

IMPOSTO DE IMPORTAÇÃO

de direito tributário.[338] Esta deve apresentar – na linha de Pontes de Miranda – um conteúdo não exauriente, ou seja, não podem esgotar o assunto legislado.[339] Trata-se de um conteúdo negativo mínimo, também adotado por Manoel Gonçalves Ferreira Filho[340] e, segundo levantamento doutrinário encontrado em estudo de Diogo Figueiredo Moreira Neto, por praticamente todos os autores voltados ao estudo do tema:

> a) estabelecem princípios, diretrizes, linhas mestras e regras jurídicas gerais (BÜLHER, MAUNZ, BURDEAU, PONTES, PINTO FALCÃO, CLÁUDIO PACHECO, SHAID MALUF, JOSÉ AFONSO DA SILVA, Paulo de Barros Carvalho, MARCO AURÉLIO GRECCO);
>
> b) não podem entrar em pormenores ou detalhes nem, muito menos, esgotar o assunto legislado (MATZ, BÜHLER, MAUNZ, PONTES, MANOEL GONÇALVEZ FERREIRA FILHO, Paulo de Barros Carvalho e MARCO AURÉLIO GRECCO);

---

338. Houve, ao tempo da Constituição de 1967, duas interpretações em torno do art. 18, §1º, ainda presentes mesmo à luz do texto constitucional de 1988. A primeira – conhecida como corrente tricotômica – entende que o legislador complementar poderia estabelecer normas gerais de direito tributário; dispor sobre conflitos de competência; e regular as limitações constitucionais ao poder de tributar. A segunda – corrente dicotômica – sustenta que a lei complementar do art. 18, §1º, tem uma única finalidade: estabelecer normas gerais de direito tributário. Têm esse conteúdo, por sua vez, os atos normativos que disponham sobre conflitos de competência impositiva e regulem as limitações constitucionais ao poder de tributar. Cf.: ATALIBA, Geraldo. Normas gerais de direito financeiro e tributário e autonomia dos Estados e Municípios: limites à norma geral – Código Tributário Nacional. *Revista de Direito Público*. São Paulo: RT, n. 10, p. 47-48; ATALIBA, Geraldo. Lei complementar tributária e alcance das disposições do CTN. *VI Curso de especialização em direito tributário*. São Paulo: Resenha Tributária, v. II, 1978, p. 789; CARVALHO, *Curso..., op. cit.*, p. 191 e ss.; CARRAZZA, *Curso..., op. cit.*, p. 755. Em sentido contrário: SOUZA, Hamilton Dias. Normas gerais de direito tributário. *In: Direito Tributário*. São Paulo: José Bushatsky Editor, v. 2, 1973, p. 31.

339. PONTES DE MIRANDA. *Comentários à Constituição de 1967*. São Paulo: RT, tomo II, 1967, p. 166.

340. O autor sustenta que, sob o ângulo positivo, normas gerais seriam "[...] princípios, bases, diretrizes que hão de presidir todo um subsistema jurídico" e, sob o ângulo negativo, as que não fossem específicas, particularizantes (FERREIRA FILHO, Manoel Gonçalves. *Comentários à Constituição Brasileira de 1988*: arts. 44 a 103. São Paulo: Saraiva, v. 2, 1992, p. 192 e ss.).

c) devem ser regras nacionais, uniformemente aplicáveis a todos os entes públicos (PINTO FALCÃO, SOUTO MAIOR BORGES, Paulo de Barros Carvalho, CARVALHO PINTO e ADILSON ABREU DALLARI);

d) devem ser regras uniformes para todas as situações homogêneas (PINTO FALCÃO, CARVALHO PINTO e ADILSON DE ABREU DALLARI);

e) só cabem quando preencham lacunas constitucionais ou disponham sobre áreas de conflito (Paulo de Barros Carvalho e Geraldo Ataliba);

f) devem referir-se a questões fundamentais (PONTES e ADILSON ABREU DALLARI);

g) são limitadas, no sentido de não poderem violar a autonomia dos Estados (PONTES, MANOEL GONÇALVES FERREIRA FILHO, Paulo de Barros Carvalho e ADILSON DE ABREU DALLARI);

h) não são normas de aplicação direta (BURDEAU e CLAUDIO PACHECO).[341]

Assim, nada impedia a revogação, porque, ao definir a base de cálculo do imposto de importação para os produtos submetidos à alíquota "*ad valorem*", o art. 20, II, da Lei 5.172/66 apresentou um conteúdo de regulação além do que seria próprio ao âmbito de uma norma geral. O dispositivo não se limitou a dispor sobre conflitos de competência. A matéria foi disciplinada em caráter exaustivo. Tanto é assim que, ao instituir o imposto e definir a sua respectiva base de cálculo, o Decreto-lei 37/66 limitou-se a repetir o critério da "Definição de Valor de Bruxelas", em dispositivo (art. 2º, II)[342] ainda mais conciso que o próprio art. 20, II, do CTN.

---

341. MOREIRA NETO, Diogo Figueiredo. Competência concorrente limitada. *Revista de Informação Legislativa do Senado Federal* n.º 100, p. 149-150.

342. "Art. 2º. A base de cálculo do imposto é: [...] II – quando a alíquota for *ad valorem*, o preço normal da mercadoria, ou, no caso de mercadoria vendida em leilão, o preço da arrematação."

2.1.2 Atos interpretativos dos Comitês Técnicos de Valoração da OMC e da OMA

As regras do Acordo de Valoração Aduaneira (AVA) – e suas Notas Interpretativas, que o integram – são aplicadas em consonância com os demais enunciados prescritivos vigentes no ordenamento jurídico de cada país. Também devem ser consideradas as decisões e as manifestações dos Comitês de Valoração Aduaneira da Organização Mundial de Comércio (OMC) e da Organização Mundial de Aduanas (OMA).[343] Estas, de acordo com as disposições do Anexo II do AVA,[344] não têm efeito vinculante, constituindo simples informações e orientações para os países-membros.[345] Apesar disso, constituem importante parâmetro técnico de uniformização dos critérios de valoração.

---

343. LYONS, Timothy. *EC Customs law*. 2. ed. Ney York: Oxford University Press, 2010, p. 287.

344. "1. Segundo as disposições do Artigo 18 deste Acordo, o Comitê Técnico será criado sob os auspícios do CCA, com a finalidade de conseguir, no nível técnico, uniformidade na interpretação e aplicação deste Acordo.
2. As responsabilidades do Comitê Técnico compreenderão:
(a) examinar problemas técnicos específicos surgidos na administração quotidiana dos sistemas de valoração aduaneira dos Membros, e emitir pareceres sobre soluções apropriadas, com base nos fatos apresentados;
(b) estudar, quando solicitado, as leis, procedimentos e práticas de valoração no que se relacionem com o Acordo, e preparar relatórios sobre os resultados de tais estudos;
(c) preparar e distribuir relatórios anuais sobre os aspectos técnicos do funcionamento e do *status* deste Acordo.
(d) prestar informações e orientação sobre quaisquer assuntos referentes à valoração aduaneira de mercadorias importadas, que sejam solicitadas por qualquer Membro ou pelo Comitê. Estas informações e orientações poderão tomar a forma de pareceres, comentários ou notas explicativas;
(e) facilitar, quando solicitado, a prestação de assistência técnica aos Membros com a finalidade de promover a aceitação internacional deste Acordo;
(f) examinar matéria a ele submetida por um grupo especial conforme o Artigo 19 deste Acordo; e
(g) executar outras funções que o Comitê lhe designe".

345. O Comitê Técnico da OMA manifesta-se por meio de notas explicativas, comentários, opiniões consultivas, estudos e estudos de casos. Sobre o tema, cf.: TREVISAN NETO, *op. cit.*, p. 95 e ss.

Por outro lado, a sua aplicação deve ser realizada com *cum grano salis*, considerando que não há identidade entre as ordens jurídicas de cada país. A interpretação resulta de visão integral do sistema jurídico, não podendo ser realizada a partir de um único diploma normativo. Assim, não obstante a conveniência de uniformização dos critérios de valoração no âmbito internacional, a aplicação das manifestações dos Comitês Técnicos da OMC e da OMA deve ser precedida de uma contextualização sistêmica que considere os demais enunciados prescritivos vigentes no direito positivo brasileiro.

No Brasil, a Secretaria da Receita Federal estabeleceu que as interpretações dos Comitês Técnicos da OMC e da OMA, relacionadas no anexo único da Instrução Normativa SRF 318/2003, devem ser observadas na valoração aduaneira:

> Art. 1 º Na apuração do valor aduaneiro serão observadas as Decisões 3.1, 4.1 e 6.1 do Comitê de Valoração Aduaneira, da Organização Mundial de Comércio (OMC); o parágrafo 8.3 das Questões e Interesses Relacionados à Implementação do Artigo VII do GATT de 1994, emanado da IV Conferência Ministerial da OMC; e as Notas Explicativas, Comentários, Opiniões Consultivas, Estudos e Estudos de Caso, emanados do Comitê Técnico de Valoração Aduaneira, da Organização Mundial de Aduanas (OMA), constantes do Anexo a esta Instrução Normativa.

Parte da doutrina entende que a Instrução Normativa SRF 318/2003 seria formalmente inconstitucional, uma vez que um ato normativo dessa natureza não pode servir de veículo introdutor de textos internacionais no direito brasileiro. Assim, segundo destaca Jonathan Barros Vita, "[...] dentro da operacionalização do AVA, estes comitês somente podem ser citados apenas enquanto fontes psicológicas para auxiliar a forma de interpretação e aplicação dos métodos de valoração aduaneira".[346]

---

346. VITA, *op. cit.*, p. 52. No mesmo sentido, TORRES, *op. cit.*, p. 233-235.

Essa conclusão é acertada. Todavia, não há inconstitucionalidade formal na referida instrução normativa. As interpretações dos Comitês Técnicos não são normas internacionais, mas apenas manifestações técnicas e orientações não obrigatórias. Por outro lado, ao dispor que estas "serão observadas" para efeitos de valoração aduaneira, o art. 1º da Instrução Normativa SRF 318/2003 não parece ter-lhes atribuído um caráter vinculante, isto é, um efeito distinto do que já decorre do Anexo II do AVA. As manifestações técnicas dos Comitês Técnicos da OMC e da OMA – relacionadas ou não no anexo da Instrução Normativa SRF 318/2003 – devem ser observadas enquanto tal, isto é, como orientações e informações que, além de destituídas de caráter vinculante ou normativo, constituem apenas diretivas não obrigatórias.

2.1.3 Valor aduaneiro do produto importado

A base de cálculo do imposto de importação, nos termos do art. 2º, II, do Decreto-lei 37/96, na redação do Decreto-lei 2.472/88, corresponde ao valor aduaneiro do produto importado, que, por sua vez, deve ser determinado em consonância com as regras do Acordo de Valoração Aduaneira (AVA):

> Art. 2º A base de cálculo do imposto é:
>
> [...]
>
> II – quando a alíquota for "ad valorem", o valor aduaneiro apurado segundo as normas do art. 7º do Acordo Geral sobre Tarifas Aduaneiras e Comércio – GATT.

A valoração aduaneira ocorre a partir de um critério-base – o método do valor da transação – e cinco substitutivos, que são aplicados sucessivamente e em caráter excludente: o método do valor de transação de mercadorias idênticas; o do valor de transação de mercadorias similares; o do valor dedutivo; o método do valor computado; e o método do último recurso (*"the fall-back method"*).

Esses métodos foram estabelecidos em caráter uniforme para todos os países integrantes da Organização Mundial do Comércio.[347] Objetivam evitar a adoção de bases de cálculo fictícias e arbitrárias para o imposto de importação. A sua implementação – em substituição ao critério do "preço normal" da "Definição de Valor de Bruxelas" – implicou uma inversão no balanço de poder entre o importador e as administrações aduaneiras. Isso porque não é mais o importador que deve provar a compatibilidade entre o preço pago e um valor teórico ou conceitual. O preço declarado é considerado o correto, salvo quando contestado a partir dos objetivos, equitativos e neutros[348] do Acordo de Valoração Aduaneira.[349]

2.1.3.1 Relevância da adequada valoração aduaneira

A estrutura do comércio internacional na atualidade torna imprescindível uma adequada valoração aduaneira das mercadorias. As corporações de grande porte já não se estabelecem em uma única base territorial. É comum empresas apresentarem unidades de produção em diversos países, com atividades financeiras e comerciais concentradas em centros de prestação de serviços intragrupo.[350] Isso proporciona

---

347. A OMC também teve o seu acordo constitutivo aprovado pela Rodada Uruguai.

348. As regras de valoração, de acordo com a Introdução Geral do Acordo de Valoração, "não devem ser utilizados para combater o *dumping*". Sobre o tema, cf.: o Comentário 3.1 ("Mercadorias objeto de *dumping*"), do Comitê Técnico de Valoração Aduaneira da OMA.

349. LYONS, *op. cit.*, p. 286-287.

350. GALVAN, *op. cit.*, p. 38. "Guiadas, así, por los criterios de maximización del beneficio y de minimización de riesgos, diversifican las actividades de producción, comerciales y financieras a realizar por cada miembro del grupo allí donde supongan un menor coste y, a su vez, se crean centros especializados para la prestación de servicios intragrupo, tales como funciones de organización industrial, dirección y formación del personal, gestión de stocks, marketing, publicidad, promoción de ventas, tesorería, de apoyo a la gestión de actividades de investigación y desarrollo (I + D)." Cf. ainda: FERRONI, Bruno; MAYR, Siegfried; SANTACROCE, Benedetto. Le valorizzazione delle merci: problematiche e soluzioni. *In*: MAYR, Siegfried; SANTACROCE (a cura di). *Valore in dogana e transfer princing*. Milão: Wolter

diversos benefícios legítimos, desde a redução dos custos logísticos, até ganhos comerciais de escala, decorrentes da concentração, numa única empresa, de todas as compras de insumos ou de produtos acabados destinados às demais unidades do grupo econômico.

A diversificação territorial também se justifica por razões financeiras – acesso a crédito menos oneroso no exterior – ou por motivos de economia fiscal, decorrente da concentração de parte do lucro em países com tributação menos onerosa. Como resultado, as operações de comércio exterior entre empresas do mesmo grupo – que alcançavam 60% do comércio mundial no ano de 2003 – representam atualmente cerca de 70% das transações globais.[351]

A existência de vinculação entre as partes dificulta a precificação das mercadorias, já que nem sempre há bases objetivas para alocação adequada das margens de geração ou de agregação de valor entre diferentes unidades da mesma empresa. Ao mesmo tempo, abre espaço para práticas abusivas, decorrentes da modulação do preço da importação. Isso porque, como se sabe, o controle comum permite a redução da base de cálculo do imposto ou, por meio do superfaturamento, o aumento do custo aquisição do produto importado, com a consequente concentração de lucros do grupo econômico em países com tributação favorecida.[352]

Kluwer, versão "E-Book, Apple", 2014, p. 16-17.

351. *Jornal Valor Econômico*, São Paulo, dia 09.03.2015. Disponível em: <http://www.valor.com.br>. Acesso em: 09 mar. 2015. Gemma Sala Galvan, a partir de dados da OCDE (Organização para a Cooperação e Desenvolvimento Econômico), ressalta que: "Actualmente, las operaciones intragrupo alcanzan el 60% del comercio internacional y las primeras cien multinacionales son propietarias de 20$ de los activos mundiales" (GALVAN, Gemma Sala. *Los precios de transferencia internacionales:* su tratamiento tributario. Valencia: Tirant do Blanch, 2003, p. 41).

352. Há, assim, um campo de interseção – que será doravante analisado – entre a valoração aduaneira e a legislação dos preços de transferência, que visa ao controle da alocação indevida de lucros entre empresas do mesmo grupo.

Por outro lado, como destacam Fernando Bonfá de Jesus e Isabela Bonfá de Jesus:

> É comum que empresas multinacionais, de alcance global, utilizem os Tratados internacionais, em especiais os Acordos para evitar a dupla tributação sobre um mesmo rendimento por Estados (países) diferentes, para otimizar e minimizar a carga tributária incidente sobre as operações *intercompanies* que realizam frequentemente, seja por meio de empresas com participações diretas ou indiretas que pertencam ao mesmo Grupo econômico, seja por pessoas que, mesmo sem relação societária entre si, tenha algum tipo de vinculação econômico-financeira, a exemplo do direito de exclusividade na distribuição de um determinado produto.[353]

Apesar disso, até recentemente, não havia um controle eficiente da valoração aduaneira no Brasil. Mesmo após a implementação do Siscomex, a classificação fiscal inadequada e a ausência de mecanismos de identificação do real destinatário das mercadorias prejudicavam a eficácia da fiscalização.

Todavia, ao longo dos anos, diversas medidas contribuíram para a alteração progressiva desse quadro, desde a previsão de multa específica para a classificação fiscal incorreta de mercadorias (Medida Provisória 2.158-35/2001, art. 84),[354] até – e principalmente – a exacerbação da penalidade aplicável à interposição fraudulenta e à ocultação do destinatário nas operações de comércio exterior pela Lei 10.637/2002.[355]

---

353. JESUS, Fernando Bonfá de; JESUS, Isabela Bonfá de. Tratados internacionais e os efeitos da lei do preço de transferência. *In:* In: CARRAZZA, Elizabeth Nazar; JESUS, Isabela Bonfá de. (Org.). *Atualidades do Sistema Tributário Nacional.* São Paulo: Quartier Latin, 2015, v. 1, p. 169.

354. "Art. 84. Aplica-se a multa de 1% (um por cento) sobre o valor aduaneiro da mercadoria:
I – classificada incorretamente na Nomenclatura Comum do Mercosul, nas nomenclaturas complementares ou em outros detalhamentos instituídos para a identificação da mercadoria; ou [...]."

355. A Lei 10.637/2002 acrescentou o inciso V ao art. 23, V, do Decreto-Lei nº 1.455/1976, prevendo que "consideram-se dano ao Erário as infrações relativas às mercadorias: [...] V – estrangeiras ou nacionais, na importação ou na exportação, na hipótese de ocultação do sujeito passivo, do real vendedor, comprador ou de

IMPOSTO DE IMPORTAÇÃO

Paralelamente, houve a estruturação de uma base de dados confiável, atualizada mensalmente, contendo o histórico dos preços médios das operações de comércio exterior desde 1989, expressos em dólares americanos: o "Sistema de Análise das Informações de Comércio Exterior via Internet" (conhecido como "AliceWeb"), da Secretaria de Comércio Exterior (SECEX).[356] Tais fatores, aliados ao rigoroso controle exercido pelos Auditores da Receita Federal em matéria aduaneira, tornaram a valoração aduaneira uma questão atual, que, não obstante, ainda demanda um adequado desenvolvimento na doutrina.[357]

2.1.3.2 Critério-base da valoração: método do valor da transação

O método do valor da transação, segundo a Organização Mundial de Aduanas, é aplicado em mais de 90% das operações no âmbito internacional.[358] De acordo com esse critério-base, o valor aduaneiro equivale ao preço efetivamente pago ou a pagar pelas mercadorias em uma venda para exportação para o país de importação, acrescidos dos ajustes positivos

---

responsável pela operação, mediante fraude ou simulação, inclusive a interposição fraudulenta de terceiros". A interposição fraudulenta sujeita-se à penalidade administrativa mais severa do direito brasileiro: o perdimento de bens, que é substituído por uma multa equivalente ao valor aduaneiro, nas hipóteses de nãolocalização, de revenda ou de consumo do produto importado. Trata-se, portanto, de uma infração qualificada como gravíssima pela legislação aduaneira e que – sob o aspecto punitivo – equipara-se ao cultivo ilegal de plantas psicotrópicas e ao tráfico ilícito de entorpecentes e drogas afins, igualmente submetidos, por previsão expressa no art. 243, parágrafo único, da Constituição, à perda da propriedade e de todo bem de valor econômico decorrente do ilícito.

356. O sistema pode ser acesso gratuitamente no endereço seguinte: <http://aliceweb.mdic.gov.br>.

357. TORRES, Base..., op. cit., p. 229.

358. "Currently more than 90% of world trade is valued on the basis of the transaction value method which provides more predictability, uniformity and transparency for the business community". Disponível em: <http://www.wcoomd.org>. Acesso: 18 jun. 2015.

e negativos previstos nos §§ 1º e 2º do art. 8 do Acordo de Valoração Aduaneira (AVA) e em suas Notas Interpretativas.[359]

As Notas Interpretativas do AVA não se confundem com as manifestações técnicas dos Comitês Técnicos da OMC e da OMA. Estas, conforme já examinado, não têm natureza normativa nem vinculante, substanciando simples orientações. Aquelas, por sua vez, integram o Acordo de Valoração Aduaneira, constituindo, portanto, enunciados prescritivos aplicáveis à valoração aduaneira.

Por outro lado, cumpre destacar que os acréscimos do art. 8.1 decorrem diretamente da incorporação do Acordo de Valoração ao direito interno. Já os ajustes previstos no art. 8.2 dependem de previsão legal específica na legislação de cada país, isto é, podem ser incluídos ou excluídos, no todo ou em parte, da base de cálculo, conforme decisão política interna de cada Estado.[360]

---

359. "Artigo 1
1. O valor aduaneiro de mercadorias importadas será o valor de transação, isto é, o preço efetivamente pago ou a pagar pelas mercadorias, em uma venda para exportação para o país de importação, ajustado de acordo com as disposições do Artigo 8, desde que:
(a) não haja restrições à cessão ou à utilização das mercadorias pelo comprador, ressalvadas as que:
(i) sejam impostas ou exigidas por lei ou pela administração pública do país de importação;
(ii) limitem a área geográfica na qual as mercadorias podem ser revendidas; ou
(iii) não afetem substancialmente o valor das mercadorias;
(b) a venda ou o preço não estejam sujeitos a alguma condição ou contraprestação para a qual não se possa determinar um valor em relação às mercadorias objeto de valoração;
(c) nenhuma parcela do resultado de qualquer revenda, cessão ou utilização subsequente das mercadorias pelo comprador beneficie direta ou indiretamente o vendedor, a menos que um ajuste adequado possa ser feito, de conformidade com as disposições do Artigo 8; e
(d) não haja vinculação entre comprador e o vendedor ou, se houve, que o valor da transação seja aceitável para fins aduaneiros, conforme as disposições do parágrafo 2 deste Artigo".

360. Torres diferencia os elementos previstos nos §§ 1º e 2º em obrigatórios e facultativos (TORRES, op. cit., p. 245). Em sentido contrário, VITA sustenta que "[...] as disposições do art. 8º do AVA não podem ser consideradas e diferenciadas em obrigatórias ou facultativas, como citado em Torres, pois o único fator de determinação

A aplicação do método do valor da transação depende da coalescência de cinco requisitos. Esses, uma vez presentes, permitem a determinação do "preço efetivamente pago ou pagar", bem como o seu ajuste, mediante agregação dos elementos previstos no § 1º do art. 8º, bem como, quando previstas na legislação de cada país, do § 2º do art. 8 do AVA.[361]

2.1.3.2.1 Requisitos de aplicabilidade

A incidência do método do valor da transação pressupõe a presença de cinco requisitos: (i) segurança sobre a veracidade e a exatidão das afirmações, documentos ou declarações apresentadas pelo interessado; (ii) a operação deve constituir uma compra e venda internacional; (iii) ausência de qualquer das cláusulas de limitação do preço, da posse ou do domínio previstas no art. 1.1 ("a", "b" e "c") do AVA; (iv) a existência de dados objetivos e quantificáveis relativos aos ajustes do art. 8º (Nota Interpretativa ao Art. 8.3); e (v) ausência de vinculação entre importador e exportador ou, caso estes constituam partes relacionadas, a aceitabilidade do preço pago ou pagar na operação. Esta, por sua vez, pode resultar do exame das circunstâncias da venda (art. 1.2.a) ou da proximidade do preço adotado com um dos valores "critério" ou de "teste" do AVA (art. 1.2.b).

a) Veracidade e exatidão: subvaloração e subfaturamento

O primeiro pressuposto de aplicabilidade das regras do AVA – de acordo a interpretação do art. 17 e do §6º do Anexo

---

da obrigatoriedade ou não de um ajuste está relacionado com o fato de este ter sido ou não positivado na incorporação do tratado. [...] É dizer, o que pode ser dito é que as disposições do § 2º podem ou não ser positivadas (não enquanto obrigatórias ou facultativas), perfazendo reservas ao tratado" (VITA, *op. cit.*, p. 94-95).

361. Em publicação de 2006, a OMA ofereceu a seguinte fórmula para a sua determinação: valor aduaneiro = valor da transação = preço pago ou a pelas mercadorias + ajustes = art. 1 + art. 8 do AVA ("Customs Valuation – 2006)". Cf.: SBANDI, Ettore, *op. cit.*, p. 248.

III adotada pelo Comitê Técnico de Valoração Aduaneira da OMA – consiste na veracidade e na exatidão das afirmações, das declarações e dos documentos apresentados pelo interessado para fins de valoração do produto:

> Artigo 17
>
> Nenhuma disposição deste Acordo poderá ser interpretada como restrição ou questionamento dos direitos que têm as administrações aduaneiras de se assegurarem da veracidade ou exatidão de qualquer afirmação, documento ou declaração apresentados para fins de valoração aduaneira.
>
> ANEXO III
>
> [...]
>
> 6. O Artigo 17 reconhece que, ao aplicar o Acordo, as administrações aduaneiras podem ter necessidades de averiguar a veracidade ou a exatidão de qualquer afirmação, documento ou declaração que lhes for apresentada para fins de valoração aduaneira. As Partes concordam ainda que o Artigo admite igualmente que se proceda a investigações para, por exemplo, verificar se os elementos para a determinação do valor apresentados ou declarados às autoridades aduaneiras alfandegárias são completos e corretos. Os Membros, nos termos de suas leis e procedimentos nacionais, têm o direito de contar com a cooperação plena dos importadores para tais investigações.

Daí decorre, segundo a Opinião Consultiva 10.1, do Comitê Técnico, que: (a) os produtos devem ser valorados com base em elementos de fato reais; (b) qualquer documentação que proporcione informações inexatas contrariam as intenções do Acordo de Valoração Aduaneira; e (c) quando uma documentação for comprovada fraudulenta, após a determinação do valor aduaneiro, a invalidação desta deverá ocorrer em consonância com a legislação de cada país:

> Opinião consultiva 10.1
>
> **Tratamento aplicável aos documentos fraudulentos**
>
> O Acordo obriga que as administrações aduaneiras levem em conta documentos fraudulentos?

> O Comitê Técnico de Valoração Aduaneira emitiu a seguinte opinião:
>
> Segundo o Acordo, as mercadorias importadas devem ser valoradas com base nos elementos de fato reais. Portanto, qualquer documentação que proporcione informações inexatas sobre esses elementos estaria em contradição com as intenções do Acordo. Cabe observar, a este respeito, que o Artigo 17 do Acordo e o parágrafo 6 do Anexo III enfatizam o direito das administrações aduaneiras de comprovar a veracidade ou exatidão de qualquer informação, documento ou declaração apresentados para fins de valoração aduaneira. Consequentemente, não se pode exigir que uma administração leve em conta uma documentação fraudulenta. Ademais, quando uma documentação for comprovada fraudulenta, após a determinação do valor aduaneiro, a invalidação desse valor dependerá da legislação nacional.

Assim, para aplicar o método do valor da transação, a administração aduaneira deve estar segura da autenticidade das afirmações, dos documentos e das declarações apresentadas pelo interessado para fins de valoração aduaneira. Havendo dúvida, o método deve ser afastado, apurando-se a base de cálculo de acordo com um dos métodos substitutivos.[362]

Também cabe o afastamento do método, segundo o art. 86 da Medida Provisória 2.158-35/2001, quando não forem apresentados – em perfeita ordem e conservação – os documentos necessários à fiscalização do valor aduaneiro:

> Art. 86. O valor aduaneiro será apurado com base em método substitutivo ao valor de transação, quando o importador ou o adquirente da mercadoria não apresentar à fiscalização, em

---

362. Veja-se, nesse sentido, o Estudo de Caso n. 13.1 do Comitê Técnico da OMA. Neste, a administração aduaneira afastou o art. 1, aplicando o método substitutivo do art. 2, porque havia dúvidas razoáveis sobre a veracidade ou exatidão do valor declarado. Estas, por sua vez, resultaram dos seguintes fatos: "(i) o importador não forneceu nenhuma evidência, além da fatura comercial, para comprovar que o valor declarado representava o preço efetivamente pago ou a pagar pela mercadoria importada, ajustado de acordo com o Artigo 8; e (ii) os registros da contabilidade examinados durante a auditoria revelaram uma despesa questionável, a administração aduaneira, por conseguinte, concluiu que ainda restavam dúvidas razoáveis sobre a veracidade ou exatidão do valor declarado e notificou o importador os motivos para tal conclusão".

perfeita ordem e conservação, os documentos comprobatórios das informações prestadas na declaração de importação, a correspondência comercial, bem assim os respectivos registros contábeis, se obrigado à escrituração.

Esse dispositivo é compatível com o Acordo de Valoração Aduaneira. Na verdade, o seu conteúdo decorre do art. 17 e do §6º do Anexo III do AVA. Afinal, sem o acesso aos documentos da operação, à correspondência comercial ou aos registros contábeis, não há como se ter certeza da veracidade e da exatidão dos dados apresentados pelo interessado. O mesmo se dá quando esses, embora apresentados, não se mostrem em perfeita ordem.[363]

O afastamento do método do valor da transação – com a consequente aplicação dos métodos substitutivos – somente se justifica nas hipóteses de dúvida da autoridade aduaneira. Se esta – no curso do despacho aduaneiro ou em procedimento de revisão – estiver convencida da falsidade da documentação apresentada pelo interessado, nenhum dos métodos de valoração do AVA serão aplicáveis. Nesse caso, a base de cálculo do imposto de importação deve ser determinada de acordo com a legislação nacional.

No direito brasileiro, a matéria encontra-se disciplinada pelo art. 88 da Medida Provisória 2.158-35/2001, que prevê os seguintes critérios diferenciados de determinação da base de cálculo, inclusive por meio de arbitramento:

> Art. 88. No caso de fraude, sonegação ou conluio, em que não seja possível a apuração do preço efetivamente praticado na importação, a base de cálculo dos tributos e demais direitos incidentes será determinada mediante arbitramento do preço da

---

[363]. A autoridade aduaneira deve fundamentar o ato administrativo fiscal, demonstrando a existência da dúvida a partir de dados objetivos. Se esta não se mostrar justificada ou basear-se em critérios fictícios, arbitrários ou subjetivos, o lançamento tributário será nulo, por vício material, em decorrência da inversão indevida dos métodos de valoração (Cf. nesse sentido: CARF. 1ª T.O. 1ª C. 3ª S. Acórdão n. 3101-00.468. S. de 29.07.2010. Cf. ainda: Acórdão 3102-00.903. 2ª T.O. 1ª C. 3ª S. S. 04.02.2011).

mercadoria, em conformidade com um dos seguintes critérios, observada a ordem sequencial:

I – preço de exportação para o País, de mercadoria idêntica ou similar;

II – preço no mercado internacional, apurado:

a) em cotação de bolsa de mercadoria ou em publicação especializada;

b) de acordo com o método previsto no Artigo 7 do Acordo para Implementação do Artigo VII do GATT/1994, aprovado pelo Decreto Legislativo 30, de 15 de dezembro de 1994, e promulgado pelo Decreto 1.355, de 30 de dezembro de 1994, observados os dados disponíveis e o princípio da razoabilidade; ou

c) mediante laudo expedido por entidade ou técnico especializado.

Parágrafo único. Aplica-se a multa administrativa de cem por cento sobre a diferença entre o preço declarado e o preço efetivamente praticado na importação ou entre o preço declarado e o preço arbitrado, sem prejuízo da exigência dos impostos, da multa de ofício prevista no art. 44 da Lei nº 9.430, de 1996, e dos acréscimos legais cabíveis.

Portanto, nas hipóteses previstas no *caput* do art. 88 da Medida Provisória 2.158-35/2001, a base de cálculo deve corresponder ao preço efetivamente praticado na importação ou – não sendo possível a sua determinação – arbitrada pela autoridade aduaneira considerando sequencialmente:

(1) o preço de exportação para o país, de mercadoria idêntica ou similar;[364]

(2) o preço no mercado internacional, apurado mediante:

(2.1) cotação de bolsa de mercadoria ou em publicação especializada;

(2.2) o método previsto no art. 7º do AVA (método do último recurso), observados os dados disponíveis e o princípio da razoabilidade; ou

---

364. O conceito de mercadoria idêntica ou similar será examinado por ocasião do estudo dos métodos substitutivos do valor da transação.

(2.3) mediante laudo expedido por entidade ou técnico especializado.

A Medida Provisória 2.158-35/2001 não define o que se entende por fraude, sonegação ou conluio. O parágrafo único do art. 88, entretanto, faz referência à multa de ofício do art. 44 da Lei 9.430/1996,[365]que, por sua vez, remete às definições do arts. 71, 72 e 73 da Lei 4.502/1964:

> Art. 71. Sonegação é toda ação ou omissão dolosa tendente a impedir ou retardar, total ou parcialmente, o conhecimento por parte da autoridade fazendária:
>
> I – da ocorrência do fato gerador da obrigação tributária principal, sua natureza ou circunstâncias materiais;
>
> II – das condições pessoais de contribuinte, suscetíveis de afetar a obrigação tributária principal ou o crédito tributário correspondente.
>
> Art. 72. Fraude é toda ação ou omissão dolosa tendente a impedir ou retardar, total ou parcialmente, a ocorrência do fato gerador da obrigação tributária principal, ou a excluir ou modificar as suas características essenciais, de modo a reduzir o montante do imposto devido a evitar ou diferir o seu pagamento.
>
> Art. 73. Conluio é o ajuste doloso entre duas ou mais pessoas naturais ou jurídicas, visando (sic) qualquer dos efeitos referidos nos arts. 71 e 72.

Na valoração aduaneira, a maioria dos casos de sonegação e de fraude ocorre por meio da falsificação da fatura comercial, sem envolver necessariamente o conluio das partes da operação de comércio exterior. A falsidade pode ser de natureza ideológica ou material. Nesta, há uma adulteração da fatura emitida pelo exportador ou a apresentação de uma versão não verdadeira substitutiva da fatura originária. Já na falsidade ideológica, o exportador – em decorrência de conluio

---

365. "Art. 44. Nos casos de lançamento de ofício, serão aplicadas as seguintes multas: [...] § 1º O percentual de multa de que trata o inciso I do *caput* deste artigo será duplicado nos casos previstos nos arts. 71, 72 e 73 da Lei 4.502, de 30 de novembro de 1964, independentemente de outras penalidades administrativas ou criminais cabíveis. (Redação dada pela Lei 11.488, de 2007)".

com o importador – emite uma fatura genuína, porém, com conteúdo enganoso.[366]

Trata-se de delito associado à chamada fraude de valor, também denominada subfaturamento.[367] Neste, as partes, mediante falsificação dos documentos de instrução da declaração da importação (DI), declaram um valor aduaneiro diverso do efetivamente pago ou a pagar pelo produto importado, visando à redução indevida da base de cálculo dos tributos aduaneiros. O subfaturamento, assim, pressupõe a falsidade material ou ideológica. Não resulta da simples constatação de que a venda se deu por preço reduzido ou abaixo do preço de custo. Tampouco se mostra sinônimo de subvaloração, que constitui a redução da base de cálculo decorrente da aplicação equivocada dos métodos de valoração aduaneira, de boa-fé, sem a apresentação de declarações e documentos inverídicos ou inexatos.

A prova da falsidade material decorre do exame direto da fatura comercial, devendo ser evidenciada mediante perícia técnica que ateste o caráter não verdadeiro ou a adulteração de qualquer de seus requisitos formais e materiais. Não basta a constatação de simples irregularidade ou preterição de formalidade não essencial. O falso deve ser relativo a fato juridicamente relevante.[368]

---

366. COSTA JUNIOR, Paulo José. *Comentários ao Código Penal*. 7. ed. São Paulo: Saraiva, 2002, p. 926-927.

367. Sobre o tema, cf.: PONCIANO, Vera Lúcia Feil. Sanção aplicável ao subfaturamento na importação: pena de perdimento ou pena de multa? *In:* TREVISAN, Rosaldo (org.). *Temas atuais de direito aduaneiro*. São Paulo: Lex, 2013, p. 245-294; FERNANDES, José Fernandes do Nascimento. Despacho aduaneiro de importação. *In:* PEIXOTO, Marcelo Magalhães; SARTORI, Angela; DOMINGO, Luiz Roberto (coord.) *Tributação aduaneira na Jurisprudência do CARF – Conselho Administrativo de Recursos Fiscais*. São Paulo: MP-APET, 2013, p. 135-156, p. 151 e ss.; FERNANDES, Rodrigo Mineiro. Valoração aduaneira e subfaturamento. *In:* PEIXOTO el. al., *op. cit.*, p. 241-281; BARRERA, *Los...*, *op. cit.*, p. 122: "[...] la 'subfacturación' implica la existencia de un simulacro de precio tendiente a ocultar otro real."

368. Segundo ensina Paulo José da Costa Junior, "[...] a preterição de formalidade ou uma irregularidade qualquer não configuram o delito, pois a norma exige

Assim, por exemplo, a autoridade aduaneira não pode concluir pela falsidade material apenas porque constatou divergências no logotipo do exportador, decorrentes da comparação entre o documento e o "site" da empresa. Tampouco pode afirmar a falsidade em face da ausência de indicação do cargo ou da função do signatário. Isso porque o logotipo e o cargo do signatário não constituem requisitos da fatura comercial.[369] Eventuais discrepâncias são juridicamente irrelevantes. Podem servir de indício para um aprofundamento da auditoria fiscal, sem, contudo, implicar a falsidade documental da fatura.

---

expressamente que a falsidade seja praticada em relação a fato juridicamente relevante" (COSTA JUNIOR, *op. cit.*, 2, p. 926-927.

369. De acordo com o art. 557 do RA/2009:
"Art. 557. A fatura comercial deverá conter as seguintes indicações:
I – nome e endereço, completos, do exportador;
II – nome e endereço, completos, do importador e, se for caso, do adquirente ou do encomendante predeterminado;
III – especificação das mercadorias em português ou em idioma oficial do Acordo Geral sobre Tarifas e Comércio, ou, se em outro idioma, acompanhada de tradução em língua portuguesa, a critério da autoridade aduaneira, contendo as denominações próprias e comerciais, com a indicação dos elementos indispensáveis a sua perfeita identificação;
IV – marca, numeração e, se houver, número de referência dos volumes;
V – quantidade e espécie dos volumes;
VI – peso bruto dos volumes, entendendo-se, como tal, o da mercadoria com todos os seus recipientes, embalagens e demais envoltórios;
VII – peso líquido, assim considerado o da mercadoria livre de todo e qualquer envoltório;
VIII – país de origem, como tal entendido aquele onde houver sido produzida a mercadoria ou onde tiver ocorrido a última transformação substancial;
IX – país de aquisição, assim considerado aquele do qual a mercadoria foi adquirida para ser exportada para o Brasil, independentemente do país de origem da mercadoria ou de seus insumos;
X – país de procedência, assim considerado aquele onde se encontrava a mercadoria no momento de sua aquisição;
XI – preço unitário e total de cada espécie de mercadoria e, se houver, o montante e a natureza das reduções e dos descontos concedidos;
XII – custo de transporte a que se refere o inciso I do art. 77 e demais despesas relativas às mercadorias especificadas na fatura;
XIII – condições e moeda de pagamento; e
XIV – termo da condição de venda (Incoterm).
Parágrafo único. As emendas, ressalvas ou entrelinhas feitas na fatura deverão ser autenticadas pelo exportador".

Diferente é a caracterização da falsidade ideológica. Nesta, o documento é genuíno, porém, o seu conteúdo não é verdadeiro. Logo, a sua configuração demanda prova de que o preço efetivamente pago pelo produto importado foi diverso do valor expresso na fatura comercial. Não é necessária a comprovação da ocorrência de um eventual pagamento em paralelo. Basta que se evidencie a discrepância, podendo a autoridade aduaneira recorrer a qualquer meio de prova, inclusive ordens de compra, faturas proforma, documentos financeiros, comprovantes de operações bancárias ou registros internos de pagamentos.

Essa particularidade foi ressaltada em estudo de Rodrigo Mineiro Fernandes, à luz da jurisprudência do Conselho Administrativo de Recursos Fiscais (CARF):

> [...] o subfaturamento mediante fraude documental deverá ser provado, direta ou indiretamente, e demonstrado nos autos de forma clara e inequívoca. O elemento de prova principal para caracterizar a falsidade documental é a identificação pela Autoridade Aduaneira das duas faturas (a fatura verdadeira, oculta, e a fatura falsa, apresentada à fiscalização aduaneira). Mas nem sempre é possível localizar a fatura original. Nesses casos, para a comprovação da falsidade documental, a Fiscalização Aduaneira poderá lançar mão de outros elementos de prova que apontem o preço efetivamente praticado na operação comercial internacional, como, por exemplo, as ordens de compra, as faturas pró-forma e as cotações de preços, conjugados ou não com documentos financeiros.[370]

Nesse sentido, destaca-se o seguinte acórdão da Terceira Seção de Julgamento do CARF:

> [...] A comprovação dos pagamentos "por fora" é apenas um dos modos de o fisco comprovar o subfaturamento, mas não o único. Comprovam o subfaturamento a existência de faturas comerciais, faturas pró-forma e declarações de importação, onde se encontram preços divergentes para a mesma mercadoria, assim como a indicação dos percentuais e dos valores dos pagamentos

---

370. FERNANDES, op. cit., p. 263.

"por fora" registrados em planilhas de controle paralelo encontradas nos computadores do contribuinte.[371]

Outra particularidade é que, na falsidade ideológica e no subfaturamento, não cabe o arbitramento previsto no art. 88 da Medida Provisória 2.158-35/2001, por absoluta desnecessidade, já que a caracterização da infração resulta da demonstração da discrepância entre o valor declarado e o preço real. Portanto, a autoridade fazendária conhece o preço efetivamente praticado na importação, devendo adotá-lo como base de cálculo para a exigência da diferença do crédito tributário.

A rigor, o arbitramento tem lugar apenas na falsidade material, salvo se a autoridade fazendária, além de constatar a falsificação da fatura, tiver como determinar o preço real praticado na operação. Isso ocorre quando o importador - sem o conluio ou mesmo aquiescência do exportador – promove a substituição ou a adulteração da fatura emitida por este, registrando na declaração de importação um preço que não corresponde à realidade.[372]

Em conclusão, portanto, tem-se que, sem a prova inequívoca da falsidade da documentação apresentada pelo interessado, não cabe a aplicação do art. 88 da Medida Provisória 2.158-35/2001. Havendo dúvidas ou na falta de provas, a autoridade aduaneira deve se limitar a afastar o método do valor da transação, uma vez que tampouco há segurança sobre a veracidade ou da exatidão das afirmações, dos documentos ou das declarações apresentadas pelo interessado.

---

371. CARF. 3ª S. 4ª C. 3ª T. Acórdão 3403-002.864, s. de 26.03.2014.

372. Para Vera Lúcia Feil Ponciano: "No subfaturamento na importação, a autoridade aduaneira constata a diferença entre os valores reais e os declarados pelo importador na declaração de importação. Essa diferença pode configurar um falso ideológico, mas não pode configurar um falso material" (PONCIANO, op. cit., p. 285). Todavia, nada impede a configuração do subfaturamento mediante falsidade material. Isso ocorre, consoante ressaltado, quando o importador apresenta versão não verdadeira substitutiva da fatura genuína ou altera o documento verdadeiro. No mesmo sentido: FERNANDES, op. cit., p. 250-252.

b) Operação de compra e venda internacional

O segundo requisito de aplicabilidade do método do valor da transação resulta da primeira parte do art. 1.1 do AVA. Este, quando faz referência ao preço praticado *em uma venda para exportação para o país de importação*, pressupõe, para fins de aplicação desse critério-base de valoração, uma operação de compra e venda internacional.

Parte da doutrina, entretanto, entende que o método poderia ser aplicável nas hipóteses de cessão do *equity*, utilidade ou posse, notadamente nos casos de *leasing*:

> Para o direito brasileiro, esta operação de compra e venda seria compreendida como a contraprestação pela transferência de uma propriedade de um sujeito para outro, não compreendendo, a cessão do *equity*, utilidade ou posse.
>
> Obviamente, tal interpretação que exclui a transferência do *equity* não se afigura como a mais correta, pois, cada vez mais, o sistema Romano-germânico e o sistema *Common Law* têm convergido, recordando que as práticas contábeis adotadas no campo do IFRS (e pelo direito brasileiro pós-Lei 11.638) possuem como fundamento que o importante em uma cessão é a transferência do *equity* e não da propriedade.
>
> Logo, limitar a interpretação do AVA a uma forma de visualização fechada e não mais adotada pelo direito brasileiro nas transferências de ativos não deve ser aceita, especialmente nos casos do *leasing*, situação que, com esta interpretação proposta, permitiria a utilização do primeiro método.

Não se trata, conduto, da interpretação mais acertada. A caracterização da importação independe do título jurídico – compra e venda ou *leasing* – ou da transmissão da propriedade da mercadoria para o destinatário. Pressupõe apenas a introdução de um produto qualquer no território nacional, por meio da transposição física da fronteira geográfica qualificada pela finalidade integradora. Apesar disso, o art. 1.1 do AVA afasta a aplicabilidade do método do valor da transação em operações que não tenham natureza jurídica de compra e venda.[373]

---

373. No mesmo sentido, TORRES, *op. cit.*, 237; TREVISAN NETO, *op. cit.*, p. 109;

Isso ocorre porque o preço definido em uma operação de venda, por mais que possa se aproximar, nunca será equivalente, sob aspecto jurídico ou econômico, a uma contraprestação pecuniária inerente a um ato jurídico que não implica a transferência da propriedade. Assim, de acordo com as regras do AVA, as importações decorrentes de outros negócios jurídicos, como uma doação, aluguel, *leasing* ou comodato, devem ter a sua base de cálculo determinada em consonância com os métodos sucessivos de valoração.

Por sua vez, o conceito de venda para fins de valoração aduaneira foi objeto da Opinião Consultiva 1.1, do Comitê Técnico de Valoração Aduaneira da OMA. Esta ressalta que, embora o AVA não contenha uma definição expressa do termo "venda", este pode ser determinado a partir dos arts. 1º e 8º:

> Opinião Consultiva 1.1
>
> **Conceito de "venda" constante do Acordo**
>
> O Comitê Técnico de Valoração Aduaneira emitiu a seguinte opinião:
>
> a) O Acordo sobre a Implementação do Artigo VII do GATT, doravante designado "Acordo", não contém a definição do termo "venda". O Artigo 1.1 dispõe apenas sobre uma operação comercial específica, que satisfaça certas exigências e condições;
>
> b) Não obstante, em conformidade com a intenção básica do Acordo de que o valor de transação das mercadorias importadas deve ser usado, tanto quanto possível, para fins de valoração aduaneira, a uniformidade de interpretação e aplicação pode ser atingida tomando o termo "venda" no sentido mais amplo, para ser determinado somente segundo as disposições dos Artigos 1 e 8, considerados em conjunto;
>
> c) Entretanto, seria útil preparar uma lista de casos não suscetíveis de constituir vendas que satisfaçam as exigências e

---

ZOZAYA, *op. cit.*, p. 132; BASALDÚA, *Tributos...*, *op. cit.*, p. 164: "[...] el valor de transacción de las mercaderías importadas se basa en el precio convenido para estas mercaderías cuando son vendidas. De donde se infiere que si no existe 'venta' no puede haber valor de transacción según esta norma. Quedan excluidos, por ejemplo, los supuestos en que las mercaderías fueran importadas en virtud de un contrato de consignación, de alquiler, *leasing*, etcétera".

condições dos Artigos 1 e 8 tomados conjuntamente. Nesses casos, o método de valoração a ser usado deve obviamente ser determinado de acordo com a ordem de prioridade estabelecida no Acordo.

A lista preparada em consonância com esta Opinião encontra-se a seguir. Não é exaustiva e será acrescentada à luz da experiência.

De fato, a falta de uma definição específica de "venda internacional" no Acordo de Valoração não prejudica a sua caracterização. Os elementos do contrato de compra e venda da legislação civil e da Convenção das Nações Unidas sobre Contratos de Compra e Venda Internacional[374] são pressupostos pelos arts. 1º e 8º do AVA, quando prevê a existência de um preço, de um comprador e de um vendedor e de uma mercadoria transferida em decorrência da transação internacional.

Portanto, nos termos do art. 1.1 do AVA, a aplicação do método do valor da transação pressupõe a existência de um contrato por meio do qual alguém (exportador), mediante recebimento de um preço certo e determinado,[375] obriga-se a transferir o domínio de um produto a outrem (importador),[376] situado em outro território aduaneiro. Sem mudança da

---

374. Esta Convenção foi aprovada pelo Decreto Legislativo 538/2012 e promulgada pelo Decreto 8.327/2014. ZOZAYA entende que o conceito de compra e venda internacional deve ser estabelecido de Convenção das Nações Unidas sobre Contratos de Compra e Venda Internacional de Mercadorias, celebrada em Viena, em 11 de abril de 1980: "En la medida en que el primer método de valoración se aplica a las mercancías vendidas para su exportación a la Comunidad, es de suponer que tal venta deberá ser una venta internacional, en el sentido de que reúna las características contempladas en la Convención de Viena sobre la compra-venta internacional de mercancías. No parece ser que esta cuestión haya preocupado mucho – más bien nada – a la doctrina y menos aún a la Administración aduanera" (ZOZAYA, op. cit., p. 132, nota 15).

375. Convenção de Viena (art. 53): "O comprador deverá pagar o preço das mercadorias e recebê-las nas condições estabelecidas no contrato e na presente Convenção".

376. Art. 30: "O vendedor estará obrigado, nas condições previstas no contrato e na presente Convenção, a entregar as mercadorias, a transmitir a propriedade sobre elas e, sendo o caso, a remeter os respectivos documentos".

titularidade ou em se tratando de outra modalidade contratual (permuta, empréstimo, doação, depósito), não há compra e venda. Logo, a apuração da base de cálculo deve ocorrer em consonância com os métodos sucessivos de valoração aduaneira.

c) Ausência de cláusulas de limitação do preço, da posse ou do domínio

O terceiro pressuposto de aplicabilidade do método do valor da transação encontra-se previsto no art. 1.1 do AVA. Este estabelece que a compra e venda não deve estar submetida a qualquer das cláusulas de limitação do preço, da posse ou do domínio previstas no §1º ("a", "b" e "c"), ressalvadas as exceções expressas no mesmo dispositivo. Essas, por sua vez, abrangem as limitações decorrentes de lei ou de ato da administração pública do país de importação, as relativas à área de venda do produto ou que não afetem substancialmente o preço:

> Artigo 1
>
> 1. O valor aduaneiro de mercadorias importadas será o valor de transação, isto é, o preço efetivamente pago ou a pagar pelas mercadorias, em uma venda para exportação para o país de importação, ajustado de acordo com as disposições do Artigo 8, desde que:
>
> [...]
>
> (a) não haja restrições à cessão ou à utilização das mercadorias pelo comprador, ressalvadas as que:
>
> (i) sejam impostas ou exigidas por lei ou pela administração pública do país de importação;
>
> (ii) limitem a área geográfica na qual as mercadorias podem ser revendidas; ou
>
> (iii) não afetem substancialmente o valor das mercadorias;
>
> (b) a venda ou o preço não estejam sujeitos a alguma condição ou contraprestação para a qual não se possa determinar um valor em relação às mercadorias objeto de valoração;

(c) nenhuma parcela do resultado de qualquer revenda, cessão ou utilização subsequente das mercadorias pelo comprador beneficie direta ou indiretamente o vendedor, a menos que um ajuste adequado possa ser feito, de conformidade com as disposições do Artigo 8; e

As notas interpretativas do AVA estabelecem alguns exemplos de aplicação dessas cláusulas restritivas:

Parágrafo 1(a) (iii)

Entre as restrições que não tornam inaceitáveis um preço pago ou a pagar, figuram as que não afetam substancialmente o valor das mercadorias. Um exemplo de tais restrições seria o caso em que um vendedor de automóveis exigisse de um comprador que não os vendesse nem os exibisse antes de uma certa data, que representasse o início do ano para os modelos dos automóveis em questão.

Parágrafo 1(b)

1. Se a venda ou o preço estiverem sujeitos a alguma condição ou contraprestação, da qual não se possa determinar um valor em relação às mercadorias objeto de valoração, o valor de transação não será aceitável para fins aduaneiros. Como exemplo, temos:

(a) o vendedor fixa o preço das mercadorias importadas sob a condição de o comprador adquirir também outras mercadorias em quantidades especificadas;

(b) o preço das mercadorias importadas depende do preço ou preços pelos quais o seu comprador vende outras mercadorias ao vendedor das mercadorias importadas;

(c) o preço é fixado com base em uma forma de pagamento alheia às mercadorias importadas, tal como quando estas são mercadorias semiacabadas que tenham sido fornecidas pelo vendedor sob a condição de lhe ser enviada uma determinada quantidade das mercadorias acabadas.

2. No entanto, condições ou contraprestações relacionadas com a produção ou a comercialização das mercadorias importadas não devem resultar na rejeição do valor da transação. Por exemplo, o fato de o comprador fornecer ao vendedor projetos de engenharia e planos elaborados no país de importação não deve resultar na rejeição do valor da transação para os fins do Artigo 1. Do mesmo modo, se o comprador tomar a seu cargo, por sua própria conta, ainda que mediante acordo com o vendedor, as

atividades relacionadas com a comercialização das mercadorias importadas, o valor dessas atividades não fará parte do valor aduaneiro, nem resultarão essas atividades na rejeição do valor da transação.

Dentre as cláusulas previstas no art. 1.1(a), destaca-se a hipótese (iii), que trata das restrições que afetam substancialmente o valor das mercadorias. Não é simples determinar o que se entende com tal. O Comentário 12.1, do Comitê Técnico da OMA, sem estabelecer um parâmetro geral e abstrato, faz referências a restrições não usuais ao ramo negocial, citando o exemplo de aparelho vendido por um preço simbólico, vinculado à utilização exclusiva em finalidades beneficentes.

Por outro lado, não basta a constatação de que a venda se deu por preço reduzido. É necessário que a diminuição do valor tenha decorrido de cláusula de limitação da disponibilidade prevista no art. 1.1.a) do AVA. Este faz referência às restrições de "utilização" e de "cessão". Trata-se, no entanto, de restrição ao uso e à venda do produto importado, porque, como se sabe, as mercadorias – como bens móveis e corpóreos – não estão sujeitas à cessão.[377]

d) Existência de dados objetivos e quantificáveis

Consoante destacado, o preço efetivamente pago ou pagar pelo produto importado deve ser ajustado mediante agregação dos valores previstos nos §§ 1º e 2º do art. 8 do AVA, desde que o seu pagamento tenha sido efetivamente previsto na operação de comércio exterior valorada. Além disso, de acordo com o art. 8.3, devem ser baseados em dados objetivos e quantificáveis:[378]

---

377. VENOSA, op. cit., p. 329.

378. "3. Os acréscimos ao preço efetivamente pago ou a pagar, previstos neste Artigo, serão baseados exclusivamente em dados objetivos e quantificáveis".

IMPOSTO DE IMPORTAÇÃO

Nota ao Artigo 8

[...]

3. Inexistindo dados objetivos e quantificáveis com relação aos acréscimos previstos pelas disposições do Artigo 8, o valor de transação não poderá ser determinado de acordo com o disposto no Artigo 1. Como ilustração disto, um *royalty* é pago com base no preço de venda, no país de importação, de um litro de um dado produto que foi importado por quilograma e transformado em solução após importado. Se o *royalty* basear-se parcialmente nas mercadorias importadas e parcialmente em outros fatores independentes das mercadorias importadas (como quando as mercadorias importadas são misturadas com ingredientes nacionais e não podem ser mais identificadas separadamente, ou quando não se pode distinguir o *royalty* dos acordos financeiros especiais entre comprador e vendedor), seria inadequado tentar proceder a um acréscimo relativo ao *royalty*. No entanto, se o montante desse *royalty* basear-se somente nas mercadorias importadas e puder ser facilmente quantificado, um acréscimo ao preço efetivamente pago ou a pagar poderá ser feito.

De acordo com a Nota Interpretativa ao art. 8.3, havendo previsão de pagamento na operação valorada, mas inexistindo dados objetivos ou não sendo possível a quantificação dos elementos que devem ser agregados ao preço pago ou a pagar pelo produto importado, o próprio método do valor da transação deverá ser afastado, apurando-se a base de cálculo a partir de um dos métodos substitutivos.[379]

e) Aceitabilidade do preço nas operações em partes vinculadas

A aplicabilidade do método do valor da transação, de acordo com o art. 1.1(d) do AVA, pressupõe a ausência de vinculação entre importador e exportação ou, do contrário, a aceitabilidade do preço pago ou pagar na operação.[380] Assim,

---

379. LYONS, *op. cit.*, p. 297.

380. "Artigo 1
1. O valor aduaneiro de mercadorias importadas será o valor de transação, isto é, o preço efetivamente pago ou a pagar pelas mercadorias, em uma venda para

a primeira conclusão que resulta desse dispositivo é que, não se tratando de partes relacionadas e estando presentes os demais pressupostos de aplicabilidade do método do valor da transação, a autoridade aduaneira não pode deixar de aceitar o valor declarado pelo importador, ainda que o considere reduzido ou abaixo dos parâmetros de mercado.

A vinculação entre exportador e importador, por sua vez, caracteriza-se diante das seguintes situações descritas nos §§ 4º e 5º do art. 15:

> 4. Para os fins deste Acordo, as pessoas serão consideradas vinculadas somente se:
>
> (a) uma delas ocupar cargo de responsabilidade ou direção em empresa da outra;
>
> (b) forem legalmente reconhecidas como associadas em negócios;
>
> (c) forem empregador e empregado;
>
> (d) qualquer pessoa, direta ou indiretamente, possuir, controlar ou deter 5% ou mais das ações ou títulos emitidos com direito a voto de ambas;
>
> (e) uma delas, direta ou indiretamente, controlar a outra;
>
> (f) forem ambas, direta ou indiretamente, controladas por uma terceira pessoa; ou
>
> (g) juntos, controlarem direta ou indiretamente uma terceira pessoa;
>
> (h) forem membros da mesma família.[381]

---

exportação para o país de importação, ajustado de acordo com as disposições do Artigo 8, desde que:
[...]
(d) não haja vinculação entre comprador e o vendedor ou, se houve, que o valor da transação seja aceitável para fins aduaneiros, conforme as disposições do parágrafo 2 deste Artigo."

381. De acordo com a Instrução Normativa SRF 327/2003: "Art. 17. Na análise da vinculação de que trata o artigo 15, parágrafo 4, alínea 'h', do Acordo de Valoração Aduaneira, serão considerados membros da mesma família: I – marido e mulher; II – irmão e irmã; III – ascendente e descendente em primeiro e segundo graus, em linha direta; IV – tio, tia, sobrinho e sobrinha; V – sogro, sogra, genro e nora; VI – cunhado e cunhada". A relação de

IMPOSTO DE IMPORTAÇÃO

5. As pessoas que forem associadas em negócios, pelo fato de uma ser o agente, o distribuidor ou o concessionário exclusivo da outra, qualquer que seja a denominação utilizada, serão consideradas vinculadas para os fins deste Acordo, desde que se enquadrem em algum dos critérios do parágrafo 4 deste Artigo.

O exame da vinculação não pode ocorrer sem que se considerem os demais pressupostos de aplicabilidade do método do valor da transação. Assim, a autoridade aduaneira deve afastar primeiramente qualquer suspeita de interposição fraudulenta de terceiros na operação de importação.[382] Isso porque as regras de valoração não são aplicáveis nas hipóteses de fraude. Além disso, deve-se ter segurança da veracidade e da exatidão das afirmações, das declarações e dos documentos apresentados pelo interessado para fins de valoração do produto. Havendo dúvida acerca das partes efetivamente envolvidas na operação, o método do valor da transação deve ser afastado, procedendo-se a definição da base de cálculo em consonância com um dos métodos substitutivos.

Por outro lado, devem ser considerados os diferentes regimes de importação existentes no direito brasileiro: a importação direta, por encomenda e por conta e ordem.[383] Assim, na primeira o exame da vinculação deve ser realizado considerando apenas o importador. Na importação por encomenda,

---

parentesco, no entanto, deve ser determinada em consonância com os arts. 1.591 e ss. do Código Civil, incluindo vínculos de união estável (VITA, *op. cit.*, p. 108) e união homoafetiva.

382. A interposição fraudenta em operações de comércio exterior, consoante destacado anteriormente, encontra-se tipificada no art. 23, V, do Decreto-lei 1.455/76, na redação da Lei 10.637/2002: "Art. 23. Consideram-se dano ao Erário as infrações relativas às mercadorias: [...] V – estrangeiras ou nacionais, na importação ou na exportação, na hipótese de ocultação do sujeito passivo, do real vendedor, comprador ou de responsável pela operação, mediante fraude ou simulação, inclusive a interposição fraudulenta de terceiros". Logo, no tocante às operações de importação, a infração será caracterizada sempre que um determinado sujeito passivo – denominado *importador oculto* –, visando ao prejuízo do erário, age em conluio com outrem – *importador ostensivo* – para que este figure formalmente como importador e omita a identificação do real adquirente perante as autoridades competentes.

383. Ver item 1.2.2.1.

o importador e o encomendante.[384] No regime de conta e ordem, o real destinatário, uma vez que o importador não atua por conta própria, mas como mandatário do primeiro.

Não parece procedente a interpretação que, nas importações por conta e ordem e por encomenda, entende ser necessária a verificação da "[...] vinculação de maneira dúplice: entre o exportador e a *trading company*; e de maneira transparente, ou seja, verificando, também, a ligação entre o exportador e o real importador, encomendante pré-determinado".[385]

No regime de conta e ordem, o importador constitui um prestador de serviço que se limita a promover em seu nome, na condição de mandatário, o despacho aduaneiro de mercadoria adquirida no exterior por outra empresa. É este que paga o preço pelo produto importado e, após a tradição, adquire a sua propriedade. Tanto é assim que todos os recursos empregados na operação advêm do adquirente, sob pena de descaracterização jurídica da operação. Portanto, para fins de exame da vinculação, é relevante apenas o real adquirente.

Cumpre destacar ainda que, de acordo com o art. 87 da Medida Provisória 2.158-35/2001, presume-se a vinculação quando – em decorrência da legislação vigente no país de exportação ou da ocultação de informações – não for possível determinar os seguintes aspectos da operação:

> Art. 87. Presume-se a vinculação entre as partes na transação comercial quando, em razão de legislação do país do vendedor ou da prática de artifício tendente a ocultar informações, não for possível:
>
> I – conhecer ou confirmar a composição societária do vendedor, de seus responsáveis ou dirigentes; ou
>
> II – verificar a existência de fato do vendedor.

---

384. Em matéria de preços de transferência, a Lei 11.281/2006 estabelece que: "Art. 14. Aplicam-se ao importador e ao encomendante as regras de preço de transferência de que trata a Lei 9.430, de 27 de dezembro de 1996, nas importações de que trata o art. 11 desta Lei".

385. VITA, *op. cit.*, p. 109.

Parte da doutrina sustenta que a inconstitucionalidade da Medida Provisória 2.158-35/2001, uma vez que a legislação local não poderia criar nova hipótese de vinculação, além das já previstas no AVA.[386] Não se trata, porém, de dispositivo inválido. A presunção do art. 87 decorre do primeiro pressuposto de aplicabilidade do método do valor da transação (art. 17 e do parágrafo 6 do Anexo III do AVA). Isso porque, se não é possível verificar a existência de fato de o vendedor nem conhecer ou confirmar a sua composição societária, não há certeza da veracidade e da exatidão das afirmações, declarações ou documentos apresentados para fins de valoração do produto importado.

Trata-se, ademais, de presunção relativa. O importador, mesmo que tenha adquirido um produto nas hipóteses do art. 87, I e II, da Medida Provisória 2.158-35/2001, pode apresentar prova da existência de fato do vendedor e que permita o conhecimento da composição societária e da administração do exportador. Se estas forem suficientes e idôneas, não há justificativa para a manutenção da presunção.

Por fim, estabelecida a existência de vinculação, deve-se ter presente que esta, por si só, não implica a inaceitabilidade do preço (art. 1.2.a). Também não basta a demonstração da eventual discrepância entre o valor declarado e os preços de mercado (Opinião Consultiva 2.1).[387] É necessário verificar se a relação existente entre as partes influenciou na definição do preço pago ou a pagar pela mercadoria importada.[388] Isso

---

386. VITA, op. cit. p. 109: "[...] a legislação brasileira adicionou (indevidamente) mais uma modalidade presumida de vinculação àquelas contidas no AVA, para fins aduaneiros, sob o contexto de tratamento com países que detêm o sigilo societário, como posto no art. 87, I, da eterna MP 2.158-35/2001, além do caso de transações fictícias entre partes vinculadas (inciso II), tendo sido este dispositivo reproduzido no art. 18 da IN 327".

387. "2. O Comitê Técnico de Valoração Aduaneira examinou esta questão e concluiu que o simples fato de um preço ser inferior aos preços correntes de mercado para mercadorias idênticas não poderia ser motivo para sua rejeição para os fins do Artigo 1, sem prejuízo, no entanto, do estabelecido no Artigo 17 do Acordo."

388. Como destaca ZOLEZZI, Daniel. Las empresas vinculadas y el valor en

pode ocorrer de duas maneiras distintas: (a) pelo exame das circunstâncias da venda (art. 1.2.a); ou (b) mediante demonstração da proximidade com um dos valores "critério" ou de "teste" do AVA (art. 1.2.b).

e.1) Circunstâncias da venda: aplicação da legislação de "transfer pricing"

A avaliação das circunstâncias da venda (*circumstances surrounding the sale*) ocorre em uma fase colaborativa, também denominada conciliatória por parte da doutrina.[389] Esta designação, contudo, não parece a mais adequada, porquanto a conciliação pressupõe um conflito, ainda inexistente nesta etapa da valoração. A rigor, nela, a autoridade aduaneira limita-se a verificar se o preço pago ou a pagar pela mercadoria importada foi determinado de forma livre e independente, isto é, sem que a relação existente entre as partes tenha influenciado na definição do preço.

Trata-se de uma etapa de verificação prévia que somente pode ser dispensada caso o importador opte por demonstrar a aceitabilidade do preço diretamente a partir dos valores-critério (art. 1.2.c) ou se a administração aduaneira já estiver convencida de que o preço não foi influenciado pela vinculação.

---

aduana. *Revista de Estudios Aduaneros* n° 09. Buenos Aires: Instituto Argentino de Estudios Aduaneros, p. 73-76, 1° sem. 1996, p. 73: "La vinculación crea un clima de expectativa (una luz roja en el tablero fiscal), pero el precio se presume inocente en tanto no se demuestre lo contrario. Todos sabemos que ya un precio no se rechaza por ser inferior a lo usual en el mercado (conf. O.C. 2.1 del Comité Técnico de Valoración en Aduana de la Organización Mundial de Aduanas). Esto es la esencia del Acuerdo".

389. Daniel Zolezzi, após ressaltar que "la verificación del precio tiene dos procedimientos", propõe designação "conciliatória", em oposição à etapa contraditória, realizada na forma do art. 1.2.(b): "Permítase llamar procedimiento 'conciliatorio', dentro de un marco de mutua cooperación entre fisco y el contribuyente, al previsto por el art. 1. 2.a), y 'contradictorio' al normado en el art. 1.2.b)." ZOLEZZI, Daniel. Las empresas vinculadas y el valor en aduana. *Revista de Estudios Aduaneros* n° 09, p. 74.

IMPOSTO DE IMPORTAÇÃO

O auditor fiscal, portanto, não precisa promover a verificação de todas as operações envolvendo as mesmas empresas. A parte final das notas interpretativas do §2º dispensa a etapa conciliatória quando a fiscalização, em decorrência de procedimentos anteriores ou de exame prévio, já esteja convencida da aceitabilidade do preço.[390] Porém, não sendo isso possível, devem ser necessariamente verificadas as circunstâncias da venda.

Não há um procedimento específico definindo a forma como deve ocorrer a colaboração entre o importador e a administração aduaneira. A nota interpretativa do art. 1.2.(a) do AVA estabelece apenas que, se não for possível aceitar o valor de transação sem investigações complementares, deverá ser aberto ao importador uma oportunidade de fornecer informações mais detalhadas, necessárias para capacitar o exame das circunstâncias da venda pela autoridade aduaneira:

> Nota ao Artigo 1
>
> *Parágrafo 2*
>
> [...]
>
> 3. Se a administração aduaneira não puder aceitar o valor de transação sem investigações complementares, deverá dar ao importador uma oportunidade de fornecer informações mais detalhadas, necessárias para capacitá-la a examinar as circunstâncias da venda. Nesse contexto, a administração aduaneira deverá estar preparada para examinar os aspectos relevantes da transação, inclusive a maneira pela qual o comprador e o vendedor organizam suas relações comerciais e a maneira pela qual o preço em questão foi definido, com a finalidade de determinar se a vinculação influenciou o preço. Quando ficar demonstrado

---

390. O Anexo 1 – Notas Interpretativas, AVA, parágrafo 2, estabelece que "2. [...] não se pretende que seja feito um exame de tais circunstâncias em todos os casos em que o comprador e o vendedor forem vinculados. Tal exame só será exigido quando houver dúvidas quanto à aceitabilidade do preço. Quando a administração aduaneira não tiver dúvidas quanto à aceitabilidade do preço, ele deverá ser aceito sem que outras informações sejam solicitadas ao importador. Por exemplo, a administração aduaneira pode ter examinado previamente a vinculação, ou pode ter informações detalhadas a respeito do comprador e do vendedor, e pode, diante de tais exames e informações, estar convencida de que a vinculação não influenciou o preço."

que o comprador e o vendedor, embora vinculados conforme as disposições do Artigo 15, compram e vendem um do outro como se não fossem vinculados, isto comprovará que o preço não foi influenciado pela vinculação. Como exemplo, se o preço tivesse sido determinado de maneira compatível com as práticas normais de fixação de preços do setor industrial em questão, ou com a maneira pela qual o vendedor fixa seus preços para compradores não vinculados a ele, isto demonstrará que o preço não foi influenciado pela vinculação. Como outro exemplo, quando ficar demonstrado que o preço é suficiente para cobrir todos os custos e assegurar um lucro representativo do lucro global obtido pela firma durante um período de tempo também representativo (por exemplo, anual), em vendas de mercadorias da mesma classe ou espécie, estará comprovado que o preço não foi influenciado pela vinculação.

Por outro lado, o exame das circunstâncias da venda, ao contrário da hipótese do art. 1.2.(b), não ocorre a partir de um critério fechado ou definido.[391] O AVA não estabelece um parâmetro de aceitabilidade, limitando-se a prever, na nota interpretativa do art. 1.2,[392] que a administração aduaneira deverá estar preparada para examinar os aspectos relevantes da transação, inclusive a maneira como comprador e o vendedor organizam suas relações comerciais, com a finalidade de determinar se a vinculação influenciou a definição do preço.

---

391. De acordo com Comitê Técnico, no Comentário 14.1, o AVA não fornece diretrizes precisas a respeito das dúvidas sobre a aceitabilidade de um preço que dariam motivo às Aduanas para empreender uma investigação sobre as circunstâncias da venda: "[...] a concepção estrutural do Acordo é tal que a mera existência de uma vinculação dá motivos para questionar se o preço entre o vendedor e o comprador foi ou não influenciado pela vinculação, porque somente pode ser utilizado o preço como base do valor de transação quando a vinculação não o tiver influenciado. De outro lado, o Artigo 17 estabelece que nenhuma das disposições do Acordo impedirá as Aduanas que comprovem a veracidade ou a exatidão de qualquer afirmação, documento ou declaração. Poderia tratar-se, por exemplo, de uma declaração feita pelo comprador vinculado, implícita ou explicitamente, segundo os documentos ou declarações requeridos pelo país de importação, ao aplicar o método do valor de transação, a saber, 'preço não foi influenciado pela minha vinculação com o vendedor'".

392. Transcrita acima.

Portanto, o juízo de aceitabilidade pressupõe o exame da influência da relação entre as partes na determinação do preço. Justamente por isso, o Novo Código Aduaneiro da União Europeia adota o critério da *influência*, que decorre dos arts. 1.(d) e 2 do AVA;[393]

> Artigo 70º
>
> Método de determinação do valor aduaneiro baseado no valor transacional
>
> [...]
>
> 3. O valor transacional é aplicável desde que se encontrem preenchidas cumulativamente as seguintes condições:
>
> [...]
>
> d) O comprador e o vendedor não estejam coligados ou a relação de coligação não tenha influenciado o preço.

A existência de influência deve ser avaliada considerando os aspectos relevantes da transação, o que dependerá das particularidades do caso concreto. Três pontos, porém, devem ser necessariamente considerados: (i) a natureza da mercadoria; (ii) vínculo existente entre importador e exportador; e (iii) o preço adotado pelo exportador em operações com empresas desvinculadas.

Com efeito, o art. 15.4 do AVA, quando dispõe sobre as hipóteses de vinculação, adota uma tipificação ampla, que nem sempre implica uma influência concreta na definição dos preços. Destarte, a relação de parentesco nem sempre é relevante no caso concreto. Da mesma forma, é perfeitamente possível que as unidades de uma mesma companhia apresentem autonomia decisória, notadamente quando há planos de remuneração variável de diretores atrelada ao desempenho da unidade local ou quando esta apresenta sócios locais minoritários.

---

393. "d) não haja vinculação entre o comprador e o vendedor ou, se houver, que o valor da transação seja aceitável para fins aduaneiros, conforme as disposições do parágrafo 2 deste Artigo".

Também, deve ser examinado o preço adotado pelo exportador em operações com empresas desvinculadas. Se este for compatível com o adotado nas importações intragrupo, certamente inexistiu influência decorrente da vinculação.

Outro fator relevante é a natureza da mercadoria. Há produtos – como as "comodities" – que estão sujeitos a cotações internacionais definidas em bolsas de mercadorias. A administração aduaneira, ao constatar que o valor da operação não diverge significativamente desses índices, agregados à margem e aos custos aproximados da operação, pode entender que o vínculo não foi relevante, considerando-o aceitável à luz das circunstâncias da venda.

A mesma constatação pode resultar da comparação com os bancos de dados de comércio exterior. No Brasil, como se sabe, a Secretaria de Comércio Exterior (SECEX), por meio do "Sistema de Análise das Informações de Comércio Exterior via Internet" ("AliceWeb"), disponibiliza o histórico dos preços médios das operações desde 1989. Nada impede que este sirva de parâmetro para a aceitação do preço declarado, sem a necessidade de aferição dos valores-teste do art. 1.2.(b).

Essa comparação, entretanto, apenas pode ocorrer para fins de aceitação do valor declarado ou para que se conclua que o vínculo das partes influenciou no preço. Não cabe a valoração com base no banco de dados históricos ou nas cotações internacionais do produto. De acordo com o art. 1.2.(a), se a administração aduaneira concluir que a vinculação efetivamente influenciou o preço, os motivos deverão ser comunicados ao importador, abrindo-se prazo razoável para fins de contestação. Nesta oportunidade, segue-se para a etapa seguinte, quando o importador poderá demonstrar a aceitabilidade assentada na proximidade com os valores-testes do art. 1.2.(b):

PARTE I
NORMAS SOBRE VALORAÇÃO ADUANEIRA

IMPOSTO DE IMPORTAÇÃO

Artigo 1. [...]

[...]

2. (a) Ao se determinar se o valor de transação é aceitável para os fins do parágrafo 1, o fato de haver vinculação entre comprador e vendedor, nos termos do Artigo 15, não constituirá, por si só, motivo suficiente para se considerar o valor de transação inaceitável. Neste caso, as circunstâncias da venda serão examinadas e o valor de transação será aceito, desde que a vinculação não tenha influenciado o preço. Se a administração aduaneira, com base em informações prestadas pelo importador ou por outros meios, tiver motivos para considerar que a vinculação influenciou o preço, deverá comunicar tais motivos ao importador, a quem dará oportunidade razoável para contestar. Havendo solicitação do importador, os motivos lhe serão comunicados por escrito.

Na avaliação das circunstâncias da venda, estuda-se, no âmbito da OMC, da OMA, da Câmara de Comércio Internacional de Paris[394] e da OCDE (Organização para a Cooperação e Desenvolvimento Econômico), a conveniência de uma eventual convergência das regras de valoração aduaneira e de controle dos preços de transferência. Alguns países, como Austrália, Estados Unidos, Canadá e China, já apresentam disciplina legal interna acerca da matéria.[395]

Esse tema, que também é objeto de preocupação doutrinária,[396] foi apreciado pelo Comitê Técnico da OMA, por

---

394. "International Chamber of Commerce, Transfer Pricing and Customs Value (prepared by the ICC Commission on Taxation and the ICC Committee on Customs and Trade regulations), Document n.º 180/103-6-521 (February 2012)". Sobre o tema, cf. AVOLIO, Diego; DE ANGELIS, Enrico. *Transfer princing e valore in dogana: analisi comparata ed esperienze a confronto*. In: MAYR, Siegfried; SANTA-CROCE (a cura di). *Valore in dogana e transfer princing*. Milão: Wolter Kluwer, versão "E-Book, Apple", 2014, p. 433 e ss.

395. A disciplina legal do tema nesses diversos países, bem como a comparação entre os métodos de valoração e de preços de transferência, encontra a sua melhor explicação no estudo de AVOLIO; DE ANGELIS, *op. cit.*, p. 459 e ss.

396. Sobre o tema, cf.: BARREIRA, Enrique Carlos. Los "precios de transferencia" en las transacciones internacionales entre empresas vinculadas: dos enfoques ante un mismo fenómeno. *Revista de Estudios Aduaneros* nº 15. Buenos Aires: Instituto Argentino de Estudios Aduaneros, p. 113-124, 2º sem. 2001 – 1º-2º sem. 2002; HILÚ

meio do Comentário 23.1, de outubro de 2010. Este – que ainda foi não integrado ao anexo único da Instrução Normativa SRF 318/2003 – admitiu a utilização dos estudos de preços de transferência elaborados pelo importador como uma possível base para avaliação da influência na definição do preço, desde que apresentem informações relevantes acerca das circunstâncias da venda:

[...]

> 7. A questão que se coloca então é saber se um estudo sobre preços de transferência, elaborado para fins tributários, e apresentado pelo importador, pode ser utilizado pela administração aduaneira como base para examinar as circunstâncias da venda.[397]

NETO, Miguel. Preços de transferência e valor aduaneiro: a questão da vinculação à luz dos princípios tributários. *In:* SCHOUERI, Luís Eduardo; ROCHA, Valdir de Oliveira (coords.). *Tributos e preços de transferência*. São Paulo: Dialética, v. 2, 1999, p. 259-276; ___. O elo jurídico entre a valoração aduaneira e os preços de transferência. *In:* FERNANDES, Edison Carlos (coord.) *Preços de transferência*. São Paulo: Quartier Latin, 2007, p. 63-86; MELO, José Eduardo Soares de. *Importação e exportação..., op. cit.*, p. 73-76; VITA, Jonathan Barros. *Valoração aduaneira e preços de transferencia*: pontos de conexão e distinções sistêmico-aplicáveis. Tese (Doutorado em Direito). Pontifícia Universidade Católica de São Paulo. São Paulo, 2010, p. 699 e ss.; FERRONI, Bruno. Transfer pricing e valore doganale. *In:* SCUFFI, Massimo; ALBENZIO, Giuseppe; MICCINESI, Marco. *Diritto doganale, dele accise e di tributi ambientali*. Milão: Ipsoa, 2014, versão "E-Book, Apple", p. 807-860; MASSIMO, Fabio. Il valore della merce in dogana. *In:* SCUFFI; ALBENZIO; MICCINESI, *op. cit.*, p. 771-806; FERRONI, Bruno; MAYR, Siegfried; SANTACROCE, Benedetto. Le valorizzazione delle merci: problematiche e soluzioni. In: MAYR, Siegfried; SANTACROCE (a cura di). *Valore in dogana e transfer princing*. Milão: Wolter Kluwer, versão "E-Book, Apple", 2014, p. 16 e ss.; PIRES, Adilson Rodrigues. Controle do preço de transferencia e as operações de comércio exterior. *In:* SCHOUERI, Luís Eduardo; ROCHA, Valdir de Oliveira (coords.). *Tributos e preços de transferência*. São Paulo: Dialética, v. 2, 1999, p. 9-22; SCHOUERI, Luís Eduardo. *Preços de transferência no direito tributário brasileiro*. 3. ed. São Paulo: Dialética, 2013, p. 19 e ss.; AVOLIO; DE ANGELIS, *op. cit.*, p. 433 e ss.

397. "7. The question which then arises is whether a transfer pricing study prepared for tax purposes, and provided by the importer, can be utilized by the Customs administration as a basis for examining the circumstances surrounding the sale." ou "La cuestión que se plantea entonces es la de saber si la Administración de Aduanas puede utilizar un estudio sobre precios de transferencia elaborado a efectos tributarios y facilitado por el importador como base para examinar las circunstancias de la venta."

8. Por um lado, um estudo sobre preços de transferência apresentado por um importador pode ser uma boa fonte de informação, caso contenha informações relevantes sobre as circunstâncias da venda. Por outro lado, um estudo de preços de transferência pode não ser relevante ou adequado para examinar as circunstâncias da venda devido às diferenças substanciais e significativas existentes entre os métodos do Acordo para determinar o valor das mercadorias importadas e das diretrizes sobre preços de transferência da OCDE.[398]

9. Portanto, o uso de um estudo de preços de transferência como uma possível base para examinar as circunstâncias da venda deve ser considerado caso a caso. Em conclusão, quaisquer informação e documentos pertinentes fornecidos pelo importador podem ser utilizados para examinar as circunstâncias da venda. Um estudo de preços de transferência poderia ser uma fonte dessas informações.[399]

Embora o Brasil não integre a OCDE, nada impede que a aplicação da solução indicada no Comentário 23.1, do Comitê

---

[398]. "8. On one hand, a transfer pricing study submitted by an importer may be a good source of information, if it contains relevant information about the circumstances surrounding the sale. On the other hand, a transfer pricing study might not be relevant or adequate in examining the circumstances surrounding the sale because of the substantial and significant differences which exist between the methods in the Agreement to determine the value of the imported goods and those of the OECD Transfer Pricing Guidelines" ou "8. Por una parte, es posible que un estudio sobre precios de transferencia presentado por un importador resulte una buena fuente de información, si contiene información pertinente sobre las circunstancias de la venta. Por otra parte, puede que un estudio sobre precios de transferencia no resulte pertinente o adecuado para examinar las circunstancias de la venta debido a las sustanciales y significativas diferencias que existen entre los métodos del Acuerdo para determinar el valor de las mercancías importadas, y los métodos de las Directrices de la OCDE sobre Precios de transferencia."

[399]. "9. Accordingly, the use of a transfer pricing study as a possible basis for examining the circumstances of the sale should be considered on a case by case basis. As a conclusion, any relevant information and documents provided by an importer may be utilized for examining the circumstances of the sale. A transfer pricing study could be one source of such information" ou "9. Por consiguiente, la utilización de un estudio sobre precios de transferencia como una base posible para examinar las circunstancias de la venta se debe considerar caso por caso. En conclusión, para examinar las circunstancias de la venta se puede utilizar cualquier información y documento pertinente facilitado por un importador. Un estudio sobre precios de transferencia podría constituir una de las fuentes de dicha información".

Técnico da OMA. A abertura proporcionada pelo AVA permite que se considerem os parâmetros da legislação brasileira de preços de transferência (Lei 9.430/96 e alterações posteriores)[400] para se avaliar as circunstâncias da venda.

Não há, entretanto, implicação recíproca ou caráter vinculante entre a valoração aduaneira e a legislação de preços de transferência. Logo, o contribuinte não pode pleitear a repetição do indébito dos tributos aduaneiros, caso, em decorrência da aplicação da legislação de preços de transferência, a autoridade fiscal considere o custo de aquisição inferior ao adotado na valoração aduaneira. Tampouco cabe ao Fisco promover a revisão aduaneira e readequar a base de cálculo do imposto de importação considerando a legislação brasileira de preços de transferência. Providência dessa natureza dependeria não apenas de previsão legislativa, mas de alteração do AVA e da uniformização dos métodos de preços de transferência em nível mundial, algo ainda distante de ser alcançado.

No direito brasileiro, ademais, dependendo do método de apuração das transações *arm's lengt*, o legislador estabelece margens de lucro presumidas para determinadas operações e segmentos econômicos (Lei 9.430/96, na redação da Lei 12.715/2012).[401] A existência de margens presumidas é incom-

---

400. De acordo com a Exposição de Motivos da Lei 9.430/96: "12. As normas contidas nos arts. 18 a 24 representam significativo avanço da legislação nacional face ao ingente processo de globalização experimentado pelas economias contemporâneas. No caso específico, em conformidade com regras adotadas nos países integrantes da OCDE, são propostas normas que possibilitam o controle dos denominados 'Preços de Transferência', de forma a evitar a prática, lesiva aos interesses nacionais, de transferências de recursos para o Exterior, mediante a manipulação dos preços pactuados nas importações ou exportações de bens, serviços ou direitos, em operações com pessoas vinculadas, residentes ou domiciliadas no Exterior".

401. No PLR, o art. 18, §12, estabelece os seguintes percentuais:
"§ 12. As margens a que se refere a alínea "d" do inciso II do *caput* serão aplicadas de acordo com o setor da atividade econômica da pessoa jurídica brasileira sujeita aos controles de preços de transferência e incidirão, independentemente de submissão a processo produtivo ou não no Brasil, nos seguintes percentuais: (Incluído pela Lei 12.715, de 2012)
I – 40% (quarenta por cento), para os setores de: (Incluído pela Lei 12.715, de 2012)
a) produtos farmoquímicos e farmacêuticos; (Incluído pela Lei 12.715, de 2012)

patível com o AVA, que tem como princípio-base a exclusão da definição da base de cálculo dos tributos aduaneiros a partir de valores arbitrários ou fictícios.

e.2) Determinação do valor-critério

As dúvidas acerca da aceitabilidade do preço também podem ser afastadas mediante demonstração de que o preço apresenta uma proximidade com um dos "valores-critério" ou de "teste" do art. 1.2.b) do AVA. Isso pode ocorrer antes ou depois da avaliação das circunstâncias da venda pela administração aduaneira, dependendo do interesse do importador:

> PARTE I
> NORMAS SOBRE VALORAÇÃO ADUANEIRA
> Artigo 1. [...]
> [...]
> 2. [...]
> (b) no caso de venda entre pessoas vinculadas, o valor de transação será aceito e as mercadorias serão valoradas segundo as disposições do parágrafo 1, sempre que o importador demonstrar que tal valor se aproxima muito de um dos seguintes, vigentes ao mesmo tempo ou aproximadamente ao mesmo tempo:
>
> (i) o valor de transação em vendas a compradores não vinculados, de mercadorias idênticas ou similares destinadas a exportação para o mesmo país de importação;

---

b) produtos do fumo; (Incluído pela Lei 12.715, de 2012)
c) equipamentos e instrumentos ópticos, fotográficos e cinematográficos; (Incluído pela Lei nº 12.715, de 2012)
d) máquinas, aparelhos e equipamentos para uso odontomédico-hospitalar; (Incluído pela Lei 12.715, de 2012)
e) extração de petróleo e gás natural; e (Incluído pela Lei 12.715, de 2012)
f) produtos derivados do petróleo; (Incluído pela Lei 12.715, de 2012)
II – 30% (trinta por cento) para os setores de: (Incluído pela Lei 12.715, de 2012)
a) produtos químicos; (Incluído pela Lei 12.715, de 2012)
b) vidros e de produtos do vidro; (Incluído pela Lei 12.715, de 2012)
c) celulose, papel e produtos de papel; e (Incluído pela Lei 12.715, de 2012)
d) metalurgia; e (Incluído pela Lei 12.715, de 2012)
III – 20% (vinte por cento) para os demais setores. (Incluído pela Lei 12.715, de 2012)".

(ii) o valor aduaneiro de mercadorias idênticas ou similares, tal como determinado com base nas disposições do Artigo 5;

(iii) o valor aduaneiro de mercadorias idênticas ou similares, tal como determinado com base nas disposições do Artigo 6;

Na aplicação dos critérios anteriores, deverão ser levados na devida conta as diferenças comprovadas nos níveis comerciais e nas quantidades, os elementos enumerados no Artigo 8 e os custos suportados pelo vendedor, em vendas nas quais ele e o comprador não sejam vinculados, e que não são suportados pelo vendedor em vendas nas quais ele e o comprador não sejam vinculados, e que não são suportados pelo vendedor em vendas nas quais ele o comprador sejam vinculados.

(c) Os critérios estabelecidos no parágrafo 2(b) devem ser utilizados por iniciativa do importador e exclusivamente para fins de comparação. Valores substitutivos não poderão ser estabelecidos com base nas disposições do parágrafo 2(b).

Nota ao Artigo 1
Parágrafo 2

[...]

4. O parágrafo 2 (b) dá ao importador uma oportunidade de demonstrar que o valor de transação aproxima-se muito de um valor "critério" previamente aceito pela administração aduaneira e que, portanto, é aceitável de acordo com os disposto no Artigo 1. Caso seja satisfeito um dos critérios previstos no parágrafo 2 (b), não será necessário examinar a questão da influencia da vinculação com base no parágrafo 2 (a). Caso a administração aduaneira já tenha informações suficientes para estar convencida, sem outras investigações detalhadas, de que um dos critérios previstos no parágrafo 2 (b) foi satisfeito, não haverá razão para exigir do importador que faça esta demonstração. No parágrafo 2(b), entende-se por "compradores não vinculados" aqueles que não possuem qualquer vínculo com o vendedor, em nenhum caso específico.

Parágrafo 2(b)

Um certo número de fatores deve ser levado em conta ao se determinar se um valor se "aproxima muito" de outro. Incluem-se entre esses fatores a natureza das mercadorias importadas, a natureza do setor industrial, a época do ano durante a qual as mercadorias são importadas e se a diferença nos valores é significativa sob o aspecto comercial. Como esses fatores podem variar de um caso para outro, seria impossível aplicar um critério uniforme, tal como uma percentagem fixa, em todos os casos. Por exemplo, ao se determinar se o valor da transação se aproxima muito dos valores "critérios" indicados no parágrafo 2(b) do Artigo 1, uma pequena diferença de valor poderia ser inaceitável para um determinado tipo de mercadoria, enquanto uma diferença grande poderia ser aceitável para um outro tipo de mercadoria.

Assim, o importador pode demonstrar a aceitabilidade do valor declarado em razão de sua proximidade imediata ("que tal valor se aproxima em muito") com o valor-critério resultante da aplicação dos métodos substitutivos do valor da transação. Estes, portanto, servem não apenas para substituir o método do valor da transação, mas também para avaliar a sua aplicabilidade nas operações entre partes relacionadas.

A comparação entre o preço declarado pelo importador e o valor-teste ou valor-critério deve considerar fatores como a natureza das mercadorias importadas e do setor industrial, a época do ano em que foram importadas, partindo-se preferencialmente de uma operação no mesmo nível comercial e quantitativo.[402] Na falta de operação com características idênticas, recorre-se a vendas assemelhadas, ajustadas a partir de fatores relativos à quantidade e ao nível comercial.[403]

Não sendo aceito o preço adotado na operação, a administração aduaneira aplicará um dos métodos substitutivos do valor da transação. Se, por outro lado, este for acolhido, deve ser determinado o preço efetivamente pago ou a pagar pelo produto importado, promovendo-se ainda os ajustes previstos no AVA.

---

402. O nível comercial e quantitativo, as diferenças entre mercadorias idênticas e similares serão analisadas por ocasião do estudo dos métodos substitutivos do valor da transação.

403. A Instrução Normativa SRF 327/2003 permite a solicitação de informações por parte do importador: "Art. 26. Para a declaração do valor aduaneiro segundo os métodos previstos nos artigos 2 e 3 do Acordo de Valoração Aduaneira, o importador poderá solicitar informações à unidade aduaneira de sua jurisdição, desde que seja comprovado o embarque da mercadoria no exterior com destino ao País."

2.1.3.2.2 Preço efetivamente pago ou a pagar pelo produto importado e os pagamentos indiretos: a compensação e outras modalidades extintivas

O preço efetivamente pago ou a pagar, de acordo com a nota interpretativa do art. 1.1 do AVA, abrange todos os pagamentos em favor do vendedor, diretos ou indiretos, podendo ocorrer por meio de transferência de dinheiro, de cartas de crédito ou de outros instrumentos negociáveis:

> Nota ao Artigo 1
>
> Preço Efetivamente Pago ou a Pagar
>
> 1. O preço efetivamente pago ou a pagar é o pagamento total efetuado ou a ser efetuado pelo comprador ao vendedor, ou em benefício deste, pelas mercadorias importadas. O pagamento não implica, necessariamente, em (sic) uma transferência de dinheiro. Poderá ser feito por cartas de crédito ou instrumentos negociáveis, podendo ser efetuado direta ou indiretamente. Exemplo de pagamento indireto seria a liquidação pelo comprador, no todo ou em parte, de um débito contraído pelo vendedor.

A nota interpretativa do art. 1 do AVA, ao prever que *o pagamento não implica, necessariamente, em (sic) uma transferência de dinheiro*, faz referência aos pagamentos indiretos, invocando o exemplo a liquidação de um débito do vendedor pelo comprador, isto é, um pagamento com sub-rogação (CC, art. 346 e ss.). Este, como se sabe, não extingue a obrigação. Porém, faz com que importador e exportador tornem-se credores e devedores recíprocos, implicando a compensação (CC, art. 368).

Na interpretação desse dispositivo, deve-se ter presente que, no contrato de compra e venda, o preço – além de determinado ou determinável – sempre deve ser fixado em moeda. Se a contraprestação prevista pelas partes for a transferência de um direito ou de um bem, o contrato terá natureza de troca ou permuta,[404] sendo inaplicável o método do valor da transação.[405]

Nada impede, contudo, que o adimplemento do crédito do vendedor – o direito ao recebimento do preço – ocorra por meios indiretos, por qualquer modalidade extintiva, tais como a compensação, a confusão, a novação, a remissão, a consignação, a sub-rogação, a dação em pagamento e a prescrição.

A compensação representa a hipótese quantitativamente mais relevante, podendo chegar a 25% do comércio mundial.[406] Todavia, há operações denominadas "compensação" no âmbito internacional que, além de não substanciarem pagamento indireto, nem sempre decorrem de contrato de compra e venda. É o caso da troca (*"barter"*), da "compra" de compensação (*"counterpuchase"*), da conta justificativa (*"evidence account"*), da troca compensada (*"compensation"* ou *"buyback"*), do

---

404. "Define-se a troca ou permuta como o contrato pelo qual as partes se obrigam a dar uma coisa por outra, que não seja dinheiro. Grande é a semelhança com a compra e venda, mas, distingue ENNECCERUS, naquela não há contraprestação em dinheiro, 'sino en otra cosa o en un derecho. Así, pues, respecto a la permuta no procede distinguir entre precio y mercancia. [...] Justamente aí aparece a diferença. As prestações dos permutantes são em espécies, o que é bem diferente na compra e venda" (RIZZARDO, Arnaldo. *Contratos*. 2. ed. Rio de Janeiro: Forense, 2001, p. 321).

405. É o que estabelece a Opinião Consultiva n. 6.1 do Comitê Técnico da OMA: "Deixando de lado a questão sobre a existência ou não de uma venda, nos casos de operações de troca, em sua forma pura, quando a transação não for expressa em termos monetários, nem paga em dinheiro, e quando não se dispuser de um valor de transação, nem de dados objetivos e quantificáveis para determiná-lo, o valor aduaneiro deve ser determinado com base em um dos demais métodos previstos no Acordo, na ordem de prioridade nele prescrita".

406. De acordo com o Item 8 do Comentário n. 11.1, do Comitê Técnico da OMA: "8. Parece não existir estatística confiável sobre o volume do comércio internacional que implique a utilização de operações de compensação. As estatísticas existentes divergem consideravelmente, de 1 a 25% do comércio mundial. Esta discrepância se deve a que, contrariamente aos métodos usuais de avaliação do volume do comércio internacional, não há meios para registrar e analisar as operações de compensação como tais. Na prática, não é sempre fácil identificá-las, especialmente naqueles casos em que as transações são expressas em termos monetários e pagas de forma separada. Entretanto, embora não sejam coincidentes as cifras do volume das operações de compensação, há consenso de que a sua participação está crescendo no comércio mundial".

acordo de compensação ("*clearing agreement*"), do comércio triangular ("*switch*" ou "*triangular trade*"), do "*swap*" e da compensação parcial ("*offset arrangement*"), assim caracterizadas pelo Comentário 11.1, do Comitê Técnico da OMA:

[...]

a) troca (*barter*): uma simples troca de mercadorias por mercadorias, sem o pagamento em dinheiro (ver Opinião Consultiva 6.1);

b) compra de compensação (*counterpurchase*): uma troca de mercadorias por mercadorias e dinheiro, ou uma troca de mercadorias por serviços e dinheiro;

c) conta justificativa (*evidence account*): as compras de compensação revestem, com frequência, a forma de uma "conta justificativa". Para fins de pagamento, abre-se esta conta em um banco de comércio exterior ou em um banco central e as vendas de compensação do exportador são acreditadas para fazer frente às obrigações decorrentes de suas compras de compensação atuais ou futuras. Esses acordos proporcionam certa flexibilidade ao exportador, já que assim não deve proceder imediatamente às compras, pois graças à "conta justificativa" tem tempo para estudar com calma os mercados antes de efetuar suas compras de compensação;

d) troca compensada (*compensation* ou *buyback*): A venda de maquinário, equipamentos, tecnologia ou de uma fábrica de produção ou de transformação em troca de uma determinada quantidade do produto final como pagamento total ou parcial;

e) acordo de compensação (*clearing agreement*): um acordo bilateral entre dois países para a compra, durante um determinado período, de certa quantidade de bens produzidos por esses países, com a utilização de uma moeda livremente conversível de um terceiro país, ou seja, de uma moeda forte;

f) comércio triangular (*switch* ou *triangular trade*): um acordo em virtude do qual uma das partes no acordo comercial bilateral (como, por exemplo, um acordo de compensação mencionado no item e) acima) transfere seu saldo credor a um terceiro. Por exemplo, os países A e B concertam um acordo de compensação e A compra do país C um produto pelo qual efetuará o pagamento solicitando a B que, em virtude do acordo de compensação, transfira ao país C os pagamentos que a este deve fazer;

g) *swap*: uma troca de mercadorias idênticas ou similares provenientes de lugares diferentes para economizar custos de transporte. Este tipo de transação difere da troca (*barter*) mencionada no item a), vez que o intercâmbio do produto idêntico ou similar é feito unicamente com vistas ao benefício de uma fonte de suprimento mais próxima por exemplo, o caso de um comprador japonês que adquire uma quantidade de hidrocarbureto venezuelano, trocando-a por uma quantidade equivalente de petróleo bruto do Alasca, que havia sido adquirida por um comprador americano da costa leste;

h) compensação parcial (*offset arrangement*): a venda de um produto, geralmente de alta tecnologia, sob condição de que o exportador incorpore em seu produto final certos materiais, partes ou elementos que tenha adquirido no país de importação.

As "compensações" previstas no Comentário 11.1 do Comitê Técnico não configuram pagamento indireto.[407] Este é caracterizado apenas na compensação sentido estrito, isto é, a modalidade de extinção da obrigação na qual o importador e o exportador, na condição de credor e de devedor um de outro, desobrigam-se mutuamente do pagamento de dívidas recíprocas, líquidas e vencidas. Nessas, é perfeitamente possível a determinação do preço, uma vez que a extinção pressupõe a liquidez das obrigações recíprocas.

Vale ressaltar que, no direito brasileiro, o art. 10 do Decreto 9.025/1946 veda a realização de compensação privada de créditos ou valores de qualquer natureza ("Art 10. É vedada a realização de compensação privada de créditos ou valores de qualquer natureza, sujeitos os responsáveis às penalidades previstas no Decreto 23.258, de 19 de Janeiro de 1933"). Porém, esse dispositivo – que não tem aplicação extraterritorial – não

---

407. Esse comentário não dispõe sobre a caracterização de pagamento indireto nos contratos em questão. Seu objetivo é analisar a possibilidade de aplicação do método do valor da transação, concluindo pela impossibilidade de construção de uma solução geral: "[...] 11. Para a valoração aduaneira, há que verificar, em primeiro lugar, se a condições estipuladas no Artigo 1 impedem ou não a sua aplicação às operações de compensação. Dado o número de formas diferentes que este tipo de transação pode revestir, parece improvável que se possa chegar a uma solução geral a este respeito; e a decisão haveria de ser tomada tendo em conta os elementos de fato de cada transação e o tipo de operação de compensação de que se trate".

impede a inclusão do valor compensado na base de cálculo do imposto de importação, uma vez que, como se sabe, de acordo com o art. 118 do Código Tributário Nacional, a definição legal do evento imponível deve ser interpretada abstraindo-se a validade jurídica dos atos praticados pelo sujeito passivo da obrigação tributária.

Por fim, de acordo com o §2º da Nota Interpretativa do art. 1 do AVA, não integram o preço pago ou a pagar os custos das atividades desempenhadas pelo comprador, por conta própria, ainda que em benefício do vendedor.[408]

2.1.3.2.3 Ajuste do preço do produto

Uma vez determinado o "preço efetivamente pago ou pagar", este deve ser submetido à etapa final de ajustes positivos e negativos previstos nos §§ 1º e 2º do art. 8 do Acordo de Valoração Aduaneira (AVA) e em suas Notas Interpretativas. Nenhum outro acréscimo, de acordo com o art. 8.4,[409] poderá ser realizado, o que implica a natureza taxativa dos §§ 1º e 2º do art. 8 do AVA.[410]

a) Ajustes do art. 8.1

Ao contrário das adições do art. 8.2, os ajustes do art. 8.1 do AVA não dependem de previsão específica na legislação de cada país. Decorrem diretamente da incorporação do Acordo de Valoração ao direito interno:

---

[408]. "2. As atividades desempenhadas pelo comprador, por sua própria conta, excetuadas aquelas para as quais um ajuste tenha sido previsto no Artigo 8, não serão consideradas como um pagamento indireto ao vendedor, mesmo que sejam consideradas como um benefício deste. Portanto, os custos de tais atividades não serão adicionados ao preço efetivamente pago ou a pagar na determinação do valor aduaneiro".

[409]. "4. Na determinação do valor aduaneiro, nenhum outro acréscimo será feito ao preço efetivamente pago ou a pagar, se não estiver previsto neste Artigo".

[410]. TORRES, *op. cit.*, p. 246; VITA, *op. cit.*, p. 96; TREVISAN NETO, *op. cit.*, p. 156.

IMPOSTO DE IMPORTAÇÃO

Artigo 8

1. Na determinação do valor aduaneiro, segundo as disposições do Artigo 1, deverão ser acrescentados ao preço efetivamente pago ou a pagar pelas mercadorias importadas:

(a) – os seguintes elementos na medida em que sejam suportados pelo comprador mas não estejam incluídos no preço efetivamente pago ou a pagar pelas mercadorias:

(i) comissões e corretagens, excetuadas as comissões de compra;[411]

(ii) o custo de embalagens e recipientes considerados, para fins aduaneiros, como formando um todo com as mercadorias em questão;

(iii) o custo de embalar, compreendendo os gastos com mão de obra e com materiais.

(b) – o valor devidamente atribuído dos seguintes bens e serviços, desde que fornecidos direta ou indiretamente pelo comprador, gratuitamente ou a preços reduzidos, para serem utilizados na produção e na venda para exportação das mercadorias importadas e na medida em que tal valor não tiver sido incluído no preço efetivamente pago ou a pagar:

(i) materiais, componentes, partes e elementos semelhantes incorporados às mercadorias importadas;

(ii) ferramentas, matrizes, moldes e elementos semelhantes empregados na produção das mercadorias importadas;

(iii) materiais consumidos na produção das mercadorias importadas;

(iv) projetos da engenharia, pesquisa e desenvolvimento, trabalhos de arte e de design e planos e esboços necessários à produção das mercadorias importadas e realizados fora do país de importação.

(c) royalties e direitos de licença relacionados com as mercadorias objeto de valoração que o comprador deve pagar, direta ou indiretamente, como condição de venda dessas mercadorias, na medida em que tais royalties e direitos de licença não estejam incluídos no preço efetivamente pago ou a pagar;

---

411. *Notas ao Artigo 8, Parágrafo 1(a)(i):* "Entende-se por "comissões de compra" os pagamentos por um importador ao seu agente pelos serviços de representá-lo no exterior na compra das mercadorias objeto de valoração".

(d) – o valor de qualquer parcela do resultado de qualquer revenda, cessão ou utilização subsequente das mercadorias importadas que reverta direta ou indiretamente ao vendedor.

Os ajustes do art. 8.1.a) do AVA referem-se a valores que integram o preço do produto e que, em circunstâncias negociais típicas, não são discriminados na fatura. O dispositivo limita-se a estabelecer que estes, sendo suportados pelo comprador e quando já não incluídos no preço efetivamente pago ou a pagar, devem ser agregados à base de cálculo do imposto de importação.

Com efeito, apenas por artificialismo poderia se cogitar de uma autonomia negocial entre a operação de compra da mercadoria, o fornecimento das respectivas embalagens pelo vendedor e o custo de acondicionamento. Estes de forma alguma poderiam ser considerados estranhos ao preço pago ou a pagar pelo produto importado. Portanto, caso já não incluídos no preço, devem ser adicionados à base de cálculo do imposto de importação.

O mesmo ocorre com a comissão e a corretagem. Essas são despesas de venda já incluídas no preço do produto cobrado pelo exportador, representando um custo de aquisição do importador. Não é usual a sua discriminação na fatura nem tampouco o pagamento em separado, diretamente ao agente ou ao comissário do vendedor. Nada impede, contudo, que as partes disponham sobre essa obrigação, atribuindo-a inteiramente ao importador ou dividindo-a em proporções, igualitárias ou não. Esse ajuste faz parte do contrato de compra e venda, representando um acréscimo do preço da mercadoria. Não interfere na relação jurídica de prestação de serviços existente entre o vendedor e seu agente ou comissário nem transforma o importador em contratante deste, porque a prestação devida pelo contratado, além de já ter se aperfeiçoado por ocasião da previsão de repasse ou de divisão do ônus financeiro, continua sendo a venda do produto sob as ordens e

IMPOSTO DE IMPORTAÇÃO

instruções do comitente originário. O pagamento, portanto, nada mais é do que um preço a pagar pela mercadoria.[412]

Também devem ser adicionados os valores previstos no art. 8.1.b). O dispositivo prevê que os insumos, as ferramentas, os moldes e os projetos descritos nos incisos (i), (ii), (iii) e (iv) devem ser incluídos no preço pago ou pagar, quando fornecidos pelo comprador ao vendedor para utilização na produção e na venda dos bens importados. Esses, em circunstâncias usuais, não são segregados na fatura, porque não há autonomia entre os insumos incorporados às mercadorias importadas e o preço de venda destas. Não é diferente com os projetos e moldes. Portanto, caso já não tenham sido incluídos no preço, devem ser adicionados à base de cálculo do imposto de importação.[413]

---

412. O tema foi objeto da Nota Explicativa n. 2.1 do Comitê Técnico de Valoração Aduaneira da OMA, que, após discorrer sobre os aspectos comuns da distinção entre agente e corretor, limita-se a repetir com prolixidade a previsão do art. 8.1.a): "15 Em resumo, para determinar o valor de transação das mercadorias importadas, deverão ser nele incluídas as comissões e gastos de corretagem que corram a cargo do comprador, salvo as comissões de compra. Por conseguinte, a questão de saber se as remunerações pagas a intermediários pelo comprador e não incluídas no preço efetivamente pago ou a pagar devem ser a este acrescidas dependerá, em última análise, do papel desempenhado pelo intermediário e não da denominação (agente ou corretor) sob a qual é conhecido. Depreende-se, igualmente, das disposições do Artigo 8, que as comissões ou as corretagens incorridas pelo vendedor, porém não cobradas do comprador, não poderão ser adicionadas ao preço efetivamente pago ou a pagar". O art. 12, parágrafo único, da Instrução Normativa SRF 327/2003, estabelece requisitos para a caracterização do agente de compras.

413. *Notas ao Artigo 8, Parágrafo 1(b)(ii)*:
"1. Há dois fatores que influenciam a atribuição dos elementos especificados no parágrafo 1(b) (ii) do Artigo 8 entre as mercadorias importadas: o próprio valor do elemento e a maneira pela qual este valor deve ser alocado às mercadorias. A atribuição desses elementos deverá ser feita de maneira razoável, adequada às circunstâncias e em conformidade com os princípios de contabilidade geralmente aceitos.
2. Quanto ao valor do elemento, se o importador comprá-lo de um vendedor não vinculado a ele por um dado preço, o valor do elemento será este preço. Se o elemento foi produzido pelo importador ou por uma pessoa vinculada a ele, seu valor seria o seu custo de produção. Se o elemento tiver sido previamente utilizado pelo importador, quer tenha sido adquirido quer produzido por tal importador, o custo original de aquisição ou de produção terá que ser diminuído, tendo em conta sua utilização, para se determinar o valor de tal elemento.
3. Tendo sido determinado o valor do elemento, é necessário atribuir tal valor às

A mesma providência deve ser adotada em relação aos *royalties* e aos direitos de licença da mercadoria importada, desde que o pagamento tenha sido definido como "condição" de venda. A hipótese não trata de condição no sentido técnico,[414] porque o pagamento, além de depender do arbítrio exclusivo do comprador, não constitui um evento futuro e incerto. Uma disposição contratual que "condiciona" a venda ao pagamento de um valor ao vendedor nada mais é do que uma cláusula de preço. O fato de as partes terem alterado a sua denominação não altera essa natureza jurídica. Portanto, o que estabelece o AVA, a rigor, é a obrigatoriedade de inclusão dos *royalties* direta e exclusivamente vinculados à compra e venda internacional, isto é, que constituam verdadeira contraprestação devida ao exportador pela transferência do domínio da mercadoria.[415]

---

mercadorias importadas. Existem várias alternativas. Por exemplo, o valor poderia ser atribuído à primeira remessa, caso o importador deseje pagar tributos sobre o valor global de uma só vez. Noutro exemplo, o importador poderia solicitar a atribuição do valor em relação ao número de unidades produzidas até o momento da primeira remessa. Ou então ele poderia solicitar que o valor seja atribuído à produção total prevista, caso existam contratos ou compromissos firmes para tal produção. O método de atribuição utilizado dependerá da documentação apresentada pelo importador".

414. Ver capítulo anterior, item 2.1.3.2.

415. *Notas ao Artigo 8:*
"*Parágrafo 1(c):*
1. Os *royalties* e direitos de licença referidos no parágrafo 1(c) do Artigo 8 poderão incluir, entre outros, pagamentos relativos a patentes, marcas registradas e direitos de autor. No entanto, na determinação do valor aduaneiro, os ônus relativos ao direito de reproduzir as mercadorias importadas no país de importação não serão acrescentados ao preço efetivamente pago ou a pagar por elas.
2. Os pagamentos feitos pelo comprador pelo direito de distribuir ou revender as mercadorias importadas não serão acrescidos ao preço efetivamente pago ou a pagar por elas, caso não sejam tais pagamentos uma condição da venda, para exportação para o país de importação, das mercadorias importadas.
Parágrafo 3
Inexistindo dados objetivos e quantificáveis com relação aos acréscimos previstos pelas disposições do Artigo 8, o valor de transação não poderá ser determinado de acordo com o disposto no Artigo 1. Como ilustração disto, um *royalty* é pago com base no preço de venda, no país de importação, de um litro de um dado produto que foi importado por quilograma e transformado em solução após importado. Se o *royalty* basear-se parcialmente nas mercadorias importadas e parcialmente em

Por fim, integram preço – e devem ser incluídas na base de cálculo (art. 8.1.d) – as parcelas do resultado de qualquer revenda, cessão ou utilização subsequente das mercadorias importadas que reverta direta ou indiretamente ao vendedor (art. 8.1.d).

b) Adições e exclusões do art. 8.2

O art. 8.2 prevê exclusões e adições ao preço do produto importado que dependem de previsão legal específica na legislação de cada país, isto é, podem ser incluídas ou excluídas (ajustes negativos),[416] no todo ou em parte, da base de cálculo, conforme decisão política interna de cada Estado:

> Artigo 8
>
> [...]
>
> 2. Ao elaborar sua legislação, cada Membro deverá prever a inclusão ou a exclusão, no valor aduaneiro, no todo ou em parte, dos seguintes elementos:
>
> (a) – o custo de transporte das mercadorias importadas até o porto ou local de importação;
>
> (b) – os gastos relativos ao carregamento descarregamento e manuseio associados ao transporte das mercadorias importadas até o porto ou local de importação; e
>
> (c) – o custo do seguro

Alguns países, como os Estados Unidos da América do Norte, excluem os custos de frete e de seguro da base de

---

outros fatores independentes das mercadorias importadas (como quando as mercadorias importadas são misturadas com ingredientes nacionais e não podem mais ser identificadas separadamente, ou quando não se pode distinguir o *royalty* dos acordos financeiros especiais entre comprador e vendedor), seria inadequado tentar proceder a um acréscimo relativo ao *royalty*. No entanto, se o montante deste *royalty* basear-se somente nas mercadorias importadas e puder ser facilmente quantificado, um acréscimo ao preço efetivamente pago ou a pagar poderá ser feito."

416. TORRES, *op. cit.*, p. 246.

cálculo do imposto de importação,[417] adotando a chamada valoração aduaneira "livre a bordo". No Brasil, entretanto, o art. 77 do Regulamento Aduaneiro (Decreto 6.759/2009), na redação do Decreto 7.213/2010, estabelece a obrigatoriedade de inclusão na base de cálculo do imposto de todos os custos previstos no art. 8.2 do AVA:

> Art. 77. Integram o valor aduaneiro, independentemente do método de valoração utilizado (Acordo de Valoração Aduaneira, Artigo 8, parágrafos 1 e 2, aprovado pelo Decreto Legislativo no 30, de 1994, e promulgado pelo Decreto 1.355, de 1994; e Norma de Aplicação sobre a Valoração Aduaneira de Mercadorias, Artigo 7º, aprovado pela Decisão CMC 13, de 2007, internalizada pelo Decreto 6.870, de 4 de junho de 2009): (Redação dada pelo Decreto 7.213, de 2010).
>
> I – o custo de transporte da mercadoria importada até o porto ou o aeroporto alfandegado de descarga ou o ponto de fronteira alfandegado onde devam ser cumpridas as formalidades de entrada no território aduaneiro;
>
> II – os gastos relativos à carga, à descarga e ao manuseio, associados ao transporte da mercadoria importada, até a chegada aos locais referidos no inciso I; e
>
> III – o custo do seguro da mercadoria durante as operações referidas nos incisos I e II.

Esse dispositivo teve o seu alcance ampliado pelo art. 4º da Instrução Normativa SRF 327/2003:

> Art. 4º Na determinação do valor aduaneiro, independentemente do método de valoração aduaneira utilizado, serão incluídos os seguintes elementos:
>
> I – o custo de transporte das mercadorias importadas até o porto ou aeroporto alfandegado de descarga ou o ponto de fronteira alfandegado onde devam ser cumpridas as formalidades de entrada no território aduaneiro;

---

417. "Unlike many other countries which include international freight and insurance as part of the customs value for imported merchandise, the United States specifically excludes these kinds of charges from appraisement." PIKE, Damon V.; FRIEDMAN, Lawrence M. *Customs law*. Durham: Carolina Academic Press, versão "Kindle", 2012, p. 4665, nota 3.

II – os gastos relativos a carga, descarga e manuseio, associados ao transporte das mercadorias importadas, até a chegada aos locais referidos no inciso anterior; e

III – o custo do seguro das mercadorias durante as operações referidas nos incisos I e II.

§ 1º Quando o transporte for gratuito ou executado pelo próprio importador, o custo de que trata o inciso I deve ser incluído no valor aduaneiro, tomando-se por base os custos normalmente incorridos, na modalidade de transporte utilizada, para o mesmo percurso.

§ 2º No caso de mercadoria objeto de remessa postal internacional, para determinação do custo que trata o inciso I, será considerado o valor total da tarifa postal até o local de destino no território aduaneiro.

§ 3º Para os efeitos do inciso II, os gastos relativos à descarga da mercadoria do veículo de transporte internacional no território nacional serão incluídos no valor aduaneiro, independentemente da responsabilidade pelo ônus financeiro e da denominação adotada.

Art. 5º No valor aduaneiro não serão incluídos os seguintes encargos ou custos, desde que estejam destacados do preço efetivamente pago ou a pagar pelas mercadorias importadas, na respectiva documentação comprobatória:

I – custos de transporte e seguro, bem assim os gastos associados a esse transporte, incorridos no território aduaneiro, a partir dos locais referidos no inciso I do artigo anterior; e [...].

A aplicação desses dispositivos não tem gerado maiores discussões na jurisprudência. Recentemente, contudo, o Superior Tribunal de Justiça reconheceu a incompatibilidade entre o AVA e o § 3º do art. 4º, da Instrução Normativa SRF 327/2003:

TRIBUTÁRIO – RECURSO ESPECIAL – IMPOSTO DE IMPORTAÇÃO – BASE DE CÁLCULO – VALOR ADUANEIRO – DESPESAS DE CAPATAZIA – INCLUSÃO.

IMPOSSIBILIDADE – ART. 4º, §3º, DA Instrução Normativa SRF 327/2003 – ILEGALIDADE.

1. Cinge-se a controvérsia em saber se o valor pago pela recorrida ao Porto de Itajaí, referente às despesas incorridas após a chegada do navio, tais como descarregamento e manuseio

da mercadoria (capatazia), deve ou não integrar o conceito de "Valor Aduaneiro", para fins de composição da base de cálculo do Imposto de Importação.

2. Nos termos do artigo 40, §1º, inciso I, da atual Lei dos Portos (Lei 12.815/2013), o trabalho portuário de capatazia é definido como "atividade de movimentação de mercadorias nas instalações dentro do porto, compreendendo o recebimento, conferência, transporte interno, abertura de volumes para a conferência aduaneira, manipulação, arrumação e entrega, bem como o carregamento e descarga de embarcações, quando efetuados por aparelhamento portuário".

3. O Acordo de Valoração Aduaneiro e o Decreto 6.759/09, ao mencionar os gastos a serem computados no valor aduaneiro, referem-se a despesas com carga, descarga e manuseio das mercadorias importadas até o porto alfandegado. A Instrução Normativa 327/2003, por seu turno, refere-se a valores relativos à descarga das mercadorias importadas, já no território nacional.

4. A Instrução Normativa 327/03 da SRF, ao permitir, em seu artigo 4º, §3º, que se computem os gastos com descarga da mercadoria no território nacional, no valor aduaneiro, desrespeita os limites impostos pelo Acordo de Valoração Aduaneira e pelo Decreto 6.759/2009, tendo em vista que a realização de tais procedimentos de movimentação de mercadorias ocorre apenas após a chegada da embarcação, ou seja, após a sua chegada ao porto alfandegado.

5. Recurso especial não provido.[418]

De fato, todos os gastos incorridos após a chegada ao porto de destino não podem ser adicionados à base de cálculo. O §3º do art. 4º da Instrução Normativa SRF 327/2003, como bem reconheceu a 1ª Turma do STJ, não é compatível com o AVA.[419] O mesmo, aliás, aplica-se ao § 1º do art. 4º. Este – nas

---

418. STJ, 1ª T., REsp 1239625/SC, Rel. Min. Benedito Gonçalves, *DJe* 04.11.2014.

419. De acordo com o Comentário 7.1 do Comitê Técnico da OMA, ao tratar exemplificativamente das despesas de armazenagem de mercadorias no país de importação antes do seu despacho para consumo, conclui da seguinte forma: "16. As despesas incorridas pelo comprador após a compra não podem ser consideradas como pagamentos efetuados direta ou indiretamente ao vendedor, ou em benefício deste; por conseguinte, não fazem parte do preço efetivamente pago ou a pagar. Por outro lado, estas despesas representam atividades empreendidas pelo comprador, por conta própria; os custos dessas atividades devem ser acrescidos ao preço

hipóteses de transporte gratuito ou executado pelo próprio importador – prevê a inclusão na base de cálculo de um valor estimado, considerando "os custos normalmente incorridos, na modalidade de transporte utilizada, para o mesmo percurso". Trata-se de disposição contrária ao art. 8.3/AVA. Ao restringir os acréscimos ao preço quando baseados exclusivamente em dados objetivos e quantificáveis, esse dispositivo veda a inclusão de "valores teóricos ou estimados", segundo reconhece o Comentário 21.1 do Comitê Técnico de Valoração Aduaneira, da Organização Mundial de Aduanas (OMA):[420]

> [...]
> 3. O Acordo sobre Valoração da OMC estabelece um sistema de valoração baseado em valores reais, rejeitando valores teóricos ou estimados. O Artigo 8.3 dispõe que os acréscimos previstos no Artigo 8 "serão baseados exclusivamente em dados objetivos e quantificáveis". [...]

Todavia, sem prejuízo dessa discussão, há uma questão prejudicial que deve ser devidamente considerada: as adições à base de cálculo previstas no art. 77 do Regulamento Aduaneiro (Decreto 6.759/2009) decorrem do Decreto 7.213/2010. Não foi editada, destarte, uma lei em sentido formal prevendo a inclusão dos custos previstos no art. 8.2 do AVA na base de cálculo do imposto de importação. Isso implica a ilegalidade da cobrança, uma vez que, embora o Acordo de Valoração Aduaneira tenha sido incorporado ao direito brasileiro (*ex vi* do Decreto Legislativo 30/94 e do Decreto

---

efetivamente pago ou a pagar pelas mercadorias importadas somente quando o Artigo 8 previr um ajuste a esse título. Neste exemplo, não existe disposição alguma a esse respeito e as despesas de armazenagem não fazem parte do valor aduaneiro".

420. De acordo com a Instrução Normativa SRF 318, de 4 de abril de 2003: "Art. 1º Na apuração do valor aduaneiro serão observadas as Decisões 3.1, 4.1 e 6.1 do Comitê de Valoração Aduaneira, da Organização Mundial de Comércio (OMC); o parágrafo 8.3 das Questões e Interesses Relacionados à Implementação do Artigo VII do GATT de 1994, emanado da IV Conferência Ministerial da OMC; e as Notas Explicativas, Comentários, Opiniões Consultivas, Estudos e Estudos de Caso, emanados do Comitê Técnico de Valoração Aduaneira, da Organização Mundial de Aduanas (OMA), constantes do Anexo a esta Instrução Normativa".

1.355/1994), este não determinou a inclusão do frete, do seguro e das despesas de operação da carga na base de cálculo. Foi prevista apenas que, *ao elaborar sua legislação, cada Membro deverá prever a inclusão ou a exclusão.* Trata-se de uma faculdade do legislador local de cada país. Na falta de lei formal específica prevendo a inclusão, o art. 8.2 do AVA é tecnicamente ineficaz.[421]

Com efeito, ao contrário dos ajustes obrigatórios ao preço do produto importado, que são de aplicação direta na forma do art. 8.1 do AVA, a inclusão dos valores previstos no §2º do art. 8 depende de previsão específica na legislação brasileira. Tal providência não pode ter sido levada a efeito por meio de atos normativos do Poder Executivo. Estes, de acordo com os arts. 5º, II, 84, IV, da Constituição Federal e com o art. 25, I, do Ato das Disposições Constitucionais Transitórias, são estritamente subordinados e dependentes de lei.

Destarte, não há regulamentos autônomos, de sorte que estes não podem criar, modificar ou extinguir direitos e obrigações,[422] consoante lição clássica de Pontes de Miranda:

> Se o regulamento cria direitos ou obrigações novas, estanhos à lei, ou faz reviver direitos, deveres, pretensões, obrigações, ações ou exceções, que a lei apagou, é inconstitucional. Por exemplo:

---

421. A eficácia técnica é a qualidade especial de uma norma jurídica, substanciada na capacidade de relatar determinados fatos que, realizados no plano concreto, apresentam a aptidão de irradiar efeitos jurídicos predeterminados. É dependente da presença de outras regras regulamentares, de igual ou inferior hierarquia (eficácia técnica-sintática) ou da remoção de obstáculos de ordem material impeditivos da incidência (eficácia técnica-semântica). No caso das adições previstas no art. 8.2, na falta de previsão legal específica, o dispositivo é ineficaz, sob o aspecto técnico-sintático. Sobre o tema, cf.: CARVALHO, *Curso...*, op. cit., p. 79-127.

422. CARRAZZA, *Curso...*, op. cit., p. 220; MELLO, Celso Antônio Bandeira de. *Curso de direito administrativo*. 11. ed. São Paulo: Malheiros, 1999, p. 220; XAVIER, Alberto. *Tipicidade da tributação, simulação e norma antielisiva*. São Paulo: Dialética, 2001, p. 18: "A exigência de 'reserva absoluta' transforma a lei tributária em *lex stricta* (princípio da estrita legalidade), que fornece não apenas o fim, mas também o conteúdo da decisão do caso concreto, o qual se obtém por mera dedução da própria lei, limitando-se o órgão de aplicação a subsumir o fato na norma, independentemente de qualquer valoração pessoal".

se faz exemplificativo o que é taxativo, ou vice-versa. Tampouco pode ele limitar, ou ampliar direitos, deveres, pretensões, obrigações ou exceções à proibição, salvo se estão implícitas. Nem ordenar o que a lei não ordena [...] Sempre que no regulamento se insere o que se afasta, para mais ou para menos, da lei, é nulo, por ser contrária à lei a regra jurídica que se tentou embutir no sistema jurídico.[423]

Parte da doutrina, na linha de Leonardo Correia Lima Macedo, sustenta que a opção pela inclusão dos ajustes na base de cálculo teria sido realizada pelo Decreto 92.930/86, que, antes da Constituição Federal de 1988, poderia dispor de forma autônoma sobre a base de cálculo do imposto de importação:

> A opção feita pelo Brasil para a inclusão do frete e do seguro no valor aduaneiro encontra-se expressa no Decreto 92.930, de 16 de julho de 1986. [...]
>
> A inclusão dos elementos acima referidos no valor aduaneiro, conforme dispõe o parágrafo 2 do artigo 8 do AVA, tanto na letra do acordo assinado na Rodada Tóquio do GATT em 1979, como no texto assinado na Rodada Uruguai, em 1994, depende de que cada Membro, ao elaborar a sua legislação, preveja a inclusão ou a exclusão dos mesmos, no todo ou em parte.
>
> Durante a vigência do AVA-1979, e até a promulgação da Constituição Federal de 1988, tinha o Poder Executivo autorização legal para 'alterar alíquotas ou as bases de cálculo do imposto, a fim de ajustá-los aos objetivos da política cambial e do comércio exterior', segundo o que dispõe o *caput* do artigo 21 da Lei 5.172/66, o CTN. Naquele período tal alteração podia ser realizada por meio de Decreto do Poder Executivo.
>
> Nesse contexto legal e constitucional, surge o Decreto 92.930/86, que, tendo por base o Decreto Legislativo 9, de 8 de maio de 1981, que aprovou o AVA-1979, promulga o referido acordo, dando-lhe publicidade e eficácia (e vigência a partir de 23 de julho de 1986), em cujo artigo 2º o Poder Executivo disciplina a matéria aqui analisada, inclusive na base de cálculo do I.I. os elementos referidos.[424]

---

423. PONTES DE MIRANDA. *Comentários à Constituição de 1967 com a Emenda n.º 1 de 1969.* 2. ed. São Paulo: RT, t. III, 1970, p. 316.

424. MACEDO, Leonardo Correia Lima. *Direito tributário no comércio internacio-*

Essa interpretação, contudo, não pode ser acolhida. O art. 21 do CTN[425] tem redação semelhante à do art. 22, I, § 2º, da Constituição Federal de 1967, na redação originária[426] e na decorrente da Emenda Constitucional 01/69.[427] Nenhum desses dispositivos autorizam a edição de decretos autônomos, porquanto subordinam o exercício da competência para "alterar" a base de cálculo do imposto de importação "nas condições e nos limites estabelecidos em lei". Não se trata, assim, de exceção ao princípio da estrita legalidade, a exemplo da faculdade prevista no art. 153, §1º, da Constituição Federal de 1988.[428]Logo, na falta de lei em sentido formal, o decreto não poderia disciplinar a matéria de forma autônoma, consoante ensina Roque Antonio Carrazza:

> Alterar, como é cediço, pressupõe algo pré-existente. Só se altera o que já está posto. No caso, só se alteram as alíquotas dentro dos limites e condições que a lei previamente traçou. Se a lei não estabelecer limites mínimo e máximo para as alíquotas, o Executivo nada poderá fazer, neste particular.[429]

---

nal. São Paulo: Lex, 2005, p. 73-74.

425. "Art. 21. O Poder Executivo pode, nas condições e nos limites estabelecidos em lei, alterar as alíquotas ou as bases de cálculo do imposto, a fim de ajustá-lo aos objetivos da política cambial e do comércio exterior".

426. "Art. 22. Compete à União decretar impostos sobre:
I – importação de produtos estrangeiros;
[...]
§ 2º. É facultado ao Poder Executivo, nas condições e limites estabelecidos em lei, alterar as alíquotas ou as bases de cálculo dos impostos a que se referem os n.ᵒˢ I, II e VI, a fim de ajustá-los aos objetivos da política Cambial e de comércio exterior, ou de política monetária".

427. "Art. 21. Compete à União instituir imposto sôbre:
I – importação de produtos estrangeiros, facultado ao Poder Executivo, nas condições e nos limites estabelecidos em lei, alterar-lhe as alíquotas ou as bases de cálculo; [...]"

428. "Art. 153. [...] § 1º É facultado ao Poder Executivo, atendidas as condições e os limites estabelecidos em lei, alterar as alíquotas dos impostos enumerados nos incisos I, II, IV e V."

429. CARRAZZA, Roque. *Curso...*, op. cit., p. 259. O autor refere-se à alíquota do imposto, porque o art. 153, §1º, ao contrário do art. 22, I, § 2º, da Constituição de 1967, autoriza apenas a alteração da alíquota. Porém, as lições são perfeitamente

IMPOSTO DE IMPORTAÇÃO

Ademais, ainda que assim não fosse, o decreto de regulamentação de um ato normativo já revogado não pode ser aplicado a um novo acordo internacional, ainda que relativo à mesma matéria. O art. 2º do Decreto 92.930/86, ao estabelecer que, "na base de cálculo do imposto de importação, definida de conformidade com o acordo que com este decreto se promulga, serão incluídos os elementos a que se referem as alíneas a, b, e c, do parágrafo 2, de seu artigo oitavo", foi editado em face das disposições do Código de Valoração Aduaneira (CVA), resultante da Rodada Tóquio de 1979.[430] Este foi revogado pelo Acordo de Valoração Aduaneira (AVA), resultante da Rodada Rodada Uruguai de Negociações Comerciais Multilaterais, incorporado ao direito brasileiro pelo Decreto Legislativo 30/1994 e pelo Decreto 1.355/1994. Tais atos normativos, contudo, não repetiram a previsão do art. 2º do Decreto 92.930/86, aplicável especificamente ao CVA, de sorte que não há previsão legal de inclusão dos ajustes do §2º do art. 8º na legislação brasileira.

Por fim, cabe destacar que, para exercer a faculdade prevista no art. 8.2, é necessária uma emenda constitucional que amplie a competência impositiva da União. Isso porque, de acordo com o art. 153, I, da Constituição Federal, o imposto de importação somente pode onerar as operações relativas a uma categoria de bens: os produtos (coisas móveis e corpóreas).[431] A União não tem competência para instituir um imposto de importação sobre serviços. Estes somente podem ser onerados por meio de contribuições sociais e de intervenção no domínio econômico, nas hipóteses autorizadas pelos incisos II, §2º, do art. 149, e IV do art. 195 da Constituição, na redação da Emenda 42/2003. Isso se aplica não apenas à previsão da hipó-

---

aplicáveis, porque em ambos os textos a competência para "alterar" deve ser exercida "nas condições e nos limites estabelecidos em lei".

430. O Decreto 92.930/86 foi editado para promulgar "[...] o Acordo sobre a Implementação do artigo VII do Acordo Geral sobre Tarifas Aduaneiras e Comércio (Código de Valoração Aduaneira) e seu Protocolo Adicional".

431. Ver item 3.2.1.

tese de incidência, mas também à base de cálculo, que, por se tratar da perspectiva dimensível da materialidade do tributo, não pode ser composta por serviços e outros intangíveis.

Portanto, no direito brasileiro, na falta de lei formal específica, os ajustes do art. 8.2 do AVA tem natureza de exclusão do preço do produto.

2.1.3.3 Métodos secundários de valoração

Não sendo aplicável o método do valor da transação, incidem os métodos substitutivos, de forma sucessiva e excludente. Assim, uma vez presentes os pressupostos de incidência do método antecedente, não cabe aplicação do subsequente, independentemente do maior ou menor valor do crédito tributário resultante. A inversão da ordem implica o vício material do lançamento,[432] ressalvada na hipótese dos arts. 5º e 6º do AVA, a pedido do importador, com a concordância da autoridade aduaneira.[433]

Poucas operações de importação são valoradas de acordo com os métodos substitutivos. Em razão disso, legislações

---

432. Cumpre destacar que, segundo precedente do CARF: "A despeito dos seis métodos de valoração aduaneira, o primeiro deles somente pode ser afastado perante a comprovada impossibilidade de ser apurado o valor de transação. Além disso, os métodos se sucedem sequencialmente, com obrigatória subordinação dos subsequentes à efetiva impossibilidade de aplicação dos antecedentes, com admitida prevalência do quinto método em detrimento do quarto método, por fora a do artigo 4 do AVA, se esse for o desejo do importador". CARF. 1ª T.O. 1ª C. 3ª S. Acórdão nº 3101-00.468. S. de 29.07.2010. Cf. ainda: Acórdão 3102-00.903. 2ª T.O. 1ª C. 3ª S. S. 04/02/2011.

433. A inversão da ordem, de acordo com o art. 4, pode ocorrer a pedido do importador. Este dispositivo, no entanto, foi ressalvada pelo Brasil, de sorte que, nos termos da legislação vigente, a inversão depende da concordância da autoridade aduaneira, na forma da Instrução Normativa SRF 327/2003: "Art. 25. Na aplicação dos métodos substitutivos de valoração deverão ser observadas: [...] II – as seguintes reservas feitas pelo Brasil, nos termos dos parágrafos 4 e 5 da Parte I do Protocolo ao Acordo sobre a Implementação do Artigo VII do Acordo Geral sobre Tarifas e Comércio – GATT 1979: a) a inversão da ordem de aplicação dos métodos previstos nos artigos 5 e 6 do Acordo de Valoração Aduaneira somente poderá ser aplicada quando houver a aquiescência da autoridade aduaneira".

mais recentes, como o novo Código Aduaneiro da União Europeia (art. 74), optam por denominá-los métodos secundários de valoração. A sua relevância, contudo, ainda permanece para fins de avaliação da aceitabilidade do preço praticado entre partes relacionadas, uma vez que servem de parâmetro na determinação do valor-critério ou valor-teste na forma do art. 1.2.b) do AVA.[434]

2.1.3.3.1 Métodos do valor da transação de mercadorias idênticas

A aplicabilidade do método do valor da transação de mercadorias idênticas apresenta oito requisitos. Os dois primeiros, obviamente, são a natureza idêntica das mercadorias e a inaplicabilidade do primeiro método, o que decorre da vedação de inversão dos critérios de valoração (art. 4). Além disso, de acordo com o art. 2.1.(a) e (b), 2.2 e 2.3 do AVA, o valor comparável: (i) deve resultar de uma venda para exportação; (ii) com destino ao mesmo país importador; (iii) contemporânea à importação valorada;[435] (iv) ajustada aos níveis comercial e quantitativo, caso esses não tenham sido os mesmos; (v) devem ser descontadas as diferenças decorrentes das distâncias

---

434. Comentário 1.1, do Comitê de Valoração da OMA (Mercadorias idênticas ou similares para os fins do acordo): "[...] Parece pouco provável que esses dois artigos venham a ser aplicados com frequência, visto que o Artigo 1 será aplicado à grande maioria das importações". Por outro lado, conforme destacado acima, mais de 90% das operações no mundo são valoradas de acordo com o primeiro método.

435. Nota Explicativa 1.1 (O elemento tempo em relação aos Artigos 1, 2 e 3 do Acordo): "12. Esse elemento tempo externo que serve como padrão deve permitir a aplicação prática desses artigos. Por isso, dever-se-ia considerar que a expressão 'em tempo aproximado' é utilizada simplesmente para moderar a rigidez da expressão 'no mesmo tempo'. Ademais, vale destacar que o Acordo, segundo o enunciado em sua Introdução Geral, pretende que a determinação do valor aduaneiro se baseie em critérios simples e equitativos, consistentes com as práticas comerciais. Partindo destes princípios, a expressão 'no mesmo tempo ou em tempo aproximado' deveria ser interpretada no sentido de abranger um período, tão próximo à data da exportação quanto possível, durante o qual as práticas comerciais e as condições de mercado que afetem o preço permanecem idênticas. Em última análise, a questão deverá ser decidida caso a caso no contexto global da aplicação dos Artigos 2 e 3."

e dos meios de transporte, caso o valor da transação tenha incluído o frete, o seguro e as despesas de carga e descarga, na forma do art. 8.2. do AVA; e (vi) havendo mais de um valor comparável, adota-se o menor.[436]

a) Natureza idêntica das mercadorias

Não é fácil definir quando duas mercadorias são idênticas.[437] A classificação fiscal, a aparência e os aspectos externos do produto são apenas indiciários, representado, quando muito, um fator de exclusão. Devem ser examinados os elementos

---

436. "Artigo 2
1. (a) Se o valor aduaneiro das mercadorias importadas não puder ser determinado segundo as disposições do Artigo 1, será ele o valor da transação de mercadorias idênticas vendidas para exportação para o mesmo país de importação e exportadas ao mesmo tempo que as mercadorias objeto de valoração, ou em tempo aproximado;
(b) Na aplicação deste Artigo será utilizado, para estabelecer o valor aduaneiro, o valor de transação de mercadorias idênticas, numa venda do mesmo nível comercial e substancialmente na mesma quantidade das mercadorias objeto de valoração. Inexistindo tal venda, será utilizado o valor de transação de mercadorias idênticas vendidas em um nível comercial diferente e/ou em quantidade diferente, ajustado para se levar em conta diferenças atribuíveis aos níveis comerciais e/ou às quantidades diferentes, desde que tais ajustes possam ser efetuados com base em evidência comprovada que claramente demonstre que os ajustes são razoáveis e exatos, quer conduzam a um aumento quer a uma diminuição no valor.
2. Quando os custos e encargos referidos no parágrafo 2 do Artigo 8 estiverem incluídos no valor da transação, este valor deverá ser ajustado para se levar em conta diferenças significativas de tais custos e encargos entre as mercadorias importadas e as idênticas às importadas, resultantes de diferenças nas distâncias e nos meios de transporte.
3. Se, na aplicação deste Artigo, for encontrado mais de um valor de transação de mercadorias idênticas, o mais baixo deles será o utilizado na determinação do valor aduaneiro das mercadorias importadas."

437. O Comentário n. 1.1, do Comitê Técnico da OMA (Mercadorias idênticas ou similares para os fins do Acordo), antes de citar exemplos de produtos que, em tese, poderiam ser considerados idênticos, ressaltando a importância de avaliação acurada das particularidades do caso concreto: "[...] 6. Os princípios do Artigo 15 devem ser aplicados considerando as circunstâncias particulares do mercado das mercadorias objeto de comparação. Ao proceder a essa determinação, as questões que poderão ser colocadas variarão em função da natureza das mercadorias comparadas e das diferenças nas condições comerciais. Para se chegar a decisões razoáveis, será necessária uma análise dos elementos de fato em cada caso particular, à luz dos princípios enunciados no Artigo 15".

constitutivos ou componentes interiores, o que pode demandar um conhecimento técnico específico. Além disso, pressupõe informações que nem sempre podem ser resgatadas por meio do acesso à base de dados do histórico de operações mantidas pela administração aduaneira.[438]

No entanto, alguns parâmetros foram estabelecidos pelo art. 15.2 (a), (c), (d) e (e) do AVA. Este promoveu uma restrição da abrangência do conceito, considerando como mercadorias idênticas aquelas produzidas no mesmo país[439] e pelo mesmo fabricante – ou, subsidiariamente, por outra empresa[440] –, quando "iguais em tudo, inclusive nas características físicas, qualidade e reputação comercial",[441] admitidas "pequenas diferenças na aparência".[442]

Esse exame pode ensejar dificuldades no plano abstrato, porque o termo "pequenas" apresenta uma vaguidade de gradiente. Essa é caracterizada sempre que uma palavra faz referência a uma propriedade que se apresenta em diferentes graus, como algo contínuo, sem que se saiba exatamente

---

438. No Brasil, consoante destacado acima, a administração aduaneira e os importadores têm acesso a uma base de dados confiável, atualizada mensalmente, contendo o histórico dos preços médios das operações de comércio exterior desde 1989, expressos em dólares americanos: o Sistema de Análise das Informações de Comércio Exterior via Internet ("AliceWeb"), da Secretaria de Comércio Exterior (SECEX).

439. "(d) – somente poderão ser consideradas 'idênticas' ou 'similares', as mercadorias produzidas no mesmo país que as mercadorias objeto de valoração;"

440. "(e) – somente serão levadas em conta mercadorias produzidas por uma pessoa diferente, quando não houve mercadorias idênticas ou similares, conforme o caso, produzidas pela mesma pessoa que produziu as mercadorias objeto de valoração".

441. "2. a) – Neste Acordo, entende-se por 'mercadorias idênticas' as mercadorias que são iguais em tudo, inclusive nas características físicas, qualidade e reputação comercial. Pequenas diferenças na aparência não impedirão que sejam consideradas idênticas mercadorias que em tudo o mais se enquadram na definição;"

442. "(c) – as expressões 'mercadorias idênticas' e 'mercadoria similares' não abrangem aquelas mercadorias que incorporem ou comportem, conforme o caso, elementos de engenharia, desenvolvimento, trabalhos de arte e de *design*, e planos e esboços, para os quais não tenham sido feitos ajustes segundo as disposições do parágrafo 1 (b) (iv) do Artigo 8, pelo fato de terem sido tais elementos executados no país de importação."

a partir de que momento o seu emprego deixa de ser cabível, como nas palavras "calvo", "alto" ou "baixo".[443] Logo, sempre haverá um espaço de incerteza, no qual a abrangência do conceito será questionável ou duvidosa no plano abstrato. Todavia, a aplicabilidade sempre pode ser definida à luz do caso concreto.[444]

Por outro lado, de acordo com o Comentário 1.1., do Comitê Técnico da OMA, não são "iguais em tudo" as mercadorias com marcas comerciais distintas. Para ilustrar o tema, cita-se o caso de câmaras de ar importadas de dois fabricantes distintos, do mesmo tipo, qualidade, reputação comercial e uso. Estas, na medida em que "apresentam marcas registradas diferentes, não são iguais sob todos os aspectos e, portanto, não devem ser consideradas como idênticas".[445]

---

443. Víctor Ferreres Comela se refere à "la vaguedad por gradiente" como aquela que "...se produce cuando una palabra hace referencia a una propriedad que se da en la realidad en distintos grados, de modo que los objetos aparecen como formando parte de un continuo. Si no se estipula claramente hasta qué punto de ese continuo es apropiado emplear la palabra y a partir de qué punto deja de serlo, la palabra es vaga." (COMELA, Víctor Ferreres, *Justicia constitucional y democracia*. Madrid, Centro de Estudios Políticos y Constitucionales, 1997.p. 21). Sobre o tema, cf.: NINO, Carlos Santiago. *Fundamentos de derecho constitucional*. Buenos Aires: Atrea, 1992, p. 89-97; CARRIÓ, Genaro. *Notas sobre derecho e lenguaje*. Buenos Aires, Abeledo-Perrot, 1972, p. 31-35; ALCHOURRÓN, Carlos; BULYGIN, Eugenio. *Introducción a la metodología de las Ciencias Jurídicas y Sociales*. Buenos Aires: Editorial Astrea, 1987, p. 61 e ss.; MORCHÓN, *Teoria...*, *op. cit.*, p. 65 e ss.; WARAT, Luiz Alberto. *O Direito e sua Linguagem*. 2. ed. Porto Alegre: Fabris, 1995, p. 76 e ss.; GRAU, Eros Roberto. *Direito, conceitos e normas jurídicas*. São Paulo: RT, 1988, p. 76 e ss.

444. CARRIÓ, *op. cit.*, p. 33 e ss.; WARAT, *op. cit.*, p. 76 e ss.

445. "*Exemplo 5*
Câmaras de ar importadas de dois fabricantes distintos.
Câmaras de ar da mesma faixa de dimensões são importadas de dois fabricantes diferentes estabelecidos no mesmo país. Mesmo que os fabricantes utilizem marcas registradas diferentes, as câmaras de ar produzidas por ambos são do mesmo tipo, da mesma qualidade, gozam da mesma reputação comercial e são utilizadas por fabricantes de veículos automotores no país de importação.
Uma vez que as câmaras de ar apresentam marcas registradas diferentes, não são iguais sob todos os aspectos e, portanto, não devem ser consideradas como idênticas segundo o Artigo 15.2 a)."

Por fim, cumpre acrescentar que, segundo parte da doutrina, "a utilização das mercadorias pode alcançar relevância em relação às mercadorias similares, mas não no caso das idênticas".[446] Essa intepretação, no entanto, não parece procedente. Não podem ser consideradas idênticas as mercadorias que sequer são similares. Afinal, se não se "assemelham em todos os aspectos", as mercadorias certamente não são "iguais em tudo". Portanto, na aplicação do segundo método de valoração devem ser considerados os requisitos da identidade funcional e da permutabilidade comercial, previstos no do art. 15.2 (b).[447] O exame prévio desses aspectos tem relevância como fator de exclusão e de simplificação, na medida em que são de fácil determinação. Logo, se as mercadorias não são permutáveis comercialmente e não cumprem as mesmas funções, não são similares nem tampouco idênticas, o que dispensa o custoso – e muitas vezes moroso – exame dos elementos constitutivos ou dos componentes interiores do produto importado.

b) Nível comercial e quantitativo

Sempre que não for possível selecionar uma operação paradigma com as mesmas características da operação de importação valorada, a aplicação do método do valor da transação de mercadorias idênticas, de acordo com o art. 2.1 (b) e suas notas interpretativas, pressupõe o ajuste do valor ou do preço das mercadorias em função dos níveis comercial ou quantitativo diferenciados. Na falta de comparabilidade das operações ou ausentes critérios objetivos para os ajustes no preço, fica prejudicada a aplicabilidade do método de valoração.[448]

---

446. CARVALHO, M. P., *op. cit.*, p. 182.

447. "(b) – neste Acordo, entende-se por 'mercadorias similares' as que, embora não se assemelhem em todos os aspectos, têm características e composição material semelhantes, o que lhes permite cumprir as mesmas funções e serem permutáveis comercialmente. Entre os fatores a serem considerados para determinar se as mercadorias são similares incluem-se a sua qualidade, reputação comercial e a existência de uma marca comercial; [...]."

448. Nota Interpretativa: "5. Uma condição para efetuar ajustes motivados por

O AVA não define o que se entende por "nível comercial". Depreende-se, a partir do Comentário 10.1, do Comitê de Valoração da OMA, que têm essa natureza as diferenças decorrentes de vendas para atacadistas e para varejistas. Entretanto, também parecem estar compreendidas nesse conceito as diferenças entre um importador regular e o importado eventual. Isso porque a frequência nas aquisições permite um giro de estoque maior por parte do fornecedor, de sorte que este, tal como ocorre nas vendas ao atacado, pode reduzir a sua margem de lucro operacional. Assim, o preço de quem importa com frequência de um mesmo exportador dificilmente será igual ao de quem compra uma única vez.

Por outro lado, de acordo com a nota ao art. 2 do AVA:

> Nota ao Artigo 2
>
> 1. Na aplicação do Artigo 2, a administração aduaneira se baseará, sempre que possível, numa venda de mercadorias idênticas efetuadas no mesmo nível comercial e substancialmente nas mesmas quantidades das mercadorias objeto de valoração. Inexistindo tal venda, recorrer-se-á a uma venda de mercadorias idênticas, efetuada de acordo com qualquer uma das três seguintes:
>
> (a) uma venda no mesmo nível comercial, mas em quantidades diferentes;
>
> (b) uma venda em um nível comercial diferente, mas substancialmente nas mesmas quantidades; ou

---

diferenças dos níveis comerciais, ou nas quantidades é que tais ajustes, quer conduzam a um aumento ou a uma diminuição no valor, somente sejam feitos com base em evidência comprovada, que claramente demonstre que o ajuste é razoável e exato, como listas de preço em vigor, contendo preços relativos a diferentes quantidades ou níveis comerciais. Por exemplo, se as mercadorias importadas objeto de valoração consistirem de uma remessa de 10 unidades e as únicas mercadorias importadas idênticas para as quais existe um valor de transação envolverem uma venda de 500 unidades, e se ficar comprovado que o vendedor concede descontos por quantidade, o ajuste necessário poderá ser efetuado recorrendo-se à lista de preços do vendedor e utilizando-se o preço aplicável a uma venda de 10 unidades. Para tanto, não é necessário que tenha sido efetuada uma venda de 10 unidades contanto que a lista de preços seja considerada fidedigna, através de vendas efetuadas em quantidades diferentes. No entanto, inexistindo esse critério objetivo, a determinação do valor aduaneiro conforme as disposições do Artigo 2 não será adequado".

(c) uma venda em um nível comercial diferente e em quantidades diferentes;

2. Existindo uma venda de acordo com qualquer uma dessas três condições, serão feitos ajustes, conforme o caso, para:

(a) somente fatores relativos à quantidade;

(b) somente fatores relativos ao nível comercial; ou

(c) fatores relativos ao nível comercial e a quantidade.

3. A expressão e/ou confere flexibilidade para utilizar as vendas e para fazer os ajustes necessários em qualquer uma das três condições descritas acima.

4. Para os fins do Artigo 2, entende-se por valor de transação de mercadorias importadas idênticas, um valor aduaneiro ajustado conforme as determinações dos parágrafos 1 (b) e 2 desse Artigo, e que já tenha sido aceito com base no Artigo l."

Por fim, deve-se destacar que não basta a existência de níveis comerciais e quantitativos distintos. Estes devem influenciar, positiva ou negativamente, o preço do produto. Assim, dependendo da natureza do produto (como o ouro ou o diamante, por exemplo), o volume ou a constância das operações podem ser irrelevantes na definição do preço. Em tais situações, o método será aplicável independentemente de eventuais diferenças de nível.

c) Fator tempo

O método do valor da transação de mercadorias idênticas tem o fator tempo como requisito de aplicabilidade. O valor comparável deve resultar, nos termos do art. 2.1.(a) do AVA, de uma venda contemporânea à operação valorada, isto é, ocorrida ao mesmo tempo ou em tempo aproximado.

A expressão "em tempo aproximado", de acordo com a Nota Explicativa 1.1., do Comitê Técnico da OMA, deve ser interpretada em cada caso concreto, de modo abranger "[...] um período, tão próximo à data da exportação quanto possível, durante o qual as práticas comerciais e as condições de mercado que afetem o preço permanecem idênticas". Portanto, não podem ser consideradas as operações ocorridas em período de entressafra, de escassez de mercadorias, de excesso de oferta ou de qualquer outro fator relevante de mercado.

Por fim, ainda segundo a nota explicativa, a proximidade temporal não pode resultar da comparação entre operações que tenham mercadorias idênticas e similares. Dito de outro modo, o método do valor da transação de mercadorias idênticas não pode ser afastado sob o fundamento da existência de uma operação com mercadoria similar mais nova ou ocorrida ao mesmo tempo.[449]

2.1.3.3.2 Método do valor da transação de mercadorias similares

O terceiro método substitutivo consiste no método do valor de transação de mercadorias similares. Este apresenta praticamente os mesmos requisitos de aplicabilidade do método do valor da transação das mercadorias idênticas. A diferença está na natureza das mercadorias. Assim, o valor comparável, nos termos do art. 3.1. (a) e (b), 3.2. e 3.3 do AVA: (i) deve resultar de uma venda para exportação; (ii) com destino ao mesmo país importador; (iii) contemporânea à importação valorada; (iv) ajustada aos níveis comercial e quantitativo; (v) devem ser descontadas as diferenças decorrentes das distâncias e dos meios de transporte, caso o valor da transação tenha incluído o frete, o seguro e as despesas de carga e descarga (art. 8.2.); e (vi) adota-se o menor dentre os valores comparáveis existentes.[450]

---

449. Nota Explicativa 1.1 (O elemento tempo em relação aos Artigos 1, 2 e 3 do Acordo): "13. Os requisitos relativos ao elemento tempo não podem, de modo algum, alterar a ordem hierárquica na aplicação do Acordo que exige sejam esgotadas todas as possibilidades nos termos do Artigo 2 antes de poder aplicar o Artigo 3. Assim, o fato de que o momento em que se exportam mercadorias similares (em contraposição a mercadorias idênticas) seja mais próximo ao das mercadorias objeto de valoração nunca será suficiente para que se inverta a ordem de aplicação dos Artigos 2 e 3".

450. "Artigo 3

IMPOSTO DE IMPORTAÇÃO

Aplicam-se, destarte, as mesmas observações realizadas em relação ao método precedente, notadamente no que concerne ao fator tempo e aos ajustes decorrentes da diversidade de níveis comerciais e quantitativos.[451]

---

1. (a) Se o valor aduaneiro das mercadorias importadas não puder ser determinado segundo as disposições dos Artigos 1 e 2, será ele o valor de transação de mercadorias similares vendidas para exportação para o mesmo país de importação e exportados ao mesmo tempo que as mercadorias objeto de valoração ou em tempo aproximado.
(b) Na aplicação deste Artigo será utilizado para estabelecer o valor o valor de transação de mercadorias similares numa venda no mesmo nível comercial e substancialmente na mesma quantidade das mercadorias objeto de valoração. Inexistindo tal venda, será utilizado o valor de transação de mercadorias similares vendidas em um nível comercial diferente e/ou em quantidade diferente, ajustado para se levar em conta diferenças atribuíveis aos níveis comerciais e/ou às quantidades, desde que tais ajustes possam ser efetuados com base em evidência comprovada que claramente demonstre que os ajustes são razoáveis e exatos, quer estes conduzam a um aumento quer a uma diminuição no valor.
2. Quando os custos e encargos referidos no parágrafo 2 do Artigo 8 estiverem incluídos no valor da transação, este valor deverá ser ajustado para se levar em conta diferenças significativas de tais custos e encargos entre as mercadorias importadas e as idênticas às importadas, resultantes de diferenças nas distâncias e nos meios de transporte.
3. Se na aplicação deste Artigo for encontrado mais de um valor de transação de mercadorias similares, o mais baixo deles será utilizado na determinação do valor aduaneiro das mercadorias importadas."

451. "Nota ao Artigo 3
1. Na aplicação do Artigo 3, a administração aduaneira se baseará, sempre que possível, numa venda de mercadorias similares efetuada no mesmo nível comercial e essencialmente nas mesmas quantidades das mercadorias objeto de valoração. Inexistindo tal venda, recorrer-se-á a uma venda de mercadorias similares, efetuada de acordo com qualquer uma das três condições seguintes:
(a) uma venda no mesmo nível comercial, mas em quantidades diferentes;
(b) uma venda em um nível comercial diferente, mas substancialmente nas mesmas quantidades; ou
(c) uma venda em um nível comercial diferente e em quantidades diferentes;
2. Existindo uma venda de acordo com qualquer uma dessas três condições, serão feitos ajustes, conforme o caso, para:
(a) somente fatores relativos à quantidade;
(b) somente fatores relativos ao nível comercial; ou
(c) fatores relativos ao nível comercial e a quantidade.
3. A expressão "e/ou" confere flexibilidade para utilizar as vendas e para fazer os ajustes necessários em qualquer uma das três condições descritas acima.
4. Para os fins do Artigo 3, entende-se por valor de transação de mercadorias importadas idênticas, um valor aduaneiro ajustado conforme as determinações dos parágrafos 1 (b) e 2 desse Artigo, e que já tenha sido aceito com base no Artigo l.
5. Uma condição para efetuar ajustes motivados por diferenças dos níveis

Por outro lado, de acordo com o art. 15.2 (b), (c),[452] (d) e (e), são consideradas similares as mercadorias produzidas no mesmo país[453] e pelo mesmo fabricante – ou, subsidiariamente, por outra empresa[454] – que, "embora não se assemelhem em todos os aspectos, têm características e composição material semelhantes, o que lhes permite cumprir as mesmas funções e serem permutáveis comercialmente".[455]

Dentre os aspectos que devem ser considerados para avaliação da similaridade, incluem-se a qualidade, a reputação comercial e a existência de uma marca comercial. Esta, porém, não é determinante, uma vez que, de acordo com o

---

comerciais, ou nas quantidades é que tais ajustes, quer conduzam a um aumento ou a uma diminuição no valor, somente sejam feitos com base em evidência comprovada, que claramente demonstre que o ajuste é razoável e exato, como listas de preço em vigor, contendo preços relativos a diferentes quantidades ou níveis comerciais. Por exemplo, se as mercadorias importadas objeto de valoração consistirem de uma remessa de 10 unidades e as únicas mercadorias importadas idênticas para as quais existe um valor de transação envolverem uma venda de 500 unidades, e se ficar comprovado que o vendedor concede descontos por quantidade, o ajuste necessário poderá ser efetuado recorrendo-se à lista de preços do vendedor e utilizando-se o preço aplicável a uma venda de 10 unidades. Para tanto, não é necessário que tenha sido efetuada uma venda de 10 unidades contanto que a lista de preços seja considerada fidedigna, através de vendas efetuadas em quantidades diferentes. No entanto, inexistindo esse critério objetivo, a determinação do valor aduaneiro conforme as disposições do Artigo 2 não será adequado."

452. "(c) – as expressões 'mercadorias idênticas' e 'mercadoria similares' não abrangem aquelas mercadorias que incorporem ou comportem, conforme o caso, elementos de engenharia, desenvolvimento, trabalhos de arte e de *design*, e planos e esboços, para os quais não tenham sido feitos ajustes segundo as disposições do parágrafo 1 (b) (iv) do Artigo 8, pelo fato de terem sido tais elementos executados no país de importação."

453. "(d) – somente poderão ser consideradas 'idênticas' ou 'similares', as mercadorias produzidas no mesmo país que as mercadorias objeto de valoração;"

454. "(e) – somente serão levadas em conta mercadorias produzidas por uma pessoa diferente, quando não houve mercadorias idênticas ou similares, conforme o caso, produzidas pela mesma pessoa que produziu as mercadorias objeto de valoração."

455. "(b) – neste Acordo, entende-se por 'mercadorias similares' as que, embora não se assemelhem em todos os aspectos, têm características e composição material semelhantes, o que lhes permite cumprir as mesmas funções e serem permutáveis comercialmente. Entre os fatores a serem considerados para determinar se as mercadorias são similares incluem-se a sua qualidade, reputação comercial e a existência de uma marca comercial".

IMPOSTO DE IMPORTAÇÃO

Comentário nº 1.1, do Comitê Técnico da OMA, o fato de os produtos apresentarem marcas distintas não implica necessariamente a ausência de similaridade.[456]

O Comitê cita dois exemplos de ausência de permutabilidade comercial e funcional: o peróxido de sódio, de qualidade comum, utilizado para branqueamento e peróxido de sódio, de qualidade superior, utilizado para fins de análise;[457] e tinta para a impressão de papel e a que também permite o estampado de têxteis.[458]

---

456. No exemplo da câmara de ar, citado por ocasião do exame do conceito de mercadorias idênticas, o Comitê entendeu que produtos com marcas distintas não podem ser considerados idênticos. Porém, ressaltou que: "Embora não sejam iguais em todos os aspectos, as câmaras de ar possuem características e composição semelhantes que lhes permitem cumprir as mesmas funções. Posto que as mercadorias são do mesmo tipo, da mesma qualidade, gozam da mesma reputação comercial e estão providas de uma marca registrada, deveriam ser consideradas similares, embora sejam de diferentes marcas registradas".

457. "*Exemplo 6*
Comparação entre peróxido de sódio, de qualidade comum, utilizado para branqueamento e peróxido de sódio, de qualidade superior, utilizado para fins de análise.
O peróxido de sódio de qualidade superior é fabricado mediante um processo que utiliza matéria-prima de extrema pureza, sob a forma de pó; por isso, é muito mais caro do que o peróxido de sódio comum. Este não pode substituir aquele de qualidade superior, porque não é suficientemente puro para fins de análise, tampouco é muito solúvel e nem se apresenta sob a forma de pó. Uma vez que as mercadorias não são iguais sob todos os aspectos, não são idênticas. Quanto à similaridade, o produto de qualidade superior não será utilizado para branqueamento, nem para a produção em grande escala de produtos químicos, já que o seu preço é proibitivo para essas operações. Embora as duas variedades de peróxido de sódio apresentem características e composição semelhantes, entretanto, não são comercialmente intercambiáveis, visto que o de qualidade comum não seria utilizado para fins de análise."

458. "*Exemplo 7*
Tinta para a impressão de papel e tinta para a impressão de papel e o estampado de têxteis.
Para que sejam similares no sentido dos Artigos 3 e 15.2 b) do Acordo, as mercadorias devem ser, entre outras coisas, comercialmente intercambiáveis. Uma tinta de uma qualidade que serve unicamente a impressão de papel não seria similar a uma tinta de outra qualidade que serve tanto para a impressão de papel como para o estampado de têxteis, mesmo que esta última fosse comercialmente aceitável para a indústria de impressão de papel".

2.1.3.3.3 Método do valor dedutivo

Não sendo possível a aplicação do art. 3 do AVA, a valoração deve ocorrer a partir do quarto método substitutivo. Neste, a base de cálculo do imposto corresponderá ao preço unitário de revenda da mercadoria importada no mercado interno[459] na maior quantidade total, deduzidos o lucro, os custos e as despesas de venda previstos no art. 5.1 (a), (i), (ii), (iii) e (iv) do AVA,[460] inclusive os tributos devidos em decorrência da importação.[461]

---

459. *"Nota ao Artigo 5*
1. Entende-se por "preço unitário pelo qual mercadorias são vendidas na maior quantidade total", o preço pelo qual se vende o maior número de unidades a pessoas não vinculadas àquelas de quem compram tais mercadorias, no primeiro nível comercial após a importação no qual tais vendas ocorrem".

460. "Art. 5.
1. (a) Se as mercadorias importadas ou mercadorias idênticas ou similares importadas forem vendidas no país de importação no estado em que são importadas, o seu valor aduaneiro, segundo as disposições deste Artigo, basear-se-á no preço unitário pelo qual as mercadorias importadas ou as mercadorias idênticas ou similares importadas são vendidas desta forma na maior quantidade total ao tempo da importação ou aproximadamente ao tempo da importação das mercadorias objeto de valoração a pessoas não vinculadas àquelas de quem compram tais mercadorias, sujeito tal preço às seguintes deduções:
(i) as comissões usualmente pagas ou acordadas em serem pagas ou os acréscimos usualmente efetuados a título de lucros e despesas gerais, relativos a vendas em tal país de mercadorias importadas da mesma classe ou espécie;
(ii) os custos usuais de transporte e seguro bem como os custos associados incorridos no país de importação;
(iii) quando adequado, os custos e encargos referidos no parágrafo 2 do Artigo 8; e
(iv) os direitos aduaneiros e outros tributos nacionais pagáveis no país de importação em razão da importação venda das mercadorias".

461. *"Nota ao Artigo 5*
6. Observe-se que "lucros e despesas gerais" referidos no parágrafo 1 do Artigo 5 devem ser considerados em conjunto. Seu valor, para fins de dedução, será determinado com base em informações fornecidas pelo importador, ou em seu nome, a menos que tais números sejam incompatíveis com valores observados em vendas, no país de importação, de mercadorias importadas da mesma classe ou espécie. Quando este for o caso, o montante para lucros e despesas gerais poderá basear-se em informações pertinentes, distintas daquelas fornecidas pelo importador, ou em seu nome.
7. "Despesas gerais" englobam custos diretos e indiretos de comercialização das mercadorias em questão.
8. Impostos internos pagáveis em razão da venda das mercadorias, e que não deem

A venda interna deve envolver empresa não vinculada, podendo ser selecionadas – caso não se mostre possível encontrar uma operação que tenha por objeto a mesma mercadoria – vendas com produtos idênticos ou similares.[462] É necessária, ademais, a contemporaneidade entre a venda adotada como parâmetro e a operação de importação valorada. Não sendo identificadas operações ocorridas "ao tempo ou aproximadamente ao tempo da importação", deverá ser considerada, de acordo com o art. 5.1.(b), a venda interna mais próxima dentre as realizadas no período de até 90 (noventa) dias da importação.[463]

Por outro lado, na falta de mercadorias vendidas no estado em que são importadas, o importador poderá solicitar a valoração considerando a operações de venda após a etapa de transformação ou de processamento. Neste caso, além do lucro, dos custos e das despesas previstas no art. 5.1., também

---

margem a deduções com base no parágrafo 1(a) (iv) Artigo 5, deverão ser deduzidos de conformidade com as disposições do parágrafo 1(a) (i) do Artigo 5.
9. Para determinar as comissões ou os lucros e despesas gerais usuais, previstos no parágrafo 1 do Artigo 5, o fato de as mercadorias serem "da mesma classe ou espécie" das demais, deverá ser verificado caso a caso, considerando-se as circunstâncias pertinentes. Deverão ser examinadas as vendas no país de importação do mais restrito grupo ou linha de mercadorias importadas da mesma classe ou espécie, que inclua as mercadorias objeto de valoração, e para as quais as informações necessárias podem ser obtidas. Para os fins do Artigo 5, "mercadorias da mesma classe ou espécie", incluem tanto as mercadorias importadas do mesmo país das mercadorias objeto de valoração quanto as mercadorias importadas de outros países".

462. Aplicam-se ao presente método as mesmas observações realizadas em relação ao segundo e ao terceiro método, sobre a contemporaneidade e sobre os conceitos de produtos idênticos e similares.

463. "(b) Se nem as mercadorias importadas nem as mercadorias idênticas ou similares importadas são vendidas ao tempo ou aproximadamente ao tempo da importação das mercadorias objeto de valorarão, o valor aduaneiro que em circunstâncias diversas estaria sujeito às disposições do parágrafo 1 (a) deste Artigo, será baseado no preço unitário pelo qual as mercadorias importadas ou as mercadorias idênticas ou similares importadas são vendidas no país de importação, no estado em que foram importadas, na data mais próxima posterior à importação das mercadorias objeto de valoração, mas antes de completados noventa dias após tal importação".

deverá deduzido o valor adicionado na operação (art. 5.2),[464] caracterizando, para parte da doutrina, uma variação do critério de valoração, denominada método "superdedutivo".[465] De acordo com as notas interpretativas do AVA, a sua aplicação depende da presença de dados objetivos e quantificáveis.[466]

2.1.3.3.4 Método do valor computado

O quinto método substitutivo prevê a determinação do valor aduaneiro tendo por base o valor computado, que, por sua vez, resulta do somatório do custo de produção das mercadorias importadas,[467] acrescido da margem de lucro e despe-

---

464. "2. Se nem as mercadorias importadas, nem mercadorias idênticas ou similares importadas são vendidas no país de importação no estado em que foram importadas, e se assim solicitar o importador, o valor aduaneiro será baseado no preço unitário pelo qual as mercadorias importadas e posteriormente processadas são vendidas no país de importação, na maior quantidade total, a pessoas não vinculadas, àquelas de quem compram tais mercadorias, levando-se devidamente em conta o valor adicionado em decorrência de tal processamento, e as deduções previstas no parágrafo 1 (a) deste Artigo".

465. VITA, *op. cit.*, p. 117-119; TREVISAN NETO, *op. cit.*, p. 219; CARVALHO, M. P., *op. cit.*, p. 194.

466. "*Nota ao Artigo 5*
11. Quando o método previsto no parágrafo 2 do Artigo 5 for utilizado, a dedução do valor adicionado por processamento ulterior basear-se-á em dados objetivos e quantificáveis, relacionados com o custo deste processamento. Os cálculos desse custo terão como base fórmulas, receitas, métodos de cálculo e outras práticas aceitas no setor industrial em questão.
12. Reconhece-se que o método de valoração previsto no parágrafo 2 do Artigo 5 não será normalmente aplicável quando, como resultado de processamento ulterior, as mercadorias importadas perdem sua identidade. No entanto, pode haver casos em que, embora as mercadorias importadas percam a identidade, o valor adicionado pelo processamento ulterior pode ser determinado com precisão sem muita dificuldade. Por outro lado, há casos em que, embora mantendo sua identidade, o valor adicionado pelo processamento ulterior pode ser determinado com precisão sem muita dificuldade. Por outro lado, há casos em que, embora mantendo sua identidade, as mercadorias importadas contribuem para uma parcela tão pequena na constituição das mercadorias vendidas no país de importação que a utilização desse método de valoração não se justificaria. Em vista do exposto acima, cada uma dessas situações deverá ser considerada individualmente".

467. *Nota ao Artigo 6*
3. O "custo ou o valor" incluirá o custo dos elementos especificados nos parágrafos

sas gerais usualmente praticadas em operações com produtos da mesma classe ou espécie, na forma prevista no art. 6.1.(a), (b) e (c) do AVA.[468] Trata-se de um método de difícil aplicação, uma vez que pressupõe não apenas o acesso, mas a confiabilidade das demonstrações contábeis da empresa exportadora.

De acordo com o art. 15.3, entende-se por "mercadoria da mesma classe ou espécie", aquelas integrantes de um mesmo grupo ou categorias de uma indústria ou de setor industrial determinado, abrangendo produtos idênticos ou similares.[469]

1(a) (ii) e (iii) do Artigo 8. Incluirá também o valor, devidamente atribuído conforme o disposto na correspondente nota ao Artigo 8, de qualquer elemento especificado no parágrafo 1(b) do Artigo 8 que tenha sido fornecido, direta ou indiretamente, pelo comprador, para ser utilizado na produção das mercadorias importadas. O valor dos elementos especificados no parágrafo 1(b) (iv) do Artigo 8 que tenham sido realizados no país de importação só serão incluídos se correrem a cargo do produtor. Entenda-se que nenhum custo ou valor dos elementos referidos neste parágrafo poderá ser contato duas vezes na determinação do valor computado.
4. O "montante para lucros e despesas gerais" a que se refere o parágrafo 1(b) do Artigo 6 deverá ser determinado com base em informações prestadas pelo produtor, ou em seu nome, a menos que seus números sejam incompatíveis com aqueles usualmente verificados em vendas de mercadorias da mesma classe ou espécie das mercadorias objeto de valoração, vendas estas efetuadas por produtores no país de exportação, para exportação para o país de importação.
[...]
7. As "despesas gerais" referidas no parágrafo 1(b) do Artigo 6 compreendem os custos diretos e indiretos de produção e de venda das mercadorias para exportação, que não estejam incluídos no parágrafo 1(b) do Artigo 6.

468. "1. O valor aduaneiro das mercadorias importadas, determinado segundo as disposições artigo, basear-se-á num valor computado. O valor computado será igual à soma de:
(a) o custo ou o valor dos materiais e da fabricação, ou processamento, empregados na produção das mercadorias importadas;
(b) um montante para lucros e despesas gerais, igual àquele usualmente encontrado em vendas de mercadorias da mesma classe ou espécie que as mercadorias objeto de valoração, vendas estas para exportação, efetuadas por produtores no país de exportação, para o país de importação;
(c) o custo ou o valor de todas as demais despesas necessárias para aplicar a opção de valoração escolhida pela Parte, de acordo com o parágrafo 2 do Artigo 8".

469. "3. Neste acordo, entenda-se por "mercadoria da mesma classe ou espécie", as que se enquadram num grupo ou categorias de mercadorias produzidas por uma indústria ou setor industrial determinado, e abrange mercadorias idênticas ou similares".

2.1.3.3.5 Método do último recurso

A art. 7.1 prevê que, diante da inaplicabilidade dos demais métodos, a apuração do valor aduaneiro deve ocorrer em consonância com critérios razoáveis, desde que se mostrem compatíveis com os princípios e disposições gerais do AVA. Trata-se de critério de valoração conhecido como método da razoabilidade ou do último recurso (*"the fall-back method"*). Este permite que se retroceda aos métodos anteriores, construindo-se variações dos demais critérios de valoração,[470] tal como exemplificado na Nota ao Art. 7:

> 3. Seguem-se alguns exemplos de flexibilidade razoável:
>
> (a) *mercadorias idênticas* – a exigência de que as mercadorias idênticas devem ser exportadas no mesmo tempo ou aproximadamente no mesmo tempo que as mercadorias objeto de valoração poderá ser interpretada de maneira flexível; mercadorias importadas idênticas, produzidas num país deferente do país de exportação das mercadorias sendo valoradas poderão servir de base para a valoração aduaneira; os valores aduaneiros de mercadorias importadas idênticas, já determinados conforme as disposições dos Artigos 5 e 6, poderão ser utilizados;
>
> (b) *mercadorias similares* – a exigência de que as mercadorias similares devem ser exportadas no mesmo tempo ou aproximadamente no mesmo tempo que as mercadorias objeto de valoração poderá ser interpretada de maneira flexível; mercadorias importadas similares, produzidas num país diferente do país de exportação das mercadorias sendo valoradas poderão servir de base para a valoração aduaneira; os valores aduaneiros de mercadorias importadas similares, já determinados conforme as disposições dos Artigos 5 e 6, poderão ser utilizados;
>
> (c) *método dedutivo* – a exigência de que as mercadorias devem ter sido vendidas no "estado em que são importadas", conforme o parágrafo 1(a) do Artigo 5, poderá ser interpretada de maneira

---

470. "*Nota ao Artigo 7*
1. Valores aduaneiros determinados conforme as disposições do Artigo 7 deverão, na medida do possível, basear-se em valores aduaneiros determinados anteriormente.
2. Os métodos de valoração a serem empregados de acordo com o Artigo 7 serão os definidos nos Artigos 1 a 6, inclusive, mas uma razoável flexibilidade na aplicação de tais métodos será compatível com os objetivos e disposições do Artigo 7".

flexível; a exigência de "noventa dias" poderá ser aplicada de maneira flexível.

Assim, por exemplo, sendo inaplicáveis os métodos antecedentes, a autoridade aduaneira poderá construir uma variação do segundo ou do terceiro método, apurando a base de cálculo a partir do preço praticado em operações de importação de produtos idênticos ou similares originários de outros países.

Por fim, o art. 7.2 do AVA estabelece limites ao método da razoabilidade, vedando a apuração do valor aduaneiro a partir: (a) do preço de venda de mercadorias nacionais produzidas no país importador; (b) do critério de seleção pelo maior valor entre bases de cálculos alternativas; (c) do preço de venda de mercadorias no mercado interno do país exportador; (d) do custo de produção diferente dos valores comutados, apurados em consonância com o quinto método substitutivo; (e) do preço de venda de exportação para outros territórios aduaneiros adotado no país de procedência da mercadoria; (f) de valores aduaneiros mínimos; e (g) de valores arbitrários ou fictícios.[471]

2.1.3.4 Custos excluídos do valor aduaneiro

De acordo com a Nota Interpretativa do art. 1 do AVA, não integram o valor aduaneiro, quando destacados do preço, os seguintes custos:

---

471. "2. O valor aduaneiro definido segundo as disposições deste Artigo não será baseado:
(a) – no preço de venda no país de importação de mercadorias produzidas neste;
(b) – num sistema que preveja a adoção para fins aduaneiros do mais alto entre dois valores alternativos;
(c) – no preço das mercadorias no mercado interno do país de exportação;
(d) – no custo de produção diferente dos valores computados que tenham sido determinados para mercadorias idênticas ou similares, de acordo com as disposições do Artigo 6;
(e) – no preço das mercadorias vendidas para exportação para um país diferente do país de importação;
(f) – em valores aduaneiros mínimos; ou
(g) – em valores arbitrários ou fictícios".

Nota ao Artigo I

3. O valor aduaneiro não incluirá os seguintes encargos ou custos, desde que estes sejam destacados do preço efetivamente pago ou a pagar pelas mercadorias importadas:

(a) encargos relativos à construção, instalação, montagem, manutenção ou assistência técnica executados após a importação, relacionados com as mercadorias importadas, tais como instalações, máquinas ou equipamentos industriais;

(b) o custo de transporte após a importação;

(c) direitos aduaneiros e impostos incidentes no país de importação.

Tais custos, como destaca Antenori Trevisan Neto, devem ser excluídos do valor aduaneiro, independentemente do método de valoração aplicado:

> Vale notar que o §3º da Nota Interpretativa ao art. 1º faz referência ao *valor aduaneiro* e não ao *valor da transação*. Assim sendo, na medida em que os valores mencionados nesta Nota não devem ser adicionados ao valor aduaneiro, esta não adição deve se aplicar não apenas à apuração do valor aduaneiro com base no 1º método, mas também de acordo com quaisquer dos métodos previstos no AVA.[472]

Por fim, cabe destacar que os encargos relativos à construção, instalação, montagem, manutenção ou assistência técnica executados após a importação também compreendem as chamadas despesas de "comissionamento", que constitui uma etapa de testes da adequação técnica e operacional dos equipamentos e máquinas com os projetos de engenharia e com o objeto da contratação.

---

472. TREVISAN NETO, *op. cit.*, p. 111.

2.1.4 Regras especiais (produtos apreendidos, abandonados e sujeitos a alíquotas específicas, regimes tributários especial e simplificado)

Os incisos I e III do art. 20 do Código Tributário Nacional preveem bases de cálculo aplicáveis à importação de produtos sujeitos a alíquotas específicas e no leilão de mercadorias apreendidas ou abandonadas:

> Art. 20. A base de cálculo do imposto é:
>
> I – quando a alíquota seja específica, a unidade de medida adotada pela lei tributária;
>
> [...]
>
> III – quando se trate de produto apreendido ou abandonado, levado a leilão, o preço da arrematação.

Todavia, a incidência do imposto de importação no leilão de produtos apreendidos ou abandonados, prevista na redação originária do Decreto-lei 37/1966, foi revogada pelo Decreto-lei 2.472/1988. Tais bens, de acordo com o art. 29 do Decreto-lei 1.455/76, quando não destruídos ou inutilizados, são destinados à incorporação ao patrimônio público, doados a entidades sem fins lucrativos ou alienados mediante procedimento licitatório, sem incidência do imposto.[473]

O art. 2º da Lei 11.727/2008, por sua vez, autoriza a edição de ato normativo do Poder Executivo prevendo alíquotas específicas (*"ad rem"*) de até R$ 15,00 (quinze reais) por quilograma líquido ou unidade de medida estatística de determinadas mercadorias.[474] Essa competência, entretanto, não foi

---

[473]. "Art. 29. [...] § 12. Não haverá incidência de tributos federais sobre o valor da alienação, mediante licitação, das mercadorias de que trata este artigo. (Incluído pela Lei 12.350, de 2010)".

[474]. "Art. 2º O Poder Executivo poderá definir alíquotas específicas (*ad rem*) para o Imposto de Importação, por quilograma líquido ou unidade de medida estatística da mercadoria, estabelecer e alterar a relação de mercadorias sujeitas à incidência do Imposto de Importação sob essa forma, bem como diferenciar as alíquotas específicas por tipo de mercadoria.

exercida pelo Governo Federal, de sorte que a cobrança do imposto de importação no direito brasileiro se dá unicamente por meio de alíquotas *ad valorem*.

No regime de tributação especial (RTE), por sua vez, a base de cálculo do imposto corresponde ao valor de aquisição do bem no exterior, apurado a partir da fatura ou de documento de efeito equivalente.[475] Regra semelhante aplica-se às remessas postais e às encomendas aéreas internacionais sujeitas ao regime de tributação simplificada (RTS), previsto no Decreto-lei 1.804/80. Neste, a base de cálculo corresponde ao valor da fatura comercial, acrescido dos custos de transporte e do seguro relativo ao transporte, quando não incluídos no preço da mercadoria.[476] Trata-se de critérios simplificados de

---

Parágrafo único. A alíquota de que trata este artigo fica fixada em R$ 15,00 (quinze reais) por quilograma líquido ou unidade de medida estatística da mercadoria, podendo ser reduzida por ato do Poder Executivo nos termos do *caput* deste artigo".

475. RA/2009: "Art. 101. O regime de tributação especial é o que permite o despacho de bens integrantes de bagagem mediante a exigência tão somente do imposto de importação, calculado pela aplicação da alíquota de cinquenta por cento sobre o valor do bem, apurado em conformidade com o disposto no art. 87 (Decreto-lei 2.120, de 1984, art. 2º, *caput*; Lei 10.865, de 2004, art. 9º, inciso II, alínea "c"; e Regime Aduaneiro de Bagagem no Mercosul, Artigos 12, inciso 1, e 13, aprovado pela Decisão CMC 53, de 2008, internalizada pelo Decreto 6.870, de 2009). (Redação dada pelo Decreto 7.213, de 2010)". Por outro lado, de acordo com o art. 87: "Art. 87. Para fins de determinação do valor dos bens que integram a bagagem, será considerado o valor de sua aquisição, à vista da fatura ou documento de efeito equivalente (Regime Aduaneiro de Bagagem no Mercosul, Artigo 4º, inciso 1, aprovado pela Decisão CMC 53, de 2008, internalizada pelo Decreto 6.870, de 2009). (Redação dada pelo Decreto 7.213, de 2010)".

476. Instrução Normativa SRF 96/99: "Art. 5º O valor aduaneiro será o valor FOB dos bens integrantes da remessa ou encomenda, referido no art. 1º, acrescido do custo de transporte, bem como do seguro relativo a esse transporte:
I – até o local de destino, no País, quando se tratar de remessa postal internacional;
II – até o aeroporto alfandegado de descarga onde devam ser cumpridas as formalidades aduaneiras de entrada dos bens no País, na hipótese de encomenda transportada por companhia aérea; ou
III – até o domicílio do destinatário, no caso de encomenda transportada por empresa de transporte internacional expresso, porta a porta.
§ 1º O preço de aquisição dos bens será comprovado mediante a apresentação da correspondente fatura comercial.
§ 2º Na hipótese de remessa ou encomenda contendo bens que não tenham sido objeto de aquisição no exterior, pelo destinatário, o preço será aquele declarado,

valoração, que equivalem ao método do valor da transação, uma vez que a base de cálculo corresponde ao preço efetivamente pago na operação de venda.

2.2 Alíquota

No direito brasileiro, consoante ressaltado anteriormente, não há – embora previstas no Código Tributário Nacional, no Decreto-Lei 37/66 e no art. 2º da Lei 11.727/2008 – alíquotas específicas (*ad rem*). Assim, o imposto de importação sujeita-se apenas a alíquotas *ad valorem*, que correspondem a um número percentual aplicável à base de cálculo, de acordo com a origem e a classificação fiscal da mercadoria importada na Nomenclatura Comum do MERCOSUL (NCM). Esta, por sua vez, tem por base a Nomenclatura do Sistema Harmonizado (SH), resultante da Convenção Internacional do Sistema Harmonizado de Designação e Codificação de Mercadorias, incorporada ao direito brasileiro pelo Decreto Legislativo 71/88 e pelo Decreto 97.409/88.

A definição da alíquota, de acordo com o art. 153, §1º, da Constituição, pode ser realizada por ato do Chefe do Poder Executivo, dentro dos limites estabelecidos em lei.[477] Atualmente, nos termos da Lei 3.244/57 e da Lei 8.085/90, essa competência foi delegada à Câmara de Comércio Exterior (CAMEX),

---

desde que compatível com os preços normalmente praticados na aquisição de bens idênticos ou similares, originários ou procedentes do país de envio da remessa ou encomenda.
§ 3º O custo do transporte, bem como do seguro a ele associado, referido neste artigo, não será acrescido ao preço dos bens integrantes da remessa ou encomenda quando já estiver incluído no preço de aquisição desses bens ou quando for suportado pelo remetente.
§ 4º Na hipótese do inciso III deste artigo, o valor eventualmente pago pelo destinatário da encomenda à empresa de transporte internacional expresso por serviço diverso daqueles referidos no *caput* não será acrescido ao preço de aquisição ou declarado do bem, desde que se apresente destacado na respectiva documentação."

477. "Art. 153. [...] § 1º É facultado ao Poder Executivo, atendidas as condições e os limites estabelecidos em lei, alterar as alíquotas dos impostos enumerados nos incisos I, II, IV e V."

órgão integrante do Conselho de Governo da Presidência da República.⁴⁷⁸ Essa aparente exceção ao princípio da estrita legalidade, aliada à inaplicabilidade da anterioridade tributária (CF, art. 150, §1º),⁴⁷⁹ garante ao Governo Federal a prerrogativa de incentivar ou de desestimular a importação de determinados produtos, utilizando o imposto para fins extrafiscais.

No entanto, em determinados casos, ao exercer essa competência o Poder Público tem surpreendido aqueles contribuintes que, concluída a operação de comércio internacional, deparam-se com aumentos repentinos da carga tributária. A jurisprudência, há tempo, tem admitido a validade dessa prática, consoante se depreende da leitura do seguinte aresto do Superior Tribunal de Justiça:

---

478. "Art. 3º Poderá ser alterada dentro dos limites máximo e mínimo do respectivo capítulo, a alíquota relativa a produto:
a) cujo nível tarifário venha a se revelar insuficiente ou excessivo ao adequado cumprimento dos objetivos da Tarifa;
b) cuja produção interna for de interesse fundamental estimular;
c) que haja obtido registro de similar;
d) de país que dificultar a exportação brasileira para seu mercado, ouvido previamente o Ministério das Relações Exteriores;
e) de país que desvalorizar sua moeda ou conceder subsídio à exportação, de forma a frustar os objetivos da Tarifa.
§ 1º Nas hipóteses dos itens "a", "b" e "c" a alteração da alíquota, em cada caso, não poderá ultrapassar, para mais ou para menos, a 30% (trinta por cento) *ad valorem*.
§ 2º Na ocorrência de "dumping", a alíquota poderá ser elevada até o limite capaz de neutralizá-lo."

479. "Art. 150. Sem prejuízo de outras garantias asseguradas ao contribuinte, é vedado à União, aos Estados, ao Distrito Federal e aos Municípios:
[...]
III – cobrar tributos:
[...]
b) no mesmo exercício financeiro em que haja sido publicada a lei que os instituiu ou aumentou; (Vide Emenda Constitucional 3, de 1993)
c) antes de decorridos noventa dias da data em que haja sido publicada a lei que os instituiu ou aumentou, observado o disposto na alínea "b"; (Incluído pela Emenda Constitucional 42, de 19.12.2003)
[...]
§ 1º A vedação do inciso III, "b", não se aplica aos tributos previstos nos arts. 148, I, 153, I, II, IV e V; e 154, II; e a vedação do inciso III, c, não se aplica aos tributos previstos nos arts. 148, I, 153, I, II, III e V; e 154, II, nem à fixação da base de cálculo dos impostos previstos nos arts. 155, III, e 156, I. (Redação dada pela Emenda Constitucional 42, de 19.12.2003)".

IMPOSTO DE IMPORTAÇÃO

[...]

2. O fato gerador do imposto de importação não pode ser configurado para momento outro do que o definido em lei.

3. Irrelevância, para a caracterização do fato imponível em questão, da expedição da guia de importação e da formação do contrato.

4. A alíquota a ser cobrada é a vigorante no dia em que a mercadoria ingressa no território nacional, considerando-se tal ocorrência com o registro alfandegário da declaração apresentada pelo importador à autoridade fiscal competente da União.

5. O entendimento acima explicitado segue orientação assumida pelo colendo Supremo Tribunal Federal ao julgar a ADIN 1.293/DF, relator o eminente Ministro Celso de Mello.

6. Precedentes das 1ª Turma e 1ª Seção desta Corte Superior.

7. Recurso não provido.[480]

Entretanto, essa exegese não parece a mais adequada. A alíquota aplicável deve ser aquela vigente no momento da ocorrência do evento imponível (CTN, art. 144). Porém, a matéria também deve ser apreciada considerando o princípio constitucional da segurança jurídica. Este, segundo ensina J.J. Gomes Canotilho, constitui um elemento constitutivo do Estado de Direito, assegurando, aos cidadãos, a calculabilidade e de previsibilidade dos efeitos jurídicos dos atos do Estado:

> O homem necessita de segurança para conduzir, planificar e conformar autônoma e responsavelmente a sua vida. Por isso, desde cedo, se consideram os princípios da segurança jurídica e da protecção da confiança como elementos constitutivos do Estado de direito.
>
> Estes dois princípios – segurança jurídica e protecção da confiança – andam estreitamente associados, a ponto de alguns autores considerarem o princípio da protecção de confiança como um subprincípio ou como uma dimensão específica da segurança jurídica. Em geral, considera-se que a segurança jurídica está conexionada com elementos objectivos da ordem

---

480. STJ, REsp 412.924/PR, 1ª T. Rel. Min. José Delgado, *DJ* 13.05.2002, p. 172.

jurídica – garantia de estabilidade jurídica, segurança de orientação e realização do direito – enquanto a protecção da confiança se prende mais com as componentes subjectivas da segurança, designadamente a calculabilidade e previsibilidade dos indivíduos em relação aos efeitos jurídicos dos actos dos poderes públicos.[481]

Assim, o art. 150, §1º, da Constituição não pode ser aplicado de maneira isolada, desconsiderando-se os efeitos do princípio da segurança jurídica. O escopo do texto constitucional, ao permitir a alteração imediata das alíquotas do imposto de importação, certamente, não foi surpreender as empresas com negócios já concluídos, aguardando apenas a entrega de mercadoria. Portanto, entende-se que, excepcionalmente, deve ser admitida a ultratividade da alíquota vigente na data da conclusão do negócio de comércio exterior.

---

481. CANOTILHO, J. J. Gomes. *Direito constitucional e teoria da constituição*. 7. ed. Coimbra: Almedina, 2003, p. 257.

CONSIDERAÇÕES FINAIS

1. Os pressupostos de incidência do imposto de importação, de acordo com a estrutura sintática da norma jurídica adotada no presente estudo, resultam de um processo de construção de sentido de sua regra-matriz de incidência, que, por sua vez, pode ser dividida para fins analíticos em cinco critérios: os critérios material, espacial e territorial da proposição-antecedente (hipótese de incidência) e pessoal e quantitativo da proposição-consequente (consequência jurídica).

2. O critério material da hipótese de incidência do imposto apresenta em seu núcleo compositivo uma conduta humana descrita por meio do verbo "importar" e do complemento "produtos". No direito brasileiro, ao contrário do que decorre da interpretação isolada do art. 19 do CTN e do *caput* do art. 1º do Decreto-lei 37/66, o conteúdo jurídico do verbo "importar" compreende a conduta comissiva voluntária de introduzir um produto qualquer no âmbito do território nacional, por meio da transposição física da fronteira geográfica qualificada pela finalidade integradora. O título jurídico, a transmissão da propriedade da mercadoria ou a existência de um contrato de compra e venda internacional não são determinantes para a sua caracterização.

2.1 Esse conceito de importação faz com que o trânsito de passagem ("trânsito clássico") e a admissão temporária devam ser interpretados como regimes aduaneiros destinados ao controle da não incidência do imposto. Não se trata de suspensão do crédito tributário ou de isenção condicionada, uma vez que não se pode isentar uma operação que já não está compreendida na materialidade da hipótese de incidência do tributo nem suspender um crédito tributário juridicamente inexistente.

2.2 Assim, na interpretação do art. 311 do Regulamento Aduaneiro (Decreto 6.759/2009) e do §2º do art. 72, I, da Lei 10.833/2003, deve-se ter presente que a exigência do imposto de importação somente mostra-se válida nas hipóteses do inadimplemento absoluto das obrigações principais do regime aduaneiro, isto é, no desvio de finalidade e na não exportação.

2.3 O descumprimento de simples deveres instrumentais de controle ou o inadimplemento relativo não autorizam a exigência do crédito tributário. Se a obrigação principal é adimplida – porém, fora do tempo, lugar e forma previstos na legislação aduaneira ou no ato concessório –, o sujeito passivo estará sujeito às sanções administrativas previstas na legislação, mas não ao pagamento do crédito tributário.

2.4 Não há incompatibilidade entre o conceito de importação e o regime de admissão temporária para utilização econômica. Neste, o ingresso do produto no território nacional é vinculado a um contrato de longo prazo, para emprego na prestação de serviços ou na produção de outros bens destinados à venda, o que configura uma intenção integradora. Logo, o regime tem natureza de isenção do imposto, com mutilação parcial do critério quantitativo, vinculada ao cumprimento de determinados requisitos previstos na legislação tributária.

2.5 O §2º do art. 1º do Decreto-lei 37/66, ao estabelecer uma hipótese de "entrada" presumida nos casos de extravio ou de falta da mercadoria, não é compatível com o conceito jurídico de importação, porque, ainda que o extravio ocorra após o ingresso no território nacional, não há intenção integradora.

IMPOSTO DE IMPORTAÇÃO

2.6 Ao instituir o imposto de importação (Constituição, art. 153, I), a União tem o exercício de sua competência vinculado a uma determinada categoria de bens: os produtos (coisas móveis e corpóreas). Portanto, o imposto não pode incidir sobre serviços e outros intangíveis, que, por sua vez, somente podem ser onerados por meio de contribuições sociais e de intervenção no domínio econômico, nas hipóteses autorizadas pelos incisos II do §2º do art. 149 e IV do art. 195 da Constituição; ou, no tocante aos intangíveis (salvo os serviços) no exercício da competência residual, por meio de lei complementar (CF, art. 154, I).

2.7 A impossibilidade jurídica de tributação dos serviços e outros intangíveis, inclusive *softwares*, abrangem os respectivos suportes físicos ou mídias eletrônicas, nos quais se encontrem gravados, que não têm autonomia negocial, servindo apenas como meio para a transmissão do arquivo eletrônico.

2.8 Embora o art. 1º do Decreto-lei 37/1966 faça referência à "mercadoria", o exame a *contrario sensu* das demais hipóteses de isenção previstas nos arts. 14, 15 e 16 mostra que também há incidência na importação de bens de capital (fundo de comércio ou ativo imobilizado, inclusive partes e peças de equipamentos), insumos (matéria-prima, produto intermediário e material de embalagem) e produtos destinados ao consumo em geral. Portanto, a interpretação sistemática do Decreto-lei 37/66 evidencia que o complemento do critério material do imposto compreende a importação de produtos, inclusive mercadorias.

2.9 Para a descrição do critério material, é suficiente a referência a "produtos". O termo "estrangeiros", encontrado no art. 153, I, da Constituição Federal, implica um pleonasmo vicioso, uma vez que toda importação pressupõe a introdução de produto de procedência estrangeira no território nacional. A supressão do termo não acarreta qualquer dificuldade na compreensão de seu conteúdo de significação, porque também há incidência do imposto na importação de produtos de origem brasileira nacionalizados em outro país.

3. O critério espacial do imposto de importação corresponde ao âmbito de vigência territorial da legislação brasileira, denominado território aduaneiro. Este, por outro lado, não é coincidente com as fronteiras políticas do Estado brasileiro, abrangendo as hipóteses de extraterritorialidade da legislação aduaneira nacional. O art. 2º do Regulamento Aduaneiro (Decreto 6.759/2009) encontra-se incompleto. O território aduaneiro é mais amplo, compreendendo o âmbito de aplicabilidade da legislação aduaneira no território nacional – inclusive áreas de livre comércio – e as áreas de controle integrado do MERCOSUL situadas no território dos países-membros.

4. O critério temporal corresponde ao momento em que se promove o registro da declaração de intenção integradora da mercadoria no território aduaneiro e, na sua falta, no momento em que esta deveria ter sido apresentada perante a autoridade aduaneira.

4.1. A importação presumida prevista no art. 1º, §2º, não é compatível com o texto constitucional. Portanto, também é inválido o critério temporal previsto no art. 23, parágrafo único, I, do Decreto-lei 37/66, que estabelece como critério temporal a data do lançamento do correspondente crédito tributário.

4.2 O art. 23, parágrafo único, II, do Decreto-lei 37/66, ao estabelecer que o critério temporal corresponde à data da constituição de ofício do crédito tributário, não é compatível com os princípios constitucionais da segurança jurídica e da estrita legalidade tributária. Por conseguinte, o critério temporal deve corresponder ao momento da exteriorização da importação, isto é, à data em que a declaração de importação deveria ter sido originariamente apresentada às autoridades aduaneiras, não fosse o ingresso clandestino dos bens.

5. O sujeito ativo do imposto de importação coincide com a pessoa política competente para a instituição do tributo (a União Federal). A sujeição passiva, por sua vez, recai sobre o importador (inclusive quando destinatário de remessa postal internacional ou adquirente de mercadoria entrepostada) e

sobre os responsáveis previstos no art. 32 do Decreto-lei 37/66.

5.1 O transportador, o representante de transportador estrangeiro, o depositário, o expedidor ou o operador de transporte multimodal, na condição de simples prestadores de serviço, não apresentam qualquer relação de proximidade com o fato tributado. Não há possibilidade de percepção ou retenção do valor recolhido. Portanto, o art. 32 do Decreto-lei 37/66 e o art. 28 da Lei 9.611/98 são inconstitucionais.

6. A base de cálculo do imposto de importação corresponde ao valor aduaneiro do produto importado, que, por sua vez, deve ser determinado em consonância com as regras do Acordo de Valoração Aduaneira (AVA), incorporado ao direito brasileiro por meio do Decreto Legislativo 30/94, promulgado pelo Decreto 1.355/1994, em substituição ao Código de Valoração Aduaneira (CVA), resultante da Rodada Tóquio de 1979.

6.1 O inciso II do art. 20 do CTN foi revogado pelo CVA e este, pelo AVA. Nada impedia a revogação, porque a reserva de lei complementar prevista no art. 18, §1º, da Constituição de 1967 não alcançava a definição da base de cálculo do imposto de importação.

6.2 A valoração aduaneira ocorre a partir de um critério-base – o método do valor da transação – e cinco substitutivos, que são aplicados sucessivamente e em caráter excludente: o método do valor de transação de mercadorias idênticas; o do valor de transação de mercadorias similares; o do valor dedutivo; o método do valor computado; e o método do último recurso (*"the fall-back method"*).

6.3 De acordo com o método do valor da transação, o valor aduaneiro equivale ao preço efetivamente pago ou a pagar pelas mercadorias em uma venda para exportação para o país de importação, inclusive pagamentos indiretos, acrescidos dos ajustes positivos e negativos previstos nos §§ 1º e 2º do art. 8 do Acordo de Valoração Aduaneira (AVA) e em suas Notas Interpretativas.

6.4 No Brasil, a adição dos custos previstos no art. 8.2 do AVA ao preço efetivamente pago ou a pagar foi prevista no art. 77 do Regulamento Aduaneiro (Decreto 6.759/2009), na redação do Decreto 7.213/2010. Não foi editada uma lei em sentido formal, tornando inválida a inclusão destes itens na base de cálculo do imposto de importação.

6.5 A aplicação do método do valor da transação pressupõe a presença de cinco requisitos: (i) segurança sobre a veracidade e a exatidão das afirmações, documentos ou declarações apresentadas pelo interessado; (ii) a operação deve constituir uma compra e venda internacional; (iii) ausência de qualquer das cláusulas de limitação do preço, da posse ou do domínio previstas no art. 1.1 ("a", "b" e "c") do AVA; (iv) a existência de dados objetivos e quantificáveis relativos aos ajustes do art. 8º (Nota Interpretativa ao art. 8.3); e (v) ausência de vinculação entre importador e exportação ou, caso estes constituam partes relacionadas, a aceitabilidade do preço pago ou pagar na operação, que pode resultar do exame das circunstâncias da venda (art. 1.2.a) ou da proximidade do preço adotado com um dos valores "critério" ou de "teste" do AVA (art. 1.2.b).

6.6 O exame das circunstâncias da venda, ao contrário da hipótese do art. 1.2.(b), não ocorre a partir de um critério fechado ou definido. O AVA não estabelece um parâmetro de aceitabilidade, limitando-se a prever que a administração aduaneira deverá estar preparada para examinar os aspectos relevantes da transação, inclusive a maneira como comprador e o vendedor organizam suas relações comerciais, com a finalidade de determinar se a vinculação influenciou a definição do preço.

6.7 Essa abertura proporciona que se considerem os parâmetros da legislação brasileira de preços de transferência para se avaliar as circunstâncias da venda. Não há, contudo, implicação recíproca ou caráter vinculante entre a valoração aduaneira e a legislação de preços de transferência. O contribuinte não pode pleitear a repetição do indébito dos tributos aduaneiros, caso, em decorrência da aplicação da legislação de preços de transferência, a autoridade fiscal considere o custo de aquisição inferior ao adotado na valoração aduaneira. Tampouco cabe ao Fisco promover a revisão aduaneira e readequar a base de cálculo do imposto de importação considerando a legislação brasileira de preços de transferência. Isso dependeria não apenas de previsão legislativa, mas de alteração do AVA e da uniformização dos métodos de preços de transferência em nível mundial.

6.8 O método do valor da transação de mercadorias idênticas apresenta oito requisitos. Os dois primeiros são a natureza idêntica das mercadorias e a inaplicabilidade do primeiro método, o que decorre da vedação de inversão dos critérios de valoração (art. 4). Além disso, de acordo com o art. 2.1.(a) e (b), 2.2 e 2.3 do AVA, o valor comparável: (i) deve resultar de uma venda para exportação; (ii) com destino ao mesmo país importador; (iii) contemporânea à importação valorada ; (iv) ajustada aos níveis comercial e quantitativo, caso esses não tenham sido os mesmos; (v) devem ser descontadas as diferenças decorrentes das distâncias e dos meios de transporte, caso o valor da transação tenha incluído o frete, o seguro e as despesas de carga e descarga, na forma do art. 8.2 do AVA; e (vi) havendo mais de um valor comparável, adota-se o menor.

6.9 O método do valor de transação de mercadorias similares apresenta basicamente os mesmos requisitos de aplicabilidade do método precedente, salvo no tocante à natureza das mercadorias. Assim, o valor comparável, nos termos do art. 3.1. (a) e (b), 3.2. e 3.3 do AVA: (i) deve resultar de uma venda para exportação; (ii) com destino ao mesmo país importador; (iii) contemporânea à importação valorada; (iv) ajustada aos níveis comercial e quantitativo; (v) devem ser descontadas as diferenças decorrentes das distâncias e dos meios de transporte, caso o valor da transação tenha incluído o frete, o seguro e as despesas de carga e descarga (art. 8.2.); e (vi) adota-se o menor dentre os valores comparáveis existentes.

6.10 De acordo com o quarto método substitutivo, a base de cálculo do imposto corresponderá ao preço unitário de revenda da mercadoria importada no mercado interno na maior quantidade total, deduzidos o lucro, os custos e as despesas de venda previstos no art. 5.1 (a), (i), (ii), (iii) e (iv) do AVA, inclusive os tributos devidos em decorrência da importação.

6.11 O método do valor computado prevê a determinação do valor aduaneiro tendo por base o somatório do custo de produção das mercadorias importadas acrescido da margem de lucro e despesas gerais usualmente praticadas em operações com produtos da mesma classe ou espécie, na forma prevista no art. 6.1.(a), (b) e (c) do AVA.

6.12 Não sendo aplicáveis os métodos anteriores, o art. 7.1 prevê a apuração do valor aduaneiro em consonância com critérios razoáveis, inclusive mediante construções de variações dos demais critérios de valoração. Esses, porém, devem ser compatíveis com os princípios e disposições gerais do AVA, e não podem implicar o valor aduaneiro a partir: (a) do preço de venda de mercadorias nacionais produzidas no país importador; (b) do critério de seleção pelo maior valor entre bases de cálculos alternativas; (c) do preço de venda de mercadorias no mercado interno do país exportador; (d) do custo de produção diferente dos valores comutados, apurados em consonância com o quinto método substitutivo; (e) do preço de venda de exportação para outros territórios aduaneiros adotado no país de procedência da mercadoria; (f) de valores aduaneiros mínimos; e (g) de valores arbitrários ou fictícios.

7. Atualmente, o imposto de importação sujeita-se apenas a alíquotas *ad valorem* aplicáveis de acordo com a origem e a classificação fiscal da mercadoria importada na Nomenclatura Comum do MERCOSUL (NCM). A sua definição foi delegada pelo Chefe do Poder Executivo à Câmara de Comércio Exterior (CAMEX), o que garante ao Governo Federal a prerrogativa de incentivar ou de desestimular a importação de determinados produtos, utilizando o imposto para fins extrafiscais.

Entretanto, em caso de aumento do tributo, por força do princípio da segurança jurídica, deve ser admitida a ultratividade das alíquotas vigentes na data da conclusão da operação de comércio exterior.

REFERÊNCIAS

ACCIOLY, Hildebrando. *Manual de direito internacional público*. São Paulo: Saraiva, 1985.

AGUIAR, Maruska (Org.). *Discussões sobre regras de origem*. São Paulo: Aduaneiras, 2007.

ALAIS, Horacio. Los impuestos aduaneros argentinos. *In:* UCKMAR, Victor; ALTAMIRANO, Alejandro C.; TORRES, Heleno Taveira (Coord.). *Impuestos sobre el comercio internacional*. 2. ed. Madrid-Barcelona-Buenos Aires: Marcial-Pons, 2008, p. 149-213.

_____. *Los principios del derecho aduanero*. Buenos Aires: Marcial Pons Argentina, 2008.

ALCHOURRÓN, Carlos; BULYGIN, Eugenio. *Introducción a la metodología de las Ciencias Jurídicas y Sociales*. Buenos Aires: Editorial Astrea, 1987.

ALEXY, Robert. *Teoria de los derechos fundamentales*. Madrid: Centro de Estúdios Constitucionales, 1997.

ALMEIDA, Fernanda Dias Menezes de. *Competências na Constituição de 1988*. São Paulo: Atlas, 1991.

ALMEIDA, Roberto Caparroz de. *A tributação do comércio internacional*: uma visão aduaneira. Tese (Doutorado em Direito). Pontifícia Universidade Católica de São Paulo. São Paulo, 2007.

_____. Do imposto sobre produtos industrializados vinculado às importações. *In:* TORRES, Heleno Taveira (Coord.). *Comércio internacional e tributação.* São Paulo: Quartier Latin, 2005, p. 259-305.

AMARAL, Antonio Carlos Rodrigues do. A organização mundial do comércio – OMC e o acordo geral sobre o comércio de serviços. *In:* TORRES, Heleno Taveira (Coord.) *Comércio internacional e tributação.* São Paulo: Quartier Latin, 2005, p. 117-137.

AMARO, Luciano. *Direito tributário brasileiro.* 20. ed. São Paulo: Saraiva, 2014.

ARAÚJO, Ana Clarissa Masuko dos Santos; SARTORI, Angela. *Drawback* e o comércio exterior: visão jurídica e operacional. São Paulo: Aduaneiras, 2004.

ARAÚJO, Ana Clarissa Masuko dos Santos. A alteração dos conceitos e definições jurídicos e seus reflexos para o conceito de "mercadoria" na importação – a prescrição do art. 110 do Código Tributário Nacional. *In:* TREVISAN, Rosaldo (Org.). *Temas atuais de direito aduaneiro.* São Paulo: Lex, 2013, p. 137-170.

ARMELLA, Sara. Los impuestos aduaneros. Unión Europea. *In:* UCKMAR, Victor; ALTAMIRANO, Alejandro C.; TORRES, Heleno Taveira (Coord.). *Impuestos sobre el comercio internacional.* 2. ed. Madrid-Barcelona-Buenos Aires: Marcial-Pons, 2008, p. 243-259.

ATALIBA, Geraldo. *Hipótese de incidência tributária.* 5. ed. São Paulo: Malheiros, 1997.

_____. Lei complementar em matéria tributária. *Revista de Direito Tributário*. São Paulo: RT, n. 48, p. 84-106, abr./jun. 1989.

_____. Lei complementar tributária e alcance das disposições do Código Tributário Nacional. *In: VI Curso de Especialização em Direito Tributário*. São Paulo: Resenha Tributária, 1978, p. 775-792.

_____. Normas gerais de direito financeiro e tributário e autonomia dos Estados e Municípios: limites à norma geral – Código Tributário Nacional. *Revista de Direito Público*. São Paulo: RT, n. 10, p. 45-80, out./dez. 1969.

_____. *Sistema constitucional tributário*. São Paulo: RT, 1968.

_____; GONÇALVES, José Artur Lima. Carga tributária e prazo de recolhimento de tributos. *Revista de Direito Tributário*. São Paulo: RT, n.º 45, p.24-31, jul./set. 1988.

ÁVILA, Humberto Bergmann. *Sistema constitucional tributário brasileiro*. 5. ed. São Paulo: Saraiva, 2012.

AVOLIO, Diego; DE ANGELIS, Enrico. Transfer princing e valore in dogana: analisi comparata ed esperienze a confronto. *In*: MAYR, Siegfried; SANTACROCE (a cura di). *Valore in dogana e transfer princing*. Milão: Wolter Kluwer, versão "E-Book, Apple", 2014, p. 433-495.

BALEEIRO, Aliomar. *Direito tributário brasileiro*. 13. ed. Atual. Misabel Abreu Machado Derzi. Rio de Janeiro: Forense, 2015; 11. ed., 2001.

_____. *Limitações constitucionais ao poder de tributar*. 8. ed. Rio de Janeiro: Forense, 2010; 7. ed. 1999.

BALZANI, Francesca. El *transfer pricing*. *In*: UCKMAR, Victor; ALTAMIRANO, Alejandro C.; TORRES, Heleno

Taveira (Coord.). *Impuestos sobre el comercio internacional*. 2. ed. Madrid-Barcelona-Buenos Aires: Marcial-Pons, 2008, p. 625-639.

BARBIERI, Luís Eduardo Garrossino. A natureza jurídica do regime aduaneiro *drawback*. *In:* PEIXOTO, Marcelo Magalhães; SARTORI, Angela; DOMINGO, Luiz Roberto (Coord.). *Tributação aduaneira à luz da jurisprudência do CARF – Conselho Administrativo de Recursos Fiscais*. São Paulo: APET-MP, 2013, p. 165-183.

BARREIRA, Enrique C. La obligación tributaria aduanera y el hecho gravado por los derechos de importación. *Revista de Estudios Aduaneros* n° 12, primer y segundo semestre de 1998. Buenos Aires: Instituto Argentino de Estudios Aduaneros, p. 87-128.

_____. El "valor en aduana" y los "precios de transferencia" en las transacciones internacionales entre empresas vinculadas: dos enfoques ante un mismo fenómeno. *Revista de Estudios Aduaneros* n° 15, segundo semestre de 2001 – primeiro e segundo semestre de 2002. Buenos Aires: Instituto Argentino de Estudios Aduaneros, p. 113-124.

_____. Los "precios de transferencia" en las transacciones internacionales entre empresas vinculadas: dos enfoques ante un mismo fenómeno. *Revista de Estudios Aduaneros* n° 15. Buenos Aires: Instituto Argentino de Estudios Aduaneros, p. 113-124, 2° sem. 2001 - 1°-2° sem. 2002.

BARRERA, Enrique C. La obligación tributaria aduanera y el hecho gravado por los derechos de importación. Revista de Estudios Aduaneros n° 12, primer y segundo semestre de 1998. Buenos Aires: Instituto Argentino de Estudios Aduaneros, p. 87-128.

BARRETO, Aires. *Base de cálculo, alíquota e princípios constitucionais*. 2. ed. São Paulo: Max Limonad, 1998.

BARROS, José Floriano de; CARLUCCI, José Lence. *Regimes aduaneiros especiais*. Guarulhos: Comepe, 1976.

BARROSO, Luis Roberto. Dez anos da Constituição de 1988 (foi bom pra você também?). *In: A Constituição democrática brasileira e o Poder Judiciário*. Coleção Debates. São Paulo: Fundação Konrad-Adenauer-Stiftung, n.º 20, 1999.

_____. *Interpretação e aplicação da Constituição*. 7. ed. São Paulo: Saraiva, 2009.

_____. *Interpretação e aplicação da Constituição*: fundamentos de uma dogmática constitucional transformadora. São Paulo: Saraiva, 1996.

BASALDÚA, Ricardo Xavier. *Derecho aduanero*: parte general – sujetos. Buenos Aires: Abeledo-Perrot, 1992.

_____. La aduana: concepto y funciones esenciales y contingentes. *Revista de Estudios Aduaneros* nº 18, primer semestre de 2007. Buenos Aires: Instituto Argentino de Estudios Aduaneros, p. 37-54.

_____. La territorialidad en los impuestos aduaneros. *In:* UCKMAR, Victor; ALTAMIRANO, Alejandro C.; TORRES, Heleno Taveira (Coord.). *Impuestos sobre el comercio internacional*. 2. ed. Madrid-Barcelona-Buenos Aires: Marcial-Pons, 2008, p. 131-146.

_____. Reflexiones sobre el Codigo Aduanero del Mercosur. *Revista de Estudios Aduaneros* nº 10, segundo semestre de 1996 – primer semestre de 1998. Buenos Aires: Instituto Argentino de Estudios Aduaneros, p. 115-129.

_____. *Tributos al comercio exterior*. Buenos Aires: Abeledo-Perrot, 2011.

_____. *Introducción al derecho aduanero*: concepto y contenido. Buenos Aires. Abeledo-Perrot, 1988.

BASTOS, Celso Ribeiro. *Curso de direito constitucional*. 22. ed. São Paulo: Malheiros, 2010.

_____. *Hermenêutica e interpretação constitucional*. 4. ed. São Paulo: Malheiros, 2014.

_____. *Hermenêutica e interpretação constitucional*. São Paulo: Celso Bastos Editor, 1997.

BECHO, Renato Lopes. *Sujeição passiva e responsabilidade tributária*. São Paulo: Dialética, 2000.

BECKER, Alfredo Augusto. *Teoria geral do direito tributário*. 3. ed. São Paulo: Lejus, 1998.

BENKE, Rafael Tiago Juk. Ensaio sobre a valoração aduaneira no Brasil. *In:* TORRES, Heleno Taveira (Coord.) *Direito tributário internacional aplicado*. São Paulo: Quartier Latin, 2003, p. 565-581.

BIZELLI, João dos Santos. *Importação*: sistemática administrativa, cambial e fiscal. São Paulo: Aduaneiras-Lex, 2009.

BOBBIO, Norberto. *Teoria do ordenamento jurídico*. Brasília: Polis, 1991.

_____. *Teoría general del derecho*. Trad. Eduardo Rozo Acuña. Madrid: Debate, 1999.

BONAVIDES, Paulo. *Curso de direito constitucional*. 30. ed. São Paulo: Malheiros, 2015.

BRITTO, Demes. A problemática de conflito entre o direito interno e o direito internacional em matéria tributária. *In:* BRITTO, Demes; CASEIRO, Marcos Paulo (Coord.). *Direito tributário internacional*: teoria e prática. São Paulo: RT, 2014, p. 439-544.

_____; CASEIRO, Marcos Paulo (Coord.). *Direito tributário internacional*: teoria e prática. São Paulo: RT, 2014.

CÁCERES NIETO, Enrique. *Lenguaje y derecho: las normas jurídicas como sistema de enunciados*. México: UNAM, 2000.

CANARIS, Claus Wilhelm. *Pensamento sistemático e conceito de sistema na Ciência do Direito*. Lisboa: Fundação Calouste Gulbenkian, 1989.

CANOTILHO, José Joaquim Gomes. *Direito constitucional*. 6. ed. Coimbra: Almedina, 1996.

_____. *Direito constitucional e teoria da constituição*. 7. ed. Coimbra: Almedina, 2003.

_____. *Constituição dirigente e vinculação do legislador*: contributo para a compreensão das normas constitucionais programáticas. Coimbra: Coimbra, 1994.

CANOTILHO, J. J. Gomes; VITAL MOREIRA. *Fundamentos da Constituição*. Coimbra: Coimbra, 1991.

CARRAZZA, Elizabeth Nazar; JESUS, Isabela Bonfá de. (Org.). *Atualidades do Sistema Tributário Nacional*. São Paulo: Quartier Latin, v. 1, 2015.

CARRAZZA, Roque Antonio. *Curso de direito constitucional tributário*. 30. ed. São Paulo: Malheiros, 2015.

_____. *ICMS*. 17. ed. São Paulo: Malheiros, 2015; 10. ed., 2005.

CARRÍO, Genaro. *Notas sobre derecho e lenguaje*. Buenos Aires, Abeledo-Perrot, 1972.

CARVALHO DE MENDONÇA, José Xavier. *Tratado de direito comercial brasileiro*. Campinas: Bookseller, v. I, 2000.

CARVALHO, Aurora Tomazini de. *Teoria geral do direito*: o construtivismo lógico-semântico. 4. ed. São Paulo: Noeses, 2014.

_____. O construtivismo lógico-semântico como método de trabalho na elaboração jurídica. *In:* CARVALHO, Paulo de Barros (coord.); CARVALHO, Aurora Tomazini de (Org.). *Construtivismo lógico-semântico*. São Paulo: Noeses, v. I, 2014.

CARVALHO, Marcelo Pimentel de. *Valor aduaneiro*: princípios, métodos e fraude. São Paulo: Aduaneiras, 2007.

CARVALHO, Paulo de Barros. Algo sobre o construtivismo lógico-semântico. *In:* CARVALHO, Paulo de Barros (Coord.); CARVALHO, Aurora Tomazini de (Org.). *Construtivismo lógico-semântico*. São Paulo: Noeses, v. I, 2014.

_____. *A regra-matriz do ICM*. Tese de Livre Docência em Direito Tributário. São Paulo: PUC/SP, 1981.

_____. *Curso de direito tributário*. 26. ed. São Paulo: Saraiva, 2014.

_____. *Derivação e positivação no direito tributário*. São Paulo: Noeses, v. 1, 2011.

_____. *Derivação e positivação no direito tributário*. São Paulo: Noeses, v. 2, 2013

_____. *Direito tributário*: fundamentos jurídicos da incidência. 10. ed. São Paulo: Saraiva, 2015.

_____. *Direito tributário, linguagem e método*. 6. ed. São Paulo: Noeses, 2015; 2. ed., 2008.

_____. Preços de transferência no direito tributário brasileiro. *In:* UCKMAR, Victor; ALTAMIRANO, Alejandro C.; TORRES, Heleno Taveira (coord..) *Impuestos sobre el comercio internacional.* 2. ed. Madrid-Barcelona-Buenos Aires: Marcial-Pons, 2008, p. 679-692.

_____. Regra-matriz de incidência do imposto sobre importação de produtos estrangeiros. *Revista da Receita Federal*: estudos tributários e aduaneiros. Brasília, v. 01, n. 01, ago./dez.2014, p. 61-77.

_____. *Teoria da norma tributária.* 4. ed. São Paulo: Max Limonad, 2002.

_____. *Teoria da norma tributária.* 5. ed. São Paulo: Quartier Latin, 2009.

CECILIA, Mora-Donatto. *El valor de la Constitución normativa.* México: UNAM, 2002.

CERIONI, Fabrizio. Gli elementi caractteristici dello'bbligazione doganale. *In:* SCUFFI, Massimo; ALBENZIO, Giuseppe; MICCINESI, Marco. *Diritto doganale, dele accise e di tributi ambientali.* Milão: Ipsoa, versão "E-Book, Apple", 2014, p. 212-236.

CLÈVE, Clèmerson Merlin. *Medidas provisórias.* 2. ed. São Paulo: Max Limonad, 1999.

COÊLHO, Sacha Calmon Navarro. *Curso de direito tributário brasileiro.* 14. ed. Rio de Janeiro: Forense, 2015; 4. ed., 1999.

_____. *Teoria geral do tributo, da interpretação e da exoneração tributária.* 3. ed. São Paulo: Dialética, 2003.

_____; DERZI, Misabel de Abreu Machado; *Do imposto sobre a propriedade predial e territorial urbana.* São Paulo: Saraiva, 1982.

COMELA, Víctor Ferreres, *Justicia constitucional y democracia.* Madrid, Centro de Estudios Políticos y Constitucionales, 1997.

COPI, Irving M. *Introdução à lógica*. 2. ed. São Paulo: Mestre Jou, 1978.

COSSIO, Carlos. *La teoría egológica del derecho*: su problema y sus problemas. Buenos Aires: Abeledo-Perrot, 1963.

COSTA, Ramón Valdés. *Instituciones de derecho tributario*. 2. ed. Buenos Aires: Depalma, 2004.

COSTA, Regina Helena. Notas sobre a existência de um direito aduaneiro. *In:* FREITAS, Vladmir Passas de. *Importação e exportação no direito brasileiro*. São Paulo: RT, p. 15-37, 2004.

COSTA JUNIOR, Paulo José. *Comentários ao Código Penal*. 7. ed. São Paulo: Saraiva, 2002.

CUTRERA, Achille. *Principii di diritto e politica doganale*. 2. ed. Padova: Cedam, 1941.

DINIZ, Maria Helena. *Lei de introdução às normas do direito brasileiro interpretada*. 17. ed. São Paulo: Saraiva, 2012.

DWORKIN, Ronald. *Uma questão de princípio*. São Paulo: Martins Fontes, 2000.

ENCHAVE, Delia Teresa; URQUIJO, María Eugenia; GUIBOURG, Ricardo A. *Lógica, proposición y norma*. Buenos Aires: Astrea, 1995.

ENTERRÍA, Eduardo García de. *Reflexiones sobre la Ley y los principios generales del Derecho*. Madrid: Civitas, 1986.

ESTEBBING, Susan L. *Introducción moderna a la lógica*. México: UNAM, 1965.

FALCÃO, Amílcar de Araújo. *Sistema financeiro tributário*. Rio de Janeiro: Financeiras, 1965.

FANUCCHI, Fábio. *Curso de direito tributário brasileiro*. 4. ed. São Paulo: Resenha Tributária, v. I, 1983.

FARIA, Luiz Alberto Gurgel de. Tributos sobre o comércio exterior. *In:* FREITAS, Vladmir Passas de. *Importação e exportação no direito brasileiro*. São Paulo: RT, 2004, p. 38-75.

FERREIRA FILHO, Manoel Gonçalves. *Comentários à Constituição Brasileira de 1988*: arts. 44 a 103. São Paulo: Saraiva, v. 2, 1992.

FERREIRA, Rony. Perdimento de bens. *In:* FREITAS, Vladmir Passos de (Coord.). *Importação e exportação no direito brasileiro*. São Paulo: RT, 2004, p. 160-225.

FERRONI, Bruno. Transfer pricing e valore doganale. *In:* SCUFFI, Massimo; ALBENZIO, Giuseppe; MICCINESI, Marco. Diritto doganale, dele accise e di tributi ambientali. Milão: Ipsoa, versão "E-Book, Apple", 2014, p. 807-860.

FERRONI, Bruno; MAYR, Siegfried; SANTACROCE, Benedetto. Le valorizzazione delle merci: problematiche e soluzioni. *In:* MAYR, Siegfried; SANTACROCE (a cura di). *Valore in dogana e transfer princing*. Milão: Wolter Kluwer, versão "E-Book, Apple", 2014, p. 16-36.

FERNANDES, Edison Carlos. Convergência contábil como demonstração das transações *arm's lenght*. *In:* SCHOUERI, Luís Eduardo (Coord.). *Tributos e preços de transferência*. São Paulo: Dialética, v. 4, 2013, p. 52-66.

FERNANDES, José Fernandes do Nascimento. Despacho aduaneiro de importação. *In:* PEIXOTO, Marcelo Magalhães; SARTORI, Angela; DOMINGO, Luiz Roberto (Coord.). *Tributação aduaneira na Jurisprudência do CARF - Conselho Administrativo de Recursos Fiscais*. São Paulo: MP-APET, 2013, p. 135-156.

FERNANDES, Rodrigo Mineiro. Valoração aduaneira e subfaturamento. *In:* PEIXOTO, Marcelo Magalhães; SARTORI, Angela; DOMINGO, Luiz Roberto (Coord.). *Tributação aduaneira na Jurisprudência do CARF – Conselho Administrativo de Recursos Fiscais.* São Paulo: MP-APET, 2013, p. 241-281.

FREITAS, Daniele S. Ribeiro de. A influência da evolução do comércio exterior na função fiscal e extrafiscal do imposto de importação. *In:* MOREIRA JUNIOR, Gilberto de Castro; PEIXOTO, Marcelo Magalhães (Orgs.). *Direito tributário internacional.* São Paulo: MP, 2006.

FREITAS, Vladmir Passos de (Coord.). *Importação e exportação no direito brasileiro.* São Paulo: RT, 2004.

FOLLONI, André Parmo. *Tributação sobre o comércio exterior.* São Paulo: Dialética, 2005.

FONROUGE, Carlos M. Giuliani. *Derecho financiero.* 2. ed. Buenos Aires: Depalma, v. 2, 1970.

GALVAN, Gemma Sala. *Los precios de transferência internacionales:* su tratamiento tributario. Valencia: Tirant Lo Blanch, 2003.

GANBARDELLA, Maurizio; ROVETTA, Davide. *Manuale di rimborsi e sgravi in materia doganale.* Milão: Ipsoa, versão "E-Book, Apple", 2012.

GARCÍA, Arturo Oropeza (Coord.). *El comercio exterior y la gestión aduanal en el siglo XXI.* México: UNAM, 2009.

GARCIA JUNIOR, Armando Alvares. *Tributos no comércio internacional.* 2. ed. São Paulo: Aduaneiras-Lex, 2005.

GIANNINI, Achille Donato. *Istituzioni di diritto tributario.* 8. ed. Milano: Giuffrè, 1960.

GIULIANI, Giuseppe. *Diritto tributario*. 3. ed. Milano: Giuffrè, 2002.

GOMES, Luiz Flávio. A questão da obrigatoriedade dos tratados e convenções no Brasil: particular enfoque da Convenção Americana sobre Direitos Humanos, *Revista dos Tribunais*, vol. 83, n.710, p. 30, dez. 1994.

GOMES, Marcelle de Sousa Gonçalves. Conceitos e definições relacionados às regras de origem. *In:* AGUIAR, Marusk (Org.). *Discussões sobre regras de origem*. São Paulo: Aduaneiras, 2007, p. 11-32.

GONZÁLES, Ildefonso Sánches. *Historia general aduaneira de España*: edades antigua y media. Madrid: Instituto de Estudios Fiscales, 2014.

GRUPENMACHER, Betina Treiger. *Tratados internacionais em matéria tributária e a ordem interna*. São Paulo: Dialética, 1999.

GUASTINI, Ricardo. *Estudios de teoría constitucional*. México: UNAM, 2001.

HENSEL, Albert. *Derecho tributario*. Trad. Andrés Báez Moreno, María Luisa Gonzáles-Cuéllar Serrano y Enrique Ortiz Calle. Madrid-Barcelona: Marcial Pons, 2005.

HERNÁNDEZ, Francisco Clavijo. Impuestos Aduaneros. *In:* HERNÁNDEZ, Francisco Clavijo; LAPATZA, José Juan Ferrero; QUERALT, Juan Martín; LÓPES, José Manuel Tejerizo; ROYO, Fernando Pérez. *Curso de derecho tributario: parte especial: sistema tributario: los tributos en particular.* 19. ed. Madrid-Barcelona, 2003, p. 775-821.

HERNÁNDEZ, Francisco Clavijo; LAPATZA, José Juan Ferrero; QUERALT, Juan Martín; LÓPES, José Manuel Tejerizo; ROYO, Fernando Pérez. *Curso de derecho tributario:*

parte especial: sistema tributario: los tributos en particular. 19. ed. Madrid-Barcelona, 2003.

HESSE, Konrad. *Elementos de direito constitucional da República Federal da Alemanha*. Porto Alegre: Fabris, 1998.

HILÚ NETO, Miguel. *Imposto sobre importações e imposto sobre exportações*. São Paulo: Quartier Latin, 2003.

_____. O elo jurídico entre a valoração aduaneira e os preços de transferência. *In:* FERNANDES, Edison Carlos (Coord.). *Preços de transferência*. São Paulo: Quartier Latin, 2007, p. 63-86.

_____. Preços de transferência e valor aduaneiro: a questão da vinculação à luz dos princípios tributários. *In:* SCHOUERI, Luís Eduardo; ROCHA, Valdir de Oliveira (Coords.). *Tributos e preços de transferência*. São Paulo: Dialética, v. 2, 1999, p. 259-276.

IZURIETA Y SEA, Pilar. Posible repetición por el pago de tributos efectuados por el importador ante el hecho gravado por el faltante a la descarga. *Revista de Estudios Aduaneros* nº 13, primer y segundo semestre de 1999. Buenos Aires: Instituto Argentino de Estudios Aduaneros, p. 86-91.

JARACH, Dino. *Finanzas públicas y derecho tributario*. 3. ed. Buenos Aires: Abeledo-Perrot, 1996.

_____. *O fato imponível:* teoria geral do direito tributário substantivo. 2. ed. São Paulo: RT, 2004.

JEZÈ, Gaston. O fato gerador do imposto (contribuição à teoria do crédito de imposto). *Revista de Direito Administrativo*. Rio de Janeiro, n.º 2, p. 50-63, jul. 1945.

JESUS, Avelino de. *Despacho aduaneiro de importação*. São Paulo: Aduaneiras, 2014.

JESUS, Damásio E. de. *Direito penal*. 25. ed. São Paulo: Saraiva, v. 1, 2002.

JESUS, Fernando Bonfá de. Importação para industrialização por encomenda. *In:* BRITTO, Demes (Coord.). *Questões controvertidas do direito aduaneiro*. São Paulo: IOB Folhamatic EBS-SAGE, 2014, p. 135-143.

JESUS, Fernando Bonfá de; JESUS, Isabela Bonfá de. Tratados internacionais e os efeitos da lei do preço de transferência. *In:* CARRAZZA, Elizabeth Nazar; JESUS, Isabela Bonfá de. (Org.). *Atualidades do sistema tributário nacional*. São Paulo: Quartier Latin, 2015, v. 1, p. 167-176.

JUSTEN FILHO, Marçal. *O imposto sobre serviços na Constituição*. São Paulo: RT, 1985.

_____. *Sujeição passiva tributária*. Belém: CEJUP, 1986.

KELSEN, Hans. *Teoria geral das normas*. Porto Alegre: Fabris, 1986.

_____. *Teoria general del derecho y del Estado*. México: UNAM, 1959.

_____. *Teoria geral do direito e do estado*. 3. ed. São Paulo: Martins Fontes, 1998.

_____. *Teoria pura do direito*. 6. ed. São Paulo: Martins Fontes, 1998.

KRAKOWIAK, Leo; KRAKOWIAK, Ricardo. Os impostos de importação e exportação. *In:* MARTINS, Ives Gandra da Silva (Coord.). *Curso de direito tributário*. 7. ed. São Paulo: Saraiva, 2000, p. 439-457.

LACOMBE, Américo Lourenço Masset. *Teoria do imposto de importação*. Tese (Doutorado em Direito). Pontifícia Universidade Católica de São Paulo. São Paulo, 1978.

_____. *Imposto de importação*. São Paulo: RT, 1979.

LAPATZA, José Juan Ferrero. *Curso de derecho financiero español*: derecho tributario (parte especial. Sistema tributario. Los tributos en particular). 22. ed. Madrid-Barcelona, v. III, 2000.

LIMA, Sebastião de Oliveira. *O fato gerador do imposto de importação na legislação brasileira*. São Paulo: Resenha Tributária, 1981.

LOPES FILHO, Osiris de Azevedo. *Regimes aduaneiros especiais*. São Paulo: RT, 1984.

LUCA, Gianni de. *Compendio di diritto tributario*. 13. ed. Napoli: Esselibri-Simone, 2005.

LUNARDELLI, Pedro Guilherme Accorsi. PIS/COFINS na importação: demarcação dos limites básicos de incidência. *In:* SANTI, Eurico Marcos Diniz de; CANADO, Vanessa Rahal. (Coords.). *Direito tributário*: tributação do setor industrial. São Paulo: Saraiva, 2013, p. 259-292.

_____. Tributação na internet. *Revista Dialética de Direito Tributário*, v. 59, p. 75-94, ago. 2000.

LUPI, Raffaello. *Diritto tributario*: parte speciali: i sistemi dei singoli tributi. 8. ed. Milano: Giuffrè, 2005.

LUQUI, Juan Carlo. O projeto de Código Tributário Nacional do Brasil. *Revista de Direito Administrativo*, n° 44, 1956, p. 540-547.

LYONS, Timothy. *EC Customs law*. 2. ed. Nova York: Oxford University Press, 2010.

MACEDO, Leonardo Correia Lima. *Direito tributário no comércio internacional*. São Paulo: Lex, 2005.

MACHADO, Hugo de Brito. *Curso de direito tributário*. 36. ed. São Paulo: Malheiros, 2015; 7. ed., 1993.

MANFRINATO, Paulino. *Imposto de importação*: uma análise do lançamento e fundamentos. São Paulo: Aduaneiras, 2002.

MARTINS, Ives Gandra da Silva (Coord.). *Tributação na internet*. São Paulo: CEU-RT, 2001.

MARTINS, Marcelo Guerra. Tratados internacionais em matéria tributária em um ambiente de economia globalizada. In: BRITTO, Demes; CASEIRO, Marcos Paulo (Coord.) *Direito tributário internacional*: teoria e prática. São Paulo: RT, 2014, p. 405-438.

MASSIMO, Fabio. Il valore della merce in dogana. In: SCUFFI, Massimo; ALBENZIO, Giuseppe; MICCINESI, Marco. *Diritto doganale, dele accise e di tributi ambientali*. Milão: Ipsoa, versão "E-Book, Apple", 2014, p. 771-806.

MAYER, Otto. *Derecho administrativo Alemán*. Trad. Horacio Heredia e Ernesto Krotoschin. Buenos Aires: Depalma, Tomo II, 1982.

MAYR, Siegfried; SANTACROCE (a cura di). *Valore in dogana e transfer princing*. Milão: Wolter Kluwer, versão "E-Book, Apple", 2014.

MEIRA, Liziane Angelotti. *Tributos sobre o comércio exterior*. São Paulo: Saraiva, 2012.

_____. *Regimes aduaneiros especiais*. São Paulo: IOB, 2002.

_____; TREVISAN, Rosaldo. Convenção de Istambul sobre admissão temporária: sua aplicação no Brasil. *Revista do Mestrado em Direito*. Brasília: Universidade Católica de Brasília, v. 6, n. 1, p. 22-46, jan.-jun. 2012.

MELLO, Celso Antônio Bandeira de. *Curso de direito administrativo*. 18. ed. São Paulo: Malheiros, 2005; 11. ed., 1999.

MELO, José Eduardo Soares de. *A importação no direito tributário*: impostos, taxas, contribuições. São Paulo: RT, 2003.

_____. *Importação e exportação no direito tributário*. 3. ed. São Paulo: RT-Fiscosoft, 2014.

MELO, Ruy de; REIS, Raul. *Manual do imposto de importação e regime cambial correlato*. São Paulo: RT, 1970.

MENDES, Gilmar Ferreira. *Jurisdição constitucional*. 3. ed. São Paulo: Saraiva, 1999.

MENÉNDEZ, Ignácio Villaverde. *La inconstitucionalidad por omisión*. Madrid: McGraw-Hill, 1997.

MESSINEO, Alejandro E. Diretivas OCDE y normativas nacionales en precios de transferencia. *In:* UCKMAR, Victor; ALTAMIRANO, Alejandro C.; TORRES, Heleno Taveira (Coord.). *Impuestos sobre el comercio internacional*. 2. ed. Madrid-Barcelona-Buenos Aires: Marcial-Pons, 2008, p. 641-677.

MIGUEL, Luciano Garcia. *Incidência do ICMS nas operações de importação*. São Paulo: Noeses, 2013.

MIRANDA, Jorge. *Teoria do Estado e da Constituição*. Rio de Janeiro: Forense, 2002.

MORCHÓN, Gregorio Robles. *As regras do direito e as regras dos jogos*: ensaio sobre a teoria analítica do direito. Trad. Pollyana Mayer. São Paulo: Noeses, 2011.

_____. *Teoria del derecho*: fundamentos de teoria comunicacional del derecho. Madrid: Civitas, v. I, 1998.

MOREIRA JUNIOR, Gilberto de Castro; PEIXOTO, Marcelo Magalhães (Orgs.). *Direito tributário internacional.* São Paulo: MP-APET, 2006.

MOREIRA NETO, Diogo Figueiredo. Competência concorrente limitada. *Revista de Informação Legislativa do Senado Federal.* Brasília: Impresa Oficial, n.º 100, out./dez. 1998.

MOUSSALLEM, Tárek Moysés. *Revogação em matéria tributária.* São Paulo: Noeses, 2005.

MÜLLER, Friedrich. *Métodos de trabalho do direito constitucional.* 2. ed. São Paulo: Max Limonad, 2000.

_____. *Direito, linguagem e violência*: elementos de uma teoria constitucional, I. Porto Alegre: Fabris, 1995.

NAGIB, Luiza. *O sistema tributário brasileiro e o imposto sobre importação.* Dissertação (Mestrado em Direito). Pontifícia Universidade Católica de São Paulo. São Paulo, 1998.

NETTO, André L. Borges. Imposto de importação: abusividade da elevação da sua alíquota (inconstitucionalidade do Decreto 1.427/1995). *In:* MARTINS, Ives Gandra da Silva; BRITO, Edvaldo (Org.). *Doutrinas essenciais de direito tributário*: impostos federais. São Paulo: RT, v. III, 2011, p. 37-49.

NINO, Carlos Santiago. *Fundamentos de derecho constitucional.* Buenos Aires: Atrea, 1992.

NOVAIS, Raquel Cristina Ribeiro. Imposto de importação. *In:* DE SANTI, Eurico Marcos Diniz (Coord.) *Curso de especialização em direito tributário*: estudos analíticos em homenagem a Paulo de Barros Carvalho. Rio de Janeiro: Forense, 2006.

NOVOA, César García. El IVA y el comercio internacional. Especial referencia a la problemática de la Unión Europea.

In: TORRES, Heleno Taveira (Coord.) *Comércio internacional e tributação.* São Paulo: Quartier Latin, 2005, p. 159-195.

OTTO, Ignacio de. *Derecho constitucional*: sistema de fuentes. Barcelona: Ariel, 1998.

PAULSEN, Leandro; MELO, José Eduardo Soares de. *Impostos federais, estaduais e municipais.* 2. ed. Porto Alegre: Lael, 2006.

PEIXOTO, Marcelo Magalhães; SARTORI, Angela; DOMINGO, Luiz Roberto (Coord.) *Tributação aduaneira à luz da jurisprudência do CARF – Conselho Administrativo de Recursos Fiscais.* São Paulo: MP-APET, 2013.

PERES, Sergio de Almeida Cid. *Regimes aduaneiros especiais e os atípicos.* Salto: Schoba, 2014.

PIOVESAN, Flávia. *Direitos humanos e o direito constitucional internacional.* 2. ed. São Paulo: Max Limonad, 1997.

PIRES, Adilson Rodrigues. A valoração aduaneira no Brasil e suas vicissitudes. *In:* UCKMAR, Victor; ALTAMIRANO, Alejandro C.; TORRES, Heleno Taveira (Coord.). *Impuestos sobre el comercio internacional.* 2. ed. Madrid-Barcelona-Buenos Aires: Marcial-Pons, 2008, p. 215-241.

_____. Controle do preço de transferencia e as operações de comércio exterior. *In:* SCHOUERI, Luís Eduardo; ROCHA, Valdir de Oliveira (Coords.). *Tributos e preços de transferência.* São Paulo: Dialética, v. 2, 1999, p. 9-22.

PIKE, Damon V.; FRIEDMAN, Lawrence M. *Customs law.* Durham: Carolina Academic Press, versão "Kindle", 2012.

PONTES DE MIRANDA. *Comentários à Constituição de 1967.* São Paulo: RT, tomo II, 1967.

_____. *Comentários à Constituição de 1967 com a Emenda nº 1 de 1969*. 2. ed. São Paulo: RT, t. III, 1970.

PONCIANO, Vera Lúcia Feil. Sanção aplicável ao subfaturamento na importação: pena de perdimento ou pena de multa? *In*: TREVISAN, Rosaldo (Org.). *Temas atuais de direito aduaneiro*. São Paulo: Lex, 2013, p. 245-294.

PRADO, Luiz Regis. *Curso de direito penal brasileiro*: parte geral. 3. ed. São Paulo: RT, 2002.

QUERALT, Juan Martín; SERRANO, Carmelo Lozano; OLLERO, Gabriel Casado; LÓPES, José M. Tejerizo. *Curso de derecho financiero y tributario*. 9. ed. Madrid: Tecnos, 1998.

RAFFAELLI, Paulo Cesar Pimentel Raffaelli. Dos aspectos tributários das operações mercantis internacionais. *In*: MARTINS, Ives Gandra da Silva; BRITO, Edvaldo (Org.). *Doutrinas essenciais de direito tributário*: impostos federais. São Paulo: RT, v. III, 2011, p. 127-134. Publicado originariamente em *Revista Tributária e de Finanças Públicas*. São Paulo: RT, n. 70/214, set.-out./2006.

REZEK, José Francisco. *Direito internacional público*: curso elementar. 15. ed. São Paulo: Saraiva, 2014.

RIOS, Francisco José Barroso. A decadência e a prescrição no regime aduaneiro especial de *drawback*. *Revista Dialética de Direito Tributário*. São Paulo: Dialética, n. 158, p. 31-44, nov. 2008.

RIZZARDO, Arnaldo. *Contratos*. 2. ed. Rio de Janeiro: Forense, 2001.

RODRIGUES, Silvio. *Direito civil*: parte geral. 34. ed. São Paulo: Saraiva, v. 1, 2003.

SAINZ DE BUJANDA, Fernando. Análisis jurídico el hecho imponible. *Hacienda y Derecho*, v. IV, 1966.

SALOMÃO, Marcelo Viana. *ICMS na importação*. 2. ed. São Paulo: Atlas, 2001.

SANTI, Eurico Marcos Diniz de. *Lançamento tributário*. São Paulo: Max Limonad, 1996.

_____; CANADO, Vanessa Rahal. (Coords.). *Direito tributário*: tributação do setor industrial. São Paulo: Saraiva, 2013.

SANTOS, José Augusto Lara dos. *O signo "importação" e sua influência na natureza jurídica dos regimes aduaneiros especiais*. Dissertação (Mestrado em Direito). Pontifícia Universidade Católica de São Paulo. São Paulo, 2011.

SARTORI, Angela; DOMINGO, Luiz Roberto. Dano ao erário pela ocultação mediante fraude – a interposição fraudulenta de terceiros nas operações de comércio exterior. *In:* PEIXOTO, Marcelo Magalhães; SARTORI, Angela; DOMINGO, Luiz Roberto (Coord.). *Tributação aduaneira à luz da jurisprudência do CARF – Conselho Administrativo de Recursos Fiscais*. São Paulo: MP-APET, 2013, p. 53-68.

SBANDI, Ettore. La valorizzazione delle merce in dogana. FERRONI, Bruno; MAYR, Siegfried; SANTACROCE, Benedetto. Le valorizzazione delle merci: problematiche e soluzioni. *In:* MAYR, Siegfried; SANTACROCE (a cura di). *Valore in dogana e transfer princing*. Milão: Wolter Kluwer, versão "E-Book, Apple", 2014, p. 233-370.

SCHRECKENBERGER, Waldemar. *Semiótica del discurso jurídico*. México: UNAM, 1987.

SCHOUERI, Luís Eduardo (Coord.). *Direito tributário*. São Paulo: Quartier Latin, v. I, 2003.

_____. *Preços de transferência no direito tributário brasileiro.* 3. ed. São Paulo: Dialética, 2013.

_____. (Coord.). *Tributos e preços de transferência.* São Paulo: Dialética, v. 4, 2013.

_____; ROCHA, Valdir de Oliveira (Coords.). *Tributos e preços de transferência.* São Paulo: Dialética, v. 2, 1999.

SCUFFI, Massimo; ALBENZIO, Giuseppe; MICCINESI, Marco. *Diritto doganale, dele accise e di tributi ambientali.* Milão: Ipsoa, versão "E-Book, Apple", 2014.

SEHN, Solon. Considerações acerca da pena de perdimento de bens no Direito Tributário e Aduaneiro". *In:* CASTRO JUNIOR, Osvaldo Agripino de (org.). *Temais atuais de direito do comércio internacional.* Florianópolis: Editora OAB/SC, v. I, 2004.

SEIXAS FILHO, Aurélio Pitanga. Imposto de importação – incidência – "vacatio legis". *Revista Dialética de Direito Tributário* n° 63. São Paulo: Dialética, p. 20-28, Dez. 2000.

SICHES, Recaséns. *Introducción al estudio del Derecho.* México: Porrua, 1970.

SIMÕES, Argos Campos Ribeiro. *ICMS – Importação*: proposta de reclassificação e suas aplicações. São Paulo: Noeses, 2014.

SILVA, Reginaldo da. *A regra-matriz de incidência do imposto de importação.* Tese (Doutorado em Direito). Pontifícia Universidade Católica de São Paulo. São Paulo, 2003.

SOSA, Roosevelt Baldomir. *A aduana e o comércio exterior.* São Paulo: Aduaneiras, 1995.

_____. *Comentários à lei aduaneira*: do artigo 1º ao artigo 248 do Decreto nº 91.030/85. São Paulo: Aduaneiras, v. I, 1992.

_____. *Comentários à lei aduaneira*: do artigo 249 ao artigo 410 do Decreto nº 91.030/85. São Paulo: Aduaneiras, v. II, 1993.

_____. *Temas aduaneiros*: estudos sobre problemas aduaneiros contemporâneos. São Paulo: Aduaneiras, 1999.

SOUSA, Hamilton Dias de. *Estrutura do imposto de importação no Código Tributário Nacional*. São Paulo: Resenha Tributária, 1980.

_____. Normas gerais de direito tributário. *In: Direito Tributário*. São Paulo: José Bushatsky Editor, v. 2, p. 19-46, 1973.

SOUSA, Rubens Gomes de. *Estudos de direito tributário*. São Paulo: Saraiva, 1950.

_____. Parecer sobre o imposto de indústrias e profissões. *In: Imposto de indústrias e profissões*: razões e pareceres. Porto Alegre: Globo, 1957.

TÁCITO, Caio. O direito à espera da lei. *Revista de Direito Administrativo* n.º 181-182, p. 38-45, também publicado em *Temas de direito público*: estudos e pareceres, v. 1. Rio de Janeiro: Renovar, 1997.

TELLES, Inocêncio Galvão. *Manual dos contratos em geral*. 4. ed. Coimbra: Coimbra, 2002.

TIPKE, Klaus; LANG, Joachim. *Direito tributário*. Trad. Elisete Antoniuk. Porto Alegre: Sergio Antonio Fabris Editor, 2013.

TORRES, Heleno Taveira. Base de cálculo do imposto de importação e o acordo de valoração aduaneira. *In:* TORRES,

Heleno Taveira (Coord.). *Comércio internacional e tributação.* São Paulo: Quartier Latin, 2005, p. 224-257.

_____. (Coord.) *Direito tributário internacional aplicado.* São Paulo: Quartier Latin, 2003.

_____. (Coord.). *Comércio internacional e tributação.* São Paulo: Quartier Latin, 2005.

TOMÉ, Fabiana Del Padre. Teoria do fato jurídico e a importância das provas. *In:* CARVALHO, Paulo de Barros (Coord.); CARVALHO, Aurora Tomazini de (Org.). Construtivismo lógico-semântico. São Paulo: Noeses, v. I, 2014.

TORRES, Heleno Taveira (Coord.). *Comércio internacional e tributação.* São Paulo: Quartier Latin, 2005.

TREVISAN, Rosaldo. *A atuação estatal no comércio exterior, em seus aspectos tributário e aduaneiro.* Dissertação (Mestrado em Direito). Pontifícia Universidade Católica do Paraná, 2008.

_____. (Org.). *Temas atuais de direito aduaneiro.* São Paulo: Lex, 2013.

_____. Tratados internacionais e o direito brasileiro. *In:* BRITTO, Demes; CASEIRO, Marcos Paulo (Coord.) *Direito tributário internacional:* teoria e prática. São Paulo: RT, 2014, p. 363 -403.

TREVISAN, Rosaldo; VALLE, Maurício Dalri Timm do. Impostos sobre o comércio exterior. *In:* GRILLO, Fabio Artigas; SILVA, Roque Sérgio D'Andrea Ribeira da (Coord.). *Código Tributário Nacional anotado.* Curitiba: OAB/PR, 2014.

TREVISAN NETO, Antenori. *Aplicação do acordo sobre valoração aduaneira no Brasil.* São Paulo: Aduaneiras, 2010.

UCKMAR, Victor; ALTAMIRANO, Alejandro C.; TORRES, Heleno Taveira (Coord.) *Impuestos sobre el comercio internacional*. 2. ed. Madrid-Barcelona-Buenos Aires: Marcial-Pons, 2008.

UTUMI, Ana Cláudia Akie. Precios de transferencia. Principios de la OCDE y la realidade de la aplicación en Brasil. *In:* UCKMAR, Victor; ALTAMIRANO, Alejandro C.; TORRES, Heleno Taveira (Coord.). *Impuestos sobre el comercio internacional*. 2. ed. Madrid-Barcelona-Buenos Aires: Marcial-Pons, 2008, p. 693-700.

VALADÃO, Marcos Aurélio Pereira. Regras de origem no âmbito da ALADI e as operações de triangulação na jurisprudência do CARF. *In:* PEIXOTO, Marcelo Magalhães; SARTORI, Angela; DOMINGO, Luiz Roberto (Coord.) *Tributação aduaneira à luz da jurisprudência do CARF – Conselho Administrativo de Recursos Fiscais*. São Paulo: MP-APET, 2013, p. 205-224.

VENOSA, Sílvio de Salvo. *Direito civil*. 5. ed. São Paulo: Atlas, v. 1, 2005.

VIEIRA, Aquiles. *Importação*: práticas, rotinas e procedimentos. 2. ed. São Paulo: Aduaneiras, 2007.

VIEIRA, José Roberto. *A regra-matriz de incidência do IPI*: texto e contexto. Curitiba: Juruá, 1993.

VILANOVA, Lourival. *As estruturas lógicas e o sistema do direito positivo*. São Paulo: Max Limonad, 1997.

_____. *Escritos jurídicos e filosóficos*. São Paulo: Axis Mundi-IBET, v. 1 e 2, 2003.

_____. *Causalidade e relação no direito*. 4. ed. São Paulo: RT, 2000.

VILLARREAL, Gabriel Hernan Facal; CREUZ, Luís Rodolfo Cruz e. Aspectos tributários da importação mediante *leasing*. *In:* MARTINS, Ives Gandra da Silva; BRITO, Edvaldo (Orgs.).

Doutrinas essenciais de direito tributário: impostos federais. São Paulo: RT, v. III, 2011, p. 85-111. Publicado originariamente em *Revista Tributária e de Finanças Públicas*. São Paulo: RT, n. 65/78, nov.-dez./2005.

VILLEGAS, Héctor B. *Curso de finanzas, derecho financiero y tributario*. 7. ed. Buenos Aires: Depalma, 2001.

_____. *Manual de finanzas públicas*: la economína juridicamente regulada del sector público en el mundo globalizado. Buenos Aires: Depalma, 2000.

VITA, Jonathan Barros. *Valoração aduaneira*. São Paulo: Thomson Reuters-Fiscosoft, 2014.

_____. *Valoração aduaneira e preços de transferencia: pontos de conexão e distinções sistémico-aplicáveis*. Tese (Doutorado em Direito). Pontifícia Universidade Católica de São Paulo. São Paulo, 2010.

VITAL MOREIRA. O futuro da Constituição. *In:* GRAU, Eros Roberto; GUERRA FILHO, Willis Santiago (Orgs.). Direito constitucional: estudos em homenagem a Paulo Bonavides. São Paulo: Malheiros, 2001.

WARAT, Luiz Alberto. *O Direito e sua linguagem*. 2. ed. Porto Alegre: Fabris, 1995.

WITKER, Jorge. *Derecho tributario aduanero*. 2. ed. México: UNAM, 1999.

_____. *Introducción a la valoración aduaneira de las mercancias*. México: McGraw-Hill, 1998.

XAVIER, Alberto. *Autorização para importação de regime de entreposto aduaneiro*. São Paulo: Resenha Tributária, 1978.

_____. Do prazo de decadência em matéria de "drawback" – suspensão. *In:* SCHOUERI, Luís Eduardo (Coord.). *Direito tributário*. São Paulo: Quartier Latin, v. I, p. 527-541, 2003.

_____. *Tipicidade da tributação, simulação e norma antielisiva*. São Paulo: Dialética, 2001.

ZAFFARONI, Eugênio Raul; PIERANGELI, José Henrique. *Manual de direito penal brasileiro*: parte geral. São Paulo: RT, 1997.

ZOLEZZI, Daniel. Valores en aduana. Dudas, garantías y procedimientos. *Revista de Estudios Aduaneros* n° 14, primer y segundo semestre de 2000. Buenos Aires: Instituto Argentino de Estudios Aduaneros, p. 91-95.

_____. Las empresas vinculadas y el valor en aduana. *Revista de Estudios Aduaneros* n° 09, primer semestre de 1996. Buenos Aires: Instituto Argentino de Estudios Aduaneros, p. 73-76.

ZOZAYA, Francisco Pelechá. *Fiscalidad sobre el comercio exterior*: el derecho aduanero tributario. Madrid: Marcial Pons, 2009.

ZUNINO, Cora; SARLI, Jorge Celso. Régimen aduanero de importación temporaria para perfeccionamento activo. *Revista de Estudios Aduaneros* n° 05, primer y segundo semestre de 1993. Buenos Aires: Instituto Argentino de Estudios Aduaneros, p. 35-54.

Referências normativas

- Art. 149, §2°, II e 153, I, §1°, da CF/88. Disponível em: <http://goo.gl/ztisEf>. Acesso em: 02 ago. 2016.

- Dec.-lei 37/66. Disponível em: <http://goo.gl/iSBORX>. Acesso em: 02 ago. 2016.

- Dec.-lei 1.455/76 (Bagagem de passageiro). Disponível em: <http://goo.gl/Em4E9e>. Acesso em: 02 ago. 2016.

- Dec.-lei 1.804/80 (Tributação simplificada das remessas postais internacionais). Disponível em: <http://goo.gl/DsppaU>. Acesso em: 02 ago. 2016.

- Dec.-lei 2.120/84 (Bagagem). Disponível em: <http://goo.gl/ob4DFX>. Acesso em: 02 ago. 2016.

- Lei 8.085/90 (Imposto de Importação). Disponível em: <http://goo.gl/iaABYC>. Acesso em: 02 ago. 2016.

- Decreto 6.759/2009 (Regulamento Aduaneiro). Disponível em: <http://goo.gl/e1vTH7>. Acesso em: 02 ago. 2016.

Impressão e acabamento
Intergraf Ind. Gráfica Eireli.